中国空间法年刊

Chinese Yearbook of Space Law

2014

李寿平　主编

北京理工大学“211工程”三期重点学科建设
项目资助

《中国空间法年刊》编辑委员会

总　序

随着人类空间技术和空间活动的飞速发展，21 世纪必将是空间活动方兴未艾的世纪！半个多世纪以来，中国已经在探索与利用空间技术领域奠定了世界主要空间大国的地位。21 世纪必将是中国从空间大国跻身空间强国的世纪！

然而，我国无论是空间立法还是空间法研究都远远滞后于空间技术的发展。在国家作为空间活动主要主体的过去 50 年，国家通过政策、行政指令足以调整空间活动中的各类关系。在空间活动私营化、商业化发展的今天，加强空间立法成为中国空间事业发展的必然选择。完备的空间法律制度是推动中国空间事业的深远、稳健发展的制度保障。

空间法作为 20 世纪后半期形成的新兴法律部门，随着空间活动的发展在欧美得到了飞速发展。欧美空间法学者对空间法的研究促进了空间立法的完善，促进了国家空间活动的有序发展。当今世界主要空间法研究基地都在欧美地区，其对空间活动发展中产生的新问题提供极具影响的法律对策。然而，空间法的研究在中国一直没有受到重视。在世界主要空间法论坛也很少发现中国空间法学者有见地、有影响的见解。近年来，这种现象虽有改变，但不容讳言，中国空间法研究尚处于起步阶段，与世界空间法研究先进水平的差距明显。

北京理工大学空间法研究所成立于 2006 年，是国内最早成立的空间法教学、研究专门机构之一。自成立以来，北京理工大学空间法研究所在教学、科研和资料建设方面均取得了骄人的成绩，特别是其国际空间法模拟法庭教学在国内外更具影响。在科学研究方面，该所承担了国家社科基金等国家、省部级课题多项，特别是其国内资料最齐全的空间法资料中心，为从事空间法研究的广大学者提供了很好的资料平台。

为进一步提高中国空间法研究水平，为广大空间法研究学者提供系统的研究资料，北京理工大学空间法研究所立足于对每年的空间资料的系统整理，主办了《中国空间法年刊》。我们期望通过自己的努力，将该刊办成一个学术交流的平台和经典资料平台。当然，我们的能力有限，在编辑过程中难免会有一些不当之处，还望各位同人予以指正。

北京理工大学空间法研究所所长
北京理工大学法学院教授

目　录

学术论文

国际文件

外国空间政策与空间立法

中国空间立法与政策性文件

Contents

Acedamical Articles

International Documents

Foreign Space Policy and Space Legislation

Space Legislation and Political Documents of China

学术论文

国际空间软法及其在国际空间治理中的作用[①]

李寿平*

国际空间软法产生于20世纪后半叶，但国际社会一直持续关注和讨论国际空间软法的法律属性、范畴及其执行情况。2013年4月，联合国和平利用外空委员会法律小组委员会通过了日本在奥地利、加拿大、法国、尼日利亚和美国的共同支持下提交的工作文件“关于就不具法律约束力的联合国外层空间文书的一般信息交流的新议程项目”。[②] 2014年4月，联合国外空委法律小组委员会首次审议议题“关于不具法律约束力的联合国外层空间文书的一般信息交流”。[③] 在国际文件《关于就不具法律约束力的外层空间活动文书方面的做法进行一般信息交流的新议程项目》中，使用了“不具法律约束力的外层空间活动文书”这一术语。但是，该文件第一段就提出：

> 20世纪80年代早期以来，法律小组委员会制定了与空间活动有关的若干原则和声明，以补充四项联合国外层空间条约，这些原则和声明在联合国大会决议中得到了通过。科学和技术小组委员会也在采用各项技术准则和框架方面发挥了重要作用，这些技术准则和框架作为和平利用外层空间委员会报告

① 本文是中国空间法学会课题“外空软法的法理研究”阶段性研究成果。

* 法学博士，现为北京理工大学空间法研究所所长，教授，博士生导师，主要从事空间法的研究。

② 联合国文件A/AC. 105/C. 2/L. 291.

③ 经2014年联合国外空委法律小组委员会讨论，拟继续就联合国框架下不具法律约束力的文件进行一般信息交流，同时可视情况讨论其他框架下的软法文件。

的一部分，已得到大会的认可。

该段还通过注释的形式提出：

> 此类不具法律约束力的规则的实例包括：《关于在外层空间使用核动力源的原则》（第47/68号决议）、《关于加强国家和国际政府间组织登记空间物体的做法的建议》（第62/101号决议）、《和平利用外层空间委员会科学和技术小组委员会的空间碎片减缓准则》（A/62/20号文件附件）。另见《联合国关于外层空间的条约和原则、大会有关决议以及其他文件》（ST/SPACE/61）。①

显然，联合国外空委法律小组委员会是想通过该文件以“不具法律约束力的外层空间活动文书”替代“国际空间软法”。

本文将对国际空间软法的界定、法律属性及其功能进行研究，通过分析国际空间软法与现行国际空间条约之间的互动，研究国际空间软法的发展趋势。

一、国际空间软法及其法律属性

国际空间软法应该属于国际软法（international soft law）的范畴，而国际软法最初是德国驻爱尔兰大使卡尔·斯恰帕兹尔（Karl Struppzl）先生1934年提出的。他认为“政治文件长期以来是以条约和非条约安排的方式予以通过”，建议“加强对此类非条约协议的关注”。② 卡尔·斯恰帕兹尔先生所指的“非条约安排”或“非条约协议”（non-treaty agreement）实质上就是指国际软法或国际软规范。对于国际软法的定义，大多数学者认为国际软法就是国际社会在国际交往中形成的不具有法律约束力、但能产生执行效果的非条约性的国际文件。基于此，大多数学者认为国际软法不同于具有法律约束力

① 联合国文件A/AC.105/C.2/L.291《关于就不具法律约束力的外层空间活动文书方面的做法进行一般信息交流的新议程项目》：注释1.

② Hurtmut Hillgenburg. A fresh look at soft law. EJIL10. 1999：499－515.

的国际条约和国际习惯，也就是说，违背国际软法并不产生国际法意义上的国际责任。

国际空间法是国际法的一个重要部门法，因此可以说，国际空间软法也是国际软法的一个重要组成部分。根据国际软法的定义，本文可以将国际空间软法定义为国际社会在国际空间交往中形成的不具有法律约束力、但能产生执行效果的非条约性国际文件。

结合国际空间实践及国际软法的法律特征，我们不难发现，国际空间软法有其自身的特点。

第一，国际空间软法是非条约性国际文件，其表现形式主要是宣言、原则、决议等。所谓非条约性国际文件，就是国际社会在国际组织或国际会议框架下通过决策程序通过的国际文件。这些国际文件只需要国际组织或国际会议参与者按照组织机构的程序规定通过即产生效力，不需要成员国家国内程序的批准，成员国对此类国际文件的相关内容也不能依据条约法提出保留等权利。就国际空间软法来说，大多数软法文件是在联合国框架下由工作组或专家组通过研讨形成议案，然后由联合国和平利用外空委员会的法律小组委员会或科学和技术小组委员会审查后，交联合国大会或和平利用外层空间委员会通过。这些国际文件根据多数表决制予以通过，不需要成员国国内批准，因此不具有条约的性质。

第二，国际空间软法主要是联合国及其专门机构通过的，其他非政府组织很少参与。与国际空间活动相关的国际组织主要是联合国、国际电信组织、国际海事卫星组织、欧空局、亚太空间合作组织，只有这些组织通过的与空间活动相关的国际文件才可能构成国际空间软法。也就是说，单个国家或国家联盟提出的一些文件，尽管与空间活动有很紧密的关联，但不是国际组织或特定的国际会议通过，因此，不能视为国际空间软法。

第三，国际空间软法尽管不具法律约束力，但是具有很强的实施效果。这是国际空间软法最核心的特征，也是界定国际空间软法范围的重要标准。对于国际空间软法的性质，“不承认软法主义”和“泛软法主义”都不利于国际空间法治。只有适当地界定国际空间软法的范围，才能真正树立国际空间软法在国际空间治理中的作用。在实践中，国际组织或国际会议通过的文件有很多种类，根据国际文件的效力对象，可以分为“内部决议”和“外部决议”。[①] 一般来说，具有规范性作用的国际文件指外部文件。但是，外部文件不一定构成国际软法，有些外部文件即便是国际组织通过的甚至是联合国大会通过的文件也不能构成国际软法，如联合国秘书长的报告。

在国际空间实践中，真正能够成为国际空间软法国际文件的只能是就特定事项、特定问题作出，其内容具有可执行性或具有比较明确的行为规范。

基于上述分析，国际空间软法的范畴比较狭窄。现行国际空间软法可以通过列举的方式予以界定。

一方面，在联合国框架范围内，联合国大会通过的五个原则或宣言、五个决议以及联合国和平利用外空委员会通过的两个文件是当前国际空间软法的主要组成部分。

联合国大会通过的五个原则或宣言指《各国探索和利用外层空间活动的法律原则宣言》、《各国利用人造地球卫星进行国际直接电视广播所应遵守的原则》、《关于从外层空间遥感地球的原则》、《关于在外层空间使用核动力源的原则》、《关于开展探索和利用外层空间的国际合作，促进所有国家的福利和利益，并特别要考虑到发展中国家的需要的宣言》。

联合国大会通过的五个决议指 1961 年 12 月 20 日第 1721A 和 B（XVI）号决议《外空和平使用之国际合作》，2000 年 12 月 8 日第 55/122 号决议《和平利用外层空间的国际合作，关于使用地球静止轨道的一些问题》，2004 年 12 月 10 日第 59/115 号决议《适用“发射国”概念》，2007 年 12 月 17 日第 62/101 号决议《关于加强国家和国际政府间组织登记空间物体的做法的建议》，2013 年 12 月 11 日第 68/74 号决议《就有关和平探索和利用外层空间的

① 国际组织的内部决议是国际组织为其内部工作之目的而制定的、关于组织本身职能的决议。为了参与国际社会部分事务的管理，国际组织为外部目的、针对会员国而制订的扩展到组织本身职能之外的决议为“外部决议”。

国家立法提出的建议》。

联合国和平利用外空委员会通过的两个文件指2007年通过的《和平利用外层空间委员会空间碎片减缓准则》，2009年和平利用外空委员会核可的《外层空间核动力源应用安全框架》。

当然，联合国第三次外空会议通过的《空间千年：关于空间和人的发展的维也纳宣言》也是国际空间软法的重要组成部分。

另一方面，在联合国框架范围外，一些国际组织也确立了一些国际空间软法。例如，空间碎片领域影响力最大的政府间国际论坛机制机构间空间碎片协调委员会（lnter-Agency Space Debris Coordination Committce，IADC）[①] 于2002年4月第20届会议上制订的《IADC空间碎片减缓指南》，不仅是联合国外空委《空间碎片减缓准则》的基础，并为联大决议援引，[②] 也是主要空间国家在空间活动中的重要行为准则。此外，国际电信联盟（ITU）、世界气象组织（WMO）、国际标准化组织（ISO）还为与空间有关的技术制订诸多技术标准，这些国际标准或组织标准也是当前空间国家重要的规范。

此外，国际法协会（ILA）早在1958年就专门成立空间法委员会，研究空间法领域重要问题，并逐渐拟订相关公约草案、准则和建议。近年来，国际法协会制订的文件中有两个影响较大。一是2012年完成的《国家空间立法示范法索菲亚准则》，[③] 该准则对外空委国内立法工作组和最终联大决议发挥积极作用；二是受常设仲裁法院邀请拟定的《外层空间活动相关争端仲裁任择规则》，于2011年12月在法院开始适用。该规则填补了联合国各项外空条约在争议解决方面的空白，而且对私营当事方开放，成为软法应对外空商业空间发展活动迈出的重要一步。这是当前联合国框架范围外主要的国际空间软法制定机构。

在这里需要讨论的是，当前国际社会提出了诸多与空间有关的国际文件，

① http：//www. iadc-online. org.

② 联大决议 A/RES/68/75：9段.

③ 联合国外空委文件 A/AC. 105/C. 2/2013/CRP. 6.

这些国际文件是否能构成国际空间软法，这需要进一步研究。根据上述分析，国际空间软法的范围限定的，无限扩大国际空间软法的范围是不利于空间法治的实施。除上述联合国框架下的国际软法文件外，联合国大会还通过了一系列国际文件，如《防止外空军备竞赛》、《和平利用外空的国际合作》、《透明度与信任措施的建立》、《和平利用外空委员会的报告》等。和平利用外空委员会科技小组委员会近年来通过了报告《外空活动长期可持续性》。这些国际文件尽管是联合国机构通过，甚至是联合国大会通过，具有很强的政治意义，但是这些文件有一个共同的特点——都没有明确具体的行为规范或权利义务性的规定，因此，很难具有法律执行的效果。

此外，欧盟提出的《外空活动行为准则》和中国与俄罗斯在裁军谈判会议上联合提出的《防止在外层空间部署武器和对外空物体使用武力或威胁使用武力的条约》（PPWT），有学者认为这是比较典型的国际空间软法。尽管该两个文件有明确的行为规范，也可能是未来相关国际条约通过的基础，但是，它们仅仅是国际组织或相关国家提出的建议文本，不仅其最终版本未能确立，而且没有得过国际社会的一致通过从而成为广泛接受的国际文件，因此，本文认为其不具有国际空间软法的性质。

二、国际空间软法的演变及其发展

国际空间软法的发展经历了三个阶段。

（一）国际空间软法的形成阶段（20 世纪 60 年代）

第一阶段是以三个联大决议为代表，标志着国际空间活动进入规范化的时代，国际软法正尝试着扮演国际法制的角色。这一阶段是国际空间活动兴起之时。苏联的斯普特尼克 1 号卫星在 1957 年上天，美国随后在 1958 年发射了其第一颗人造卫星。在随后的近十年，这两个主要的空间国家开始了航天领域的竞争。随着空间活动的发展，越来越多的新情况和新问题需要法律予以规范。

然而，20 世纪中叶正是美苏两国冷战时期，因此，在最初的外空活动中美国和苏联均将国家安全作为首要目标，力图保留在外空使用传统武器的可能。考虑到当时美国和苏联发射的卫星75%以上都装有军事应用载荷，且双方都正在发展核弹道导弹，[①] 为此，制定相应的国际法律规范来防止外空军事化利用的进一步扩大越来越重要。

在联合国框架下和美苏冷战对抗的背景下，要通过一项具有法律约束力的文件比较困难。特别是在20世纪60年代苏联在空间活动领域基本上占据优势地位，在此情况下来谈判国际条约约束其活动则更困难。因此，为了确立空间活动的基本规范，特别是为了禁止开展进入绕地轨道的核武器试验等活动，禁止在绕地轨道放置核武器和大规模杀伤性武器之外的常规武器，在美国的推动下在联合国框架下通过一些具有一定法律后果的国际文件不仅必要，也是可行的。在此背景下，三个国际文件应运而生。这实际上不仅是国际空间软法的形成阶段，也是国际空间法的形成阶段。

第一个文件是1961年联合国大会通过的第1721A、1721B、1721C、1721D、1721E号决议。1721A号决议《外空和平使用之国际合作》提出了探测和使用外空应遵循的两个重要原则：一是包括《联合国宪章》在内的国际法"对外空及各天体一体适用"，二是"外空及各天体可由各国依国际法探测和利用，不得为任何国家所专有"。这两项原则得到了普遍接受，为外空法律秩序的建立成功迈出第一步。[②] 1721B号决议针对空间物体登记，提出"发射物体进入轨道或越出轨道的国家应迅速经由秘书长向外空委提供情报，以便登记"，并"请秘书长设一公开登记处"。[③] 其次，要求外空委作为外空国际合作的协调中心，同联合国秘书长合作推进三类事项，即"与外空问题有关之政府组织及非政府组织保持密切联系"，"办理各国政府所自愿供给有关外

① Peter Jankowitsch. The Role of the United Nations in Outer Space Law Development: Past Achievement and New Challenge // Journal of Space Law, 1998, 26 (2): 103.

② 联合国文件A/RES/1721 (XVI) 《外空和平使用之国际合作》// http: //daccess - dds - ny. un. org/doc/RESOLUTION/GEN/NR0/166/51/IMG/NR016651. pdf? OpenElement, 2015 - 04 - 01.

③ 同上.

空活动之资料之交换事宜”，并“协助研究促进外空活动国际合作之措施”。①1721C 和 1721D 号决议分别要求世界气象组织和国际电信联盟牵头推动气象研究和卫星通讯领域的国际合作。但有关内容仅涉及联合国专门机构间的合作等，未提出相关法律原则和规范。

第二个文件是 1963 年通过的第 1962（XVIII）号决议《各国探索和利用外层空间活动的法律原则宣言》。该决议明确规定各国在探索和利用外层空间时应遵循的原则，主要包括为全人类谋福利和利益原则、自由探索和利用外空原则、不得将外空和天体据为已有原则、国家承担国际责任原则、国际合作原则、登记国控制和管辖原则、发射国承担赔偿责任原则、营救宇航员原则。

第三个文件是 1963 年通过的第 1884 号决议《关于普遍和彻底裁军问题》。该决议明确规定：“勿将任何载有核武器或任何其他大规模毁灭性武器之物体放入环地球之轨道，勿在天体上放置此类武器或以其他方式将此种武器留置在外空。”②

（二）国际空间软法的沉寂阶段（1967—1981 年）

在此阶段，国际社会通过了五个专门的国际空间条约，同时，几乎没有具有法律效果的国际文件通过，国际空间软法处于沉寂阶段。

从国际空间活动发展历史来看，这一阶段美苏之间的空间竞争逐步从苏联主导向美苏共同主导过渡。1961 年 4 月，苏联宇航员加加林完成载人航天飞行，历时 1 小时 48 分钟。1965 年底，美国的宇宙飞船在外空停留长达 14 天之久。1969 年，美国宇航员阿姆斯特朗成为第一个踏上月球的人。之后，苏联的宇宙飞船飞抵金星。1975 年 7 月，美国“阿波罗”号飞船和苏联“联盟”号飞船进行第一次联合飞行，包括飞船的靠拢结合以及航天员的互相通

---

① 联合国文件 A/RES/1721（XVI）《外空和平使用之国际合作》// http：//daccess - dds - ny. un. org/doc/RESOLUTION/GEN/NR0/166/51/IMG/NR016651. pdf? OpenElement，2015 - 04 - 01.

② 联合国文件 A/RES/1884（XVIII）《关于普遍和彻底裁军问题》//http：//daccess - dds - ny. un. org/doc/RESOLUTION/GEN/NR0/184/46/IMG/NR018446. pdf? OpenElement，2015 - 04 - 01.

过。特别是1981年4月，美国率先使用航天飞机“哥伦比亚”号，该航天运载工具可以多次重复使用，具有极高的经济效益。同时，航天运载工具的载重量大大地增强了。航天飞机的出现标志着美国在航天领域已经夺回了期盼已久的领先地位。主要空间国家之间的实力平衡给国际空间立法的谈判提供了基础。

此外，在此期间，除美国和苏联以外的其他国家也开始了空间活动，导致空间活动主体越来越多。1965年11月至1967年2月，法国“钻石”号火箭将A-1、D-1人造卫星送入太空。欧空局研制的“阿里安”1号运载火箭于1979年12月24日首次发射成功。1975年9月，日本首次用N-1火箭成功地发射了“菊花”1号技术试验卫星。1970年4月24日，中国“长征一号”航天运载火箭顺利地将“东方红一号”人造地球卫星送入太空轨道，1975年，中国又首次成功发射返回式遥感卫星。

更为重要的是，随着空间活动的发展，国际空间合作越来越重要，特别是在空间营救、空间活动责任方面，国际空间立法已经迫在眉睫。在此背景下，1967年通过《外空条约》，① 在此后的十余年中国际社会比较迅速地通过了《营救协定》②、《责任公约》③、《登记公约》④ 和《月球协定》⑤。

五个国际空间条约的密集出台，为国际空间活动提供了基本的行为规范。这些国际空间条约为人类空间活动确立了四项主要的法律制度，即外空营救制度、损害赔偿制度、空间物体登记制度以及月球探测制度。特别是《外空

① 1966年12月19日联合国大会通过《关于各国探索和利用外层空间包括月球和其他天体活动所应遵守原则的条约》（简称《外空条约》，1967年10月10日生效）。

② 1967年12月19日联合国大会通过《营救宇宙航行员、送回宇宙航行员和归还发射到外层空间的物体的协定》（简称《营救协定》，1968年12月3日生效）。

③ 1971年11月29日联合国大会通过《空间物体造成损害的国际责任公约》（简称《责任公约》，1972年9月1日生效）。

④ 1974年11月12日联合国大会通过《关于登记射入外层空间物体的公约》（简称《登记公约》1976年9月15日生效）。

⑤ 1979年12月5日联合国大会通过《指导各国在月球和其他天体上活动的协定》（简称《月球协定》，1984年7月11日生效）。

条约》被誉为“外空宪章”。① 诚然，空间条约的出台为人类空间活动提供了比较完备的法律制度，但此阶段就空间活动出台相应的条约时机比较成熟，因此，国际空间软法的必要性和对条约的替代性在变弱。

在此阶段，尽管国际社会也出台了一系列与空间活动有关的国际文件，如1978年1月“宇宙-954”号核动力卫星坠毁事件发生后，联大通过决议“请发射国家在载有核能源的空间物体发生故障、放射性物质有可能重返地球时，通知有关各国”，反映了各国对外空核动力源问题的高度关注。② 但这些文件并非空间活动的行为规范，仅仅是倡议，很难构成国际空间软法。

（三）国际空间软法的繁荣阶段（1982年至今）

随着人类空间技术和空间活动的发展，空间活动在20世纪80年代后进入了新的发展时期。在这一时期，空间活动的应用范围越来越广，从通信卫星到遥感卫星、导航卫星的不断发展，从空间物体发射到载人航天的发展，从主要的军事目的利用外层空间到商业化发展。同时，随着空间活动的发展，国际社会也发现，现行的空间法律制度已越来越不适应空间活动的新发展。

然而，从《月球协定》的出台及现状来看，国际社会在航天领域出台一项国际条约变得越来越困难，其主要原因是随着国际空间活动主体的增多，联合国框架下的协商程序变得越来越复杂。但是，随着冷战的结束，国际社会绝对对立的因素越来越少，协商一致解决问题的氛围不断优化。特别是20世纪60年代形成的国际空间软法的经验给国际社会提供了很好的范例，国际空间软法是解决国际空间领域新兴法律问题的一个很有效的模式。在此背景下，为解决和应对空间活动中出现的新兴法律问题，在联合国框架下和框架外都出现了一系列的国际文件，对于国际空间法体系的完善起到了重要的作用。

在此阶段，联合国大会通过了四个具有软法性质的原则或宣言和四个具

① 贺其治．外层空间法．法律出版社，1992：34.

② 1978年第33/16号联大决议《和平利用外层空间的国际合作》第9段。

有软法性质的决议，联合国外空委、机构间空间碎片协调委员会等分别就空间碎片减缓、外空核动力源使用通过两个文件。

三、国际空间软法的价值

结合国际空间软法形成及其实践，我们不难看出，国际空间软法的价值或功能主要表现在以下几个方面：

第一，国际空间软法为国际空间法的发展奠定了基础。一方面，在国际空间条约的发展历程来看，现行国际空间条约大多是在国际空间软法基础上形成的。1963 年《外空宣言》就是最佳范例。该宣言共提出九条原则，可分为两大方面。第一条至第四条为一般原则，提出探索和利用外空的宗旨和目的、外空的法律地位等，具体包括全人类共同利益、自由探索和利用、不得据为己有和遵守国际法等原则。这些原则在 1967 年《外空条约》中都得到了直接援引。第五条至第九条为具体原则，针对当时已知的问题提出解决方法，为外空法的发展打下基础。[①] 这包括外空活动的国家责任、合作和互助原则、登记国的管辖权和所有权，发射国的损害赔偿责任，援救宇航员的义务等，这些原则此后还发展为专门公约。如发射国的损害赔偿责任原则成为后来《责任公约》最核心的原则。营救宇航员原则也是后面《营救协定》最核心的内容。

联大第 1884 号决议是第一个明确提出禁止外空武器化的联合国文件，要求“各国不得在绕地球轨道放置任何携带核武器或任何其他大规模毁灭性武器的实体，不在天体上配置这种武器”。该决议在 1967 年《外空条约》序言中得到援引，有关内容实际上就是《外空条约》第四条[②]的基础。

---

① Vladimir Kopal. The Role of United Nations Declarations of Principles in the Progressive Development of Space Law // Journal of Space Law, 1988, 16 (1): 7.

② 自空间时代伊始，军事活动就是外空活动的组成部分，在相关国际机构和平台为各国讨论。因此，《外空条约》第四条除受到 1963 年第 1884 号决议影响外，还借鉴了 1959 年谈判完成的《南极条约》和 1963 年制订的《部分核禁试条约》的相关条款内容。Hobe, Setphan/Schmidt-Tedd, Bernhard/Schrogl, Kai-Uwe. eds. Cologne Commentary on Space Law, Volume I. Heymanns, Cologne, 2013: 73.

另一方面，从国际习惯的角度来看，在国际空间法的渊源中，国际空间软法也是国际习惯的来源。如联合国大会的第1721号决议，该决议重申：

> 请各国采纳以下原则，并于探索和利用外空时有所遵循：
> (1) 国际法，包括《联合国宪章》，适用于外空及各天体；
> (2) 外空及各天体可任由各国依据国际法规定探索和利用，不得为任何国家所专有。
>
> 该规定确立了两项后来普遍接受的国际空间法原则：空间活动受国际法规范；外空及各天体任由各国自由探索和利用。"这一原则也很快成为习惯法的一个部分。①

第二，国际空间软法是澄清和解释国际空间法的重要渊源。《维也纳条约法公约》第31条第3款规定：

> 应该结合文本，考虑条约当事方之间在事后达成的关于条约解释及其条款适用方面的任何协议。

这里的"任何协议"应该包括类似于宣言、决议之类的国际文件。现行国际空间法体系尽管确立了比较完善的四项制度，但是，诸多的条约条款亟待进一步澄清或解释。

如《外空条约》第七条与《责任公约》都确立了"发射国承担国际赔偿责任"制度，但是，现行国际空间条约只是通过列举的方式界定了"发射国"的定义，对于在轨卫星转移及随着外空商业化的发展，各国合作发射和私人实体发射的情况越来越多，这已经超出了《外空公约》、《责任公约》和《登记公约》中规定的发射国定义范围。② 为此，外空委通过了第59/115号决议《适用"发射国"概念》，提出各国应考虑颁布和实施国内立法，"以批准和持续监督受其管辖的非政府实体的外空活动"，并建议各国根据《责任公约》就联合发射或合作方案订立协定。这实际上是通过为各国国内法提供参考，

① ［意］Marco Pedrazzi，赵海峰．国际空间法教程．黑龙江人民出版社，2006：7.

② 外空条约：第7条．责任公约：第1条c款．登记公约：第1条a款．

从统一国家实践的角度来推进现有国际法的有效实施。

再如，一般认为1996年联大《外空国际合作宣言》就是对1967年《外空条约》中“共同利益原则”的具体化和明确化。[①]

第三，国际空间软法具有直接的规范价值。特别是在国际空间领域，随着空间技术的发展和空间活动的发展，诸多领域成为尚无法律约束的真空地带。如地球静止轨道作为有限的自然资源，法律地位一直是国际社会的争议焦点，[②] 也没有任何法律规制。联合国大会2000年通过的《关于使用地球静止轨道的一些问题》规定，“必须合理、有效、经济和平等地使用”地球静止轨道，按照“先来后到”原则进行安排可能造成发达国家之间及发展中国家之间难以协调的局面，要求有关国家在需要进行协调时，“已有利用机会的国家应采取一切实际可行的步骤”，使发展中国家享有平等的利用机会。这为地球静止轨道的法律地位提供了重要的依据。

此外，随着空间活动的发展，如何规范外空使用核动力源行为，保护空间环境；如何规范卫星遥感地球数据的合理使用；如何规范卫星广播的直播与国家主权的关系；外空国际合作的基本原则等问题，现行国际空间条约与国际空间习惯都没有明确规定。联合国大会通过的《各国利用人造地球卫星进行国际直接电视广播所应遵守的原则》、《关于从外层空间遥感地球的原则》、《关于在外层空间使用核动力源的原则》、《关于开展探索和利用外层空间的国际合作，促进所有国家的福利和利益，并特别要考虑到发展中国家的需要的宣言》，为这些活动提供了直接的行为规范。

特别是2007年联合国外空委通过的《空间碎片减缓准则》，明确要求：“会员国和国际组织应通过国家机制或其各自的有关机制，自愿采取措施，确保通

---

① 贺其治，黄惠康，主编．外层空间法．青岛出版社，2000：290.

② 以哥伦比亚为代表的赤道国家一开始曾主张地球静止轨道是其领土组成部分，由于未得到多数国家支持，进而提出对其领土上空的一段静止轨道享有某些优先权利，但国际电信联盟在空间频率和静止轨道的分配和登记上一直按地面无线电通讯中传统上的“先登先占”方式，这种方式对暂时不具备空间能力的发展中国家不利。同①：30－37.

过空间碎片减缓做法最大限度内执行这些准则”。[①] 尽管该准则并不具有法律约束力，但具有广泛的政治影响力。有些国家已经根据该准则通过本国机制自愿实施了空间碎片减缓措施。[②] 中国为此制定了《空间碎片减缓与防护暂行办法》来加强对空间环境保护，落实该准则有关空间碎片减缓做法的执行。

第四，国际软法是当前增进空间国家增进国际合作和相互信任的重要途径。这是软法所特有的功能。因为国际空间软法虽没有法律约束力，但可在政治、道义和技术等方面勾勒行为规范，从而在国际法主体间沟通协调、推动合作。[③]

确实，在美苏争夺空间霸权的20世纪，《外空宣言》所确立的营救宇航员原则，不仅推动了《营救协定》的出台，也实际上通过营救宇航员的实践缓解了两国在航天领域的冲突。特别是1996年《关于开展探索和利用外层空间的国际合作，促进所有国家的福利和利益，并特别考虑到发展中国家的重要的宣言》，对于空间国际合作的开展，为发达国家与发展中国家在航天领域的信任和合作提供了重要的依据和平台。

四、国际空间软法与国际空间硬法的互动

（一）国际空间软法的实施

国际空间软法的实施主要是通过以下几种途径：国际空间软法通过转化成国际空间条约或国际习惯在国际社会普遍实施；国际空间软法通过转化成国内法的方式得到国际社会的认可和实施；国际空间软法通过国际司法机构司法裁决的援引或国际社会空间实践中援引的方式得到国际社会的认可和实施。

1. 国际空间软法转化成国际空间条约

在国际法的发展实践中，国际空间软法实施最具有典范性质的是1963年

---

① 联合国文件A/62/20（和平利用外层空间委员会的报告）附件（和平利用外层空间委员会空间碎片减缓指南）// http：//www.unoosa.org/pdf/gadocs/A_ 62_ 20C.pdf，[2008－07－16]．

② 李寿平．空间碎片减缓国家机制的构建 // 北京航空航天大学学报（社会科学版），2008，(4)．

③ 商震．试论国际空间软法的发展及功用 // 中国空间法学会2014年年会论文集．

《外空宣言》。该国际空间软法不仅在1967年转化成了国际空间条约《外空条约》，也是后来《营救协定》、《登记公约》、《责任公约》的重要依据。

具体来说，《外空宣言》所确立的九项原则全部转化成为《外空条约》的条文。《外空宣言》确立的第一个原则“为全人类谋福利和利益”在《外空条约》第1条第1款中得到了实施。[①] 第二个原则“自由探索和利用外空”在第1条第2款中得到了落实。[②] 第三个原则“不得据为一国所有”在《外空条约》第2条中得到了落实。[③] 第四个原则“遵守国际法”在《外空条约》在第3条中得到了直接落实。[④] 第五个原则“国家承担国际责任”在《外空条约》第6条中得到了落实。[⑤] 第六个原则“适当考虑他国利益”在《外空条约》第9条中得到了落实。[⑥] 第七个原则“登记国管辖与控制”在《外空条约》第8条中得到了直接体现。[⑦] 第八个原则“发射国承担国际损害赔偿责

---

① 《外空条约》第1条第1款规定：“探索和利用外层空间（包括月球和其他天体），应为所有国家谋福利和利益，而不论其经济或科学发展程度如何，并应为全人类的开发范围。”

② 《外空条约》第1条第2款规定：“所有国家可在平等、不受任何歧视的基础上，根据国际法自由探索和利用外层空间（包括月球和其他天体），自由进入天体的一切区域。”

③ 《外空条约》第2条规定：“各国不得通过主权要求、使用或占领等方法，以及其他任何措施，把外层空间（包括月球和其他天体）据为己有。”

④ 《外空条约》第3条规定：“各缔约国在进行探索和利用外层空间（包括月球和其他天体）的各种活动方面，应遵守国际法和联合国宪章，以维护国际和平与安全，促进国际合作和了解。”

⑤ 《外空条约》第6条规定：“各缔约国对其（不论是政府部门，还是非政府的团体组织）在外层空间（包括月球和其他天体）所从事的活动，要承担国际责任。”

⑥ 《外空条约》第9条规定：“各缔约国探索和利用外层空间（包括月球和其他天体），应以合作和互助原则为准则；各缔约国在外层空间（包括月球和其他天体）所进行的一切活动，应妥善照顾其他缔约国的同等利益。……若缔约国有理由相信，该国或其国民在外层空间（包括月球和其他天体）计划进行的活动或实验，会对本条约其他缔约国和平探索和利用外层空间（包括月球和其他天体）的活动，造成潜在的有害干扰，该国应保证于实施这种活动或实验前，进行适当地国际磋商。缔约国若有理由相信，另一缔约国计划在外层空间（包括月球和其他天体）进行的活动或实验，可能对和平探索和利用外层空间（包括月球和其他天体）的活动，产生潜在的有害的干扰，应要求就这种活动或实验，进行磋商。”

⑦ 《外空条约》第8条规定：“凡登记把实体射入外层空间的缔约国对留置于外层空间或天体的该实体及其所载人员，应仍保持管辖及控制权。”

任”在《外空条约》第 7 条中得到了落实。[1] 第九个原则“营救宇航员”在《外空条约》第 5 条中得到了落实。[2]

此外，《外空宣言》相关原则在其他国际空间条约中得到了转化。《外空宣言》第九个原则在《营救协定》中得到了实施，即明确了宇航员的地位是“人类派往外层空间的使节”，因此，在“发生意外、遇难或于外国领土或公海紧急降落”，各国要提供一切可能的援救，并将其交给登记国。《营救协定》实际上就是将《外空宣言》第九个原则的规定予以细化，如《营救协定》第二条规定：

> 如因意外事故、危难、紧急或非出于本意降落之结果，宇宙飞船人员在一缔约国管辖领域内降落，该缔约国应立即采取一切可能步骤援救此种人员，并提供一切必要协助，该缔约国应将所采步骤及其进展情形通知发射当局及联合国秘书长。

《外空宣言》确立的第八个原则在《责任公约》中也得到了进一步转化。该条尽管没有明确提到“发射国”的术语，但规定了国际赔偿责任的主体是“向外空发射空间物体的国家”、“向外空发射空间物体的发起国家”、“被利用国土或设施向外空发射空间物体的国家”。《责任公约》通过术语定义的方式将该责任主体归纳称为“发射国”。该公约第 1 条规定：“发射国是指发射或促使发射外空物体之国家；外空物体自其领土或设施发射之国家。”也就是将《外空宣言》第九条中所列举的三类国家界定为发射国。然后，通过《责任公约》第 2 条、第 3 条明确规定，发射国对其发射的空间物体造成的损害

① 《外空条约》第 7 条规定：“凡进行发射或促成把实体射入外层空间（包括月球和其他天体）的缔约国，及为发射实体提供领土或设备的缔约国，对该实体及其组成部分在地球、天空或外层空间（包括月球和其他天体）使另一缔约国或其自然人或法人受到损害，应负国际上的责任。”

② 《外空条约》第 5 条规定：“各缔约国应把宇航员视为人类派往外层空间的使节。在宇航员发生意外、遇难或在另一缔约国境内、公海紧急降落等情况下，各缔约国应向他们提供一切可能的援助。宇航员紧急降落后，应立即、安全地被交还给们宇宙飞行器的登记国家。”

承担绝对责任或过失责任。①

2. 国际空间软法转化为国际习惯

国际空间软法通过转化成国际习惯得到实施最具典范的是《IADC 空间碎片减缓指南》。2002 年 4 月第 20 届机构间空间碎片协调委员会（IADC）会议正式通过了《IADC 空间碎片减缓指南》，共有 11 个国家的航天局签署此文件。该指南要求各国制订政策保证在今后的航天活动中能够有效地控制空间碎片的大量产生。要求“一个组织在规划和运行空间系统时，从任务需求分析和定义阶段开始就应采取系统性行动，通过将空间碎片减缓措施引入空间系统的寿命周期来减少对轨道环境的不利影响”。2007 年 2 月联合国外空委第 44 次科学和技术小组委员会会议通过了由“空间碎片工作组”提交的《空间碎片减缓指南》。会议决议指出：“认识到当前的空间碎片环境对地球轨道上航天器构成了危险。……立即执行一些适当的碎片减缓措施被认为是有助于为子孙后代维护空间环境的审慎而必要的步骤。”② 2007 年 6 月外空委通过了联合国外空委科学和技术小组委员会提交的《空间碎片减缓准则》。该准则明确要求：“会员国和国际组织应通过国家机制或其各自的有关机制，自愿采取措施，确保通过空间碎片减缓做法最大限度内执行这些准则。”③

本文认为，空间碎片减缓已经成为国际空间活动中的一项国际习惯法规范。如前所述，构建空间碎片减缓国家机制是联大《空间碎片减缓准则》的明确要求，很显然，在当今的国际空间实践中，几乎所有国家都将减缓空间碎片作为一项法律义务，减缓空间碎片在大多数国家的大多数空间活动中被多次实践。

---

① 《责任公约》第 2 条规定：“发射国对其外空物体在地球表面及对飞行中之航空机所造成之损害，应负给付赔偿之绝对责任。”第 3 条规定：“遇一发射国外空物体在地球表面以外之其他地方对另一发射国之外空物体或此种外空物体所载之人或财产造成损害时，唯有损害系由于前一国家之过失或其所负责之人之过失，该国始有责任。”

② 联合国文件 A/AC. 105/890《2007 年 2 月 12—23 日在维也纳举行的科学和技术小组委员会第 44 届会议报告》// http：//www. unoosa. org/pdf/reports/ac105/AC105_ 890C. pdf，[2008 - 07 - 12].

③ 联合国文件 A/62/20《和平利用外层空间委员会的报告》附件《和平利用外层空间委员会空间碎片减缓指南》// http：//www. unoosa. org/pdf/gadocs/A_ 62_ 20C. pdf，[2008 - 07 - 16].

一方面，空间活动国家都承认减缓空间碎片是一项法律义务。联合国外空委员会通过《空间碎片减缓准则》后世界大多数国家通过官方表示遵守其中规定的义务，这表明世界主要国家已经认识到了减缓空间碎片的义务。2005 年 12 月 8 日通过的联合国大会第 60/99 号决议再次表明国际社会对减缓空间碎片的义务的认同。①

另一方面，国际社会的减缓空间碎片的国际实践也已经形成。从国际层面来看，由多个国家及组织组成的机构间空间碎片协调委员会通过的《空间碎片减缓指南》就是国家履行减缓空间碎片义务的国家实践。从区际层面来看，欧洲空间标准化合作组织一直致力于制订空间碎片减缓标准，② 并且得到了欧洲主要航天国家的积极响应。2007 年，英国国家航天中心、法国国家空间研究中心、德国航空航天中心、意大利航天局和欧空局签署了《减缓空间碎片欧洲行为准则》。2008 年，欧空局制定了《ESA 机构项目的空间碎片减缓要求》。从国家层面来看，一些国家已经通过国家机制自愿采取减少空间碎片措施，这些措施符合机构间空间碎片协调委员会的《空间碎片减缓指南》和联合国大会第 62/217 号决议核可的和平利用外层空间委员会的《空间碎片减缓指南》。③ 美国从 1981 年起就有了空间碎片减缓政策。2001 年 2 月，出台了政府轨道碎片减缓标准操作规范和限制轨道碎片的指南和评估程序；2006 年，制订了国家空间政策；2007 年，美国国家航空航天局（NASA）制订了有关限制轨道碎片的程序文件（NPR8715.6）和技术标准。2007 年，俄罗斯出台了由机械制造中央科学研究所制订的《空间系统人造近地空间污染减缓一般要求（俄联邦国家标准)》。2007 年，德国航空航天中心以《减缓空间碎片欧洲行为准则》为基础，按照德国空间项目的各项需要修改了减缓空

① 2005 年 12 月 8 日通过的联合国大会第 60/99 号决议第 27 段："大会认识到成员国更多地关注空间物体与空间碎片相撞问题很重要，大会号召国家对此问题进行持续不断的研究，大会同意通过国际合作扩大适当可行的在未来空间活动中将空间碎片的影响降至最低的战略。"

② 其中由英国主持一个负责协调整个标准化组织中有关空间碎片减缓标准方面各项工作的工作组。在起草这些标准时，英国尽可能使其与空间碎片协调委员会有关空间碎片减缓的准则保持一致。

③ 大会正式记录，第 62 届会议，补编第 20 号（A/62/20）：117 段，118 段，附件.

间碎片国家指导方针。[①] 总之，各个国家和国际组织有关减缓空间碎片的国家政策和标准的制定充分表明了减缓空间碎片的国家实践的形成，同时也证明了空间碎片减缓国际习惯法的形成。[②]

此外，1986 年《遥感宣言》第 12 条规定，被遥感国可以“在不受歧视基础上依照合理费用”获得关于其领土的遥感数据。由于该原则是基于公约，在各国国内法、双边或多边条约中又不断得到援引，被认为构成了习惯国际法。[③]

因此，国际空间软法不仅可以成为编纂习惯国际法的基础或证明习惯国际法的存在，[④] 甚至可以成为国际习惯的直接渊源。

3. 国际空间软法转化成国内法

通过将国际空间软法转化成国内法予以实施的情况很多。如前所述，《IADC 空间碎片减缓指南》要求会员国和国际组织通过国家机制或其有关机制自愿采取措施，确保通过空间碎片减缓做法最大限度地执行这些准则。为此，2008 年欧空局制定了《ESA 机构项目的空间碎片减缓要求》，中国政府通过了《空间碎片减缓与防护管理暂行办法》[⑤]，这实际上就是通过国内立法形式实施了《IADC 空间碎片减缓指南》。

此外，联合国大会《关于从外层空间遥感地球的原则》为相关国家的遥感活动规定了一些基本原则，如为所有国家谋福利、遵守国际法、国际合作、技术援助、遥感数据公平利用等原则。为了规范自身的遥感活动，有些国家

---

① 联合国文件 A/AC. 105/918《和平利用外层空间委员会的报告，秘书处的说明：“各国对空间碎片、核动力源空间物体的安全以及这些物体与空间碎片碰撞问题的研究》// http: //www. unoosa. org/pdf/reports/ac105/AC105_ 918C. pdf，[2008 -08 -10]．

② 各国法律中与空间碎片减缓机制相关的内容（管理机制、许可机制、登记机制等）将在下文详细介绍。

③ 贺其治，黄惠康，主编．外层空间法．青岛出版社，2000：291 -292.

④ Marco Ferrazzani. Soft Law in Space Activities-An Updated View. Setsuko Aoki. The Function of “soft law” in the Development of International Space law // Irmgard Marboe, ed. Soft Law in Outer Space - the Function of Non-binding Norms in International Space Law. Böhlau Verlag Wien, 2012：111 -115.

⑤ 参见国家国防科技工业局科工一司［2009］1411 号文件《国防科工局关于印发〈空间碎片减缓与防护管理暂行办法〉的通知》。

通过国家立法的方式确立了本国的遥感法律制度，如1992年1月3日美国国会参议院和众议院共同颁布了《陆地遥感政策法》，旨在通过确保陆地卫星计划的数据持续性，来维持美国在陆地遥感领域的领导地位，制定一套新的国家陆地遥感政策。其中共六个条款，分别规定了陆地卫星、私有遥感空间系统的许可、研究开发和验证、后续陆地遥感系统、一般规定以及禁止气象卫星商业化六个方面的内容。

4. 国际空间软法得到了国际空间实践的广泛接受

在国际空间实践中，尽管国际空间软法不具有法律的强制实施力，但是，各国在相关的国际空间实践中都明确支持或援引国际空间软法规定，从未出现过任何国家明确反对国际空间软法的规定。

半个世纪以来，国际空间实践中尚未发生过任何与空间有关的国际司法案件，因此，目前尚无国际司法机构援引国际空间软法的情况。

（二）国际空间软法与国际空间硬法的互动

国际空间软法与国际空间硬法之间的互动主要是通过国际空间软法促进和推动国际空间硬法的形成，国际空间硬法又反过来为国际空间软法的产生提供依据，这种互动关系是完善国际空间法律体系的重要途径。

一方面，国际空间软法促进和推动国际空间硬法的形成，使软法“硬化”。国际法学者布鲁特曼在论述国际软法的属性时提出过邻近理论(proximity arguments)，[①] 揭示了软法的两大功能：一是作为正在形成的国际法的前提或基础；二是对现有国际法的补充。国际空间软法的这种功能，实际上既促进了国际空间硬法的发展，也促进了自身的“硬化”。

另一方面，国际空间硬法反过来为国际空间软法的产生提供发展的机会。由于国际空间条约的发展无法跟上国际空间技术发展的步伐，因此，国际空间条约必然会存在诸多需要进一步完善和补充的地方。基于空间领域的特殊

① Lúszló Blutman. In the Trap of a Legal Metaphor：International Soft Law // International and Comparative Law Quarterly, 2010, (59).

性和国家达成新的国际空间条约的困难，通过国际空间软法来解释、完善国际空间法成为当前最可行的途径。如，随着在轨卫星转移的空间实践，对于发射国和登记国的法律定义，现行《责任公约》和《登记公约》的界定就需要进一步完善，2004 年 12 月 10 日第 59/115 号决议《适用“发射国”概念》和 2007 年 12 月 17 日第 62/101 号决议《关于加强国家和国际政府间组织登记空间物体的做法的建议》等国际空间软法也就产生了。

当然，在当今的国际空间实践中，国际空间软法与国际空间硬法之间也存在对抗或冲突的现象，这种冲突可以称之为两者之间的消极互动。在现行的国际空间软法和国际空间硬法体系中，由于产生背景的不同，两者之间确实存在不少冲突之处，《外空宣言》和《外空条约》、《营救协定》之间的冲突最为明显。《外空宣言》第九条关于营救宇航员的原则规定，被营救的对象是“宇航员”（astronaut），营救后交还的对象是“登记国”（state of registry）。《外空条约》承袭了《外空宣言》的规定，但是《营救协定》规定，营救对象是“宇宙飞船人员”（personnel of spacecraft），营救后交还的对象是“发射当局”（launching authority）。这种消极互动不利于国际空间法律体系的统一，但是，正是这种消极冲突为未来国际空间软法的形成提供了新的机会和空间。

五、国际空间软法的发展趋势

自 1979 年《月球协定》以后，联合国框架下的国际空间立法一直处于停滞阶段，至今没有通过一项国际空间条约。但是，自 1979 年《月球协定》以后，国际空间软法进入了发展的茂盛时期。

可以预见，随着国际空间活动的发展，国际空间主体日益呈现多元化的趋势。在世界空间格局中，国际空间主体之间的利益冲突越来越明显，国际空间主体之间的发展不平衡也越来越明显。在此背景下，通过国际空间软法来解决国际空间活动中出现的新问题也将成为国际社会的务实选择。

也可以预见，在未来国际空间软法的发展中，国际空间软法的创制主体将出现多元化，国际空间软法所规制的范围也将逐步扩大，国际空间软法的

"硬"性程度将日益加强。

1. 创制主体日益多元化

国际空间软法的最初创制主体主要是联合国，特别是在联合国大会下通过一些决议的方式来创制国际空间软法。如联合国大会1963年通过的《外空宣言》。特别是在21世纪以前，国际空间软法的创制主体主要是联合国大会及联合国的机构。

进入21世纪，国际空间软法的创制主体开始有了一些新的变化，但联合国大会仍然是国际空间软法的创制主体。最大的变化就是在联合国框架外开始有国际组织创设了国际空间软法，如2004年机构间空间碎片协调委员会（IADC）通过的《IADC空间碎片减缓指南》以及国际法协会通过的《外层空间活动相关争端仲裁任择规则》。

同时，在联合国框架下，联合国的专门机构也开始参与国际空间软法的创制，如联合国外空委员会2007年《空间碎片减缓准则》以及2009年《外层空间核动力源应用安全框架》。

不可否认，在未来的国际空间软法创制中，其主体将会变得更加多元化。一些政府间国际组织很有可能成为国际空间软法的重要创制主体，如欧空局（ESA）、亚太空间合作组织（APSCO）和欧盟。2008年，欧盟提出《外空活动行为准则》，随着国际社会的认可，其很有可能成为一项重要的国际空间软法。同时，一些非政府间国际组织将有可能成为未来国际空间软法的重要创制主体，如海牙国际私法协会、国际法协会、国际空间法学会。

我们还不可否认，一些国际会议也有可能成为国际空间软法的创制主体，如1999年联合国第三次外空会议通过的《关于空间和人的发展的维也纳宣言》。在未来的空间外交实践中，类似的会议也很有可能成为国际空间软法的创制主体。

2. 规制范围不断扩大

回顾国际空间软法发展的半个世纪，国际空间软法不仅为国际空间活动提供了基本的原则，也为国际空间合作、卫星遥感地球、卫星广播直播、外空使用核动力源、空间碎片减缓等提供了重要的法律渊源。

随着人类空间活动的发展和空间技术的发展，诸多法律问题亟待国际立法予以规范和推动，在国际空间条约解决空间法中的问题缺乏重要推动力的背景下，国际空间软法将起着重要的替代作用。可以预见，国际空间软法在以下几个方面将得到进一步发展。

随着外空商业化利用，在空间资源（包括月球资源以及未来深空探测其他星球和天体中的资源）的开发与利用、促进空间旅游发展等方面很有可能通过国际空间软法文件来规制和促进。同时，在国际社会正在积极探索的空间交通管制、外空活动长期可持续性、防止外空军备竞赛等方面，通过国际空间条约的可能性很小，但是，可以预见，具有软法性质的国际文件实际上正在研究和启动之中。此外，地球低轨道和临近空间的发展与利用直接关系国家的安全和利益，而该地区的开发与利用正是国际社会近年来所瞄准的区域，国际规范亟待出现。因此，有关该领域开发与利用的国际空间软法亟待国际社会关注。

所以说，随着空间活动范围的不断扩大，国际空间软法所约束的范围也将不断扩大。

3. “硬”性程度日益加强

在国际空间软法半个世纪的发展中，其“硬”性程度在不断加强，也可以预见，国际空间软法的约束力将越来越强，将成为国际空间法的重要法律渊源。其主要原因有二。

一方面，在国际空间法体系发展中，国际空间条约的发展严重滞后。特别是国际空间技术的飞速发展推动国际空间活动的飞速发展，亟待国际立法来规范和推动。在此背景下，国际空间软法的替代作用越来越明显，其重要性也就越来越得到国际社会的认可。

另一方面，由于国际空间活动的飞速发展，空间活动诸多领域亟待规范和完善。而现行的国际空间软法实际上正是反映了空间活动发展的现实，其本身的规定也有助于空间活动的规范和发展，因此，国际空间软法的国际社会认可度不断得到肯定。

结论

国际空间软法是国际社会在国际空间交往中形成的不具有法律约束力、但能产生执行效果的非条约性国际文件。国际空间软法为国际空间条约的发展奠定了基础，为澄清和解释国际空间法提供了重要渊源，是空间国家增进国际合作和相互信任的重要途径，随着空间技术的发展和空间活动的发展，诸多领域成为尚无法律约束的真空地带，国际空间软法对此还具有直接规范功能。

国际空间软法通过转化为国际空间条约、国际习惯、国内法或国际社会直接承诺遵守等方式已经得到了很好的实施，其“硬”性程度也在不断增强。国际空间软法的发展直接促进和推动了国际空间硬法的形成和发展，国际空间硬法也为国际空间软法提供了发展的机会。

在未来国际空间软法的发展中，国际空间软法的创制主体会不断多元化，其规制的范围也将不断扩展，其约束力也将不断加强。但是，国际社会在确认国际空间软法确实存在的同时，对国际空间软法的范畴应严格加以限定，不能扩大化。

欧盟《外空活动行为准则》中的自卫权刍议

尹玉海* 颜永亮**

前 言

《联合国宪章》第51条规定："联合国任何会员国受武力攻击时，在安全理事会采取必要办法，以维持国际和平及安全以前，本宪章不得认为禁止行使单独或集体自卫之自然权利。会员国因行使此项自卫权而采取之办法，应立向安全理事会报告，此项办法于任何方面不得影响该会按照本宪章随时采取其所认为必要行动之权责，以维持或恢复国际和平及安全。"这是现有国际条约中唯一一条关于自卫权的规定。自联合国成立以来，多个国家绕过《联合国宪章》第2条关于禁止使用武力的规定，直接以"自卫"为名发动多次军事行动甚至是战争，不能否认其中一些行动是合法正当的，但必须承认其中很多是不合法的，造成这种情形的部分原因是国际社会对预防性自卫权存在与否和行使条件等问题没有达成共识，才使一些强权和霸权国家利用其概念和行使条件的模糊性发动危害地区安全和稳定的军事行动，长达十年的伊拉克战争就是这一典型例子。面对这种不正常的现象，我们有必要做出深刻的检讨。

由欧盟起草的《外空活动行为准则》的总则强调："承认《联合国宪章》

* 深圳大学法学院教授，法学博士，主要从事国际公法学和外层空间法学研究。

** 深圳大学法学院国际法硕士研究生，主攻国际公法和外层空间法专业学习和研究。

赋予各国的单独或集体自卫的固有权利。”这说明大家对自卫权问题的关注已扩展到外空领域。但在国际社会对这一概念和使用条件还没有一致意见的情况下却要在这一文件中承认自卫权，这会产生很多问题。外空的军事化和武器化必然会牵引出自卫权问题，特别是预防性自卫权问题，这种自卫权跟传统的自卫权不同，因为它应付的不是实际武力攻击，而是某种武力攻击威胁。而做出应对这种威胁的决定完全依靠受威胁者的单方面判断，所以这种权利很容易被一些霸权国家滥用。鉴于此，我们需要在联合国这个平台上在国际法的层面对预防性自卫权的性质、行使条件和要求做出严格的界定，对处理事后相关事宜做出妥善的安排。

本文将对自卫权概念、预防性自卫权存在的合法性和必要性以及行使的前提条件和要求等问题进行详细的讨论。

一、自卫权

（一）定义及种类

自卫权是一种自然权利，这意味着受到武力攻击的国家都可以享有和行使，不管它是否是联合国会员国。很多国际法著作在介绍国家的基本权利时都对自卫权下了定义，下面将列举三个。在邵津主编的《国际法》中指出：“自卫权是指当国家遭到外来的武力攻击时，实施单独或集体的武力抗拒攻击者，以保卫自身的生存、独立和安全的权利。”① 梁西教授在《国际法》一书中把自卫权包括在自保权之内，他认为：“自保权是指国家保卫自己的生存和独立的权利”，它包括“一国有权使用自己的一切力量进行国防建设，防备可能来自外国的侵犯”和“当国家遭到外国的武力攻击时有权行使单独或集体的自卫”，所以在他看来，自卫权就是国家在遭到外国的武力攻击时有权行使单独或集体的自卫措施，以保卫自己的生存和独立的权利。② 《奥本海国际

① 邵津，主编．国际法（第三版）．北京大学出版社，2008：41.

② 梁西．国际法（第三版）．武汉大学出版社，2011：72.

法》并没有对自卫权给出定义，但它通过不同的侧面对自卫权进行讨论，“如果一个国家受到攻击，它就有权在必要的情况下使用武力以防卫自己不受攻击，击退进攻者并将进攻者赶出国境。”“宪章第51条明文保留对武力攻击的单独和集体自卫的权利—这项权利是宪章所承认为‘自然的’而且是以与宪章所确立的法律同时存在的国际习惯法为依据的”，它还援引国际法院1986年在“军事和准军事活动案”的判决——“如果自卫行动要成为合法，‘遵守必要的标准和因自卫而采取的措施的比例性’是必要的。”①

通过对比我们可以看出，学者们对自卫权的解释都是围绕《联合国宪章》第51条讨论的，其中的“受武力攻击时”讲的是行使自卫权的前提条件，“自然权利”则是自卫权的法律性质。所以，我们可以对自卫权做出如下的解释，它是一国在遭到外来②的武力攻击时，为了保卫自身的生存，独立和安全的权利，在遵守必要性和比例性原则的情况下，实施单独或集体的武力抗击攻击者的一种自然权利。

根据自卫权行使的时间先后，可将自卫权分为事后自卫权和预防性自卫权。事后自卫权是针对实际发生的武力攻击做出的，即一国在实际受到外来的武力攻击之后，为了保护自己的生存、独立和安全所行使的权利。而预防性自卫权是在外来的武力攻击威胁已有可能发生的现实紧迫性，无其他方法可供选择而又没有时间考虑，有必要刻不容缓地实施单独或集体的武力排除这种武力威胁的权利。

（二）与自卫权相关的问题

要完整科学地理解自卫权，我们需要了解学者们对自卫权相关问题的讨论，特别是有争议的问题。

---

① ［英］詹宁斯·瓦茨，修订．王铁崖，陈公绰，汤宗舜，周仁，译．奥本海国际法．中国大百科全书出版社，1995：308－309.

② “外来”比“外国”更为可取，因为随着国际安全形势的变化，目前国家面临的攻击不仅仅限于一国武力侵略，还包括国际恐怖组织和地方武装等发动的攻击，“外来”一词囊括这些。

1. 武力的定义

何为“武力”?《联合国宪章》并没有给出定义，于是乎就有了除了实际受到武装力量攻击以外武力是否还包括威胁使用武力和除武力攻击以外的手段如经济手段的争论。在讨论《联合国宪章》草案的过程中，巴西代表主张把经济力量的使用规定到第 2 条第 4 款①禁止使用的武力的规定中，但从现有《联合国宪章》的规定可知这个提议被拒绝了，这引发了很多的争论。有人认为这意味着经济力量的使用是不违法的，也有人认为联合国不采纳这个提议是因为“the use of force”中的“force”包括“economic force”，所以没必要再多此一举。到了 1970 年，联合国大会一致通过了《关于各国联合国宪章建立友好关系及合作之国际法原则之宣言》（简称“国际法原则宣言”），其中“原则”规定：“各国在其国际关系上应避免为侵害任何国家领土完整或政治独立之目的或以与联合国宗旨不符之任何其他方式使用威胁或武力之原则”，这与《联合国宪章》第 2 条第 4 款是一致的。他们有一个共同点就是把“威胁”、“武力”和“其他方法”分开了。把“武力”解释为“武装力量的攻击”与“能达到侵犯国家的领土完整和政治独立效果的经济手段和政治外交手段同在该条的禁止之列”并不矛盾。再者，如果我们把“武力”一词解释为包括一切侵害国家领土完整或政治独立或与联合国宗旨不符的经济、外交和军事手段，这意味着不管是经济手段、政治外交手段还是军事手段，只要其侵犯了他国的领土完整、政治独立、和国家安全以及进行其他与联合国宗旨不一致的行为，受害国都可以进行军事武力自卫，这无疑变相地扩大了使用武力的条件范围，这与禁止使用武力原则是完全相悖的。所以，笔者的看法是“武力”仅限于“军事武装力量”。对于其是否包括“威胁使用武力”将在下文讨论。

2. “武力攻击”的定义

何为“武力攻击”? 在 1986 年的“尼加拉瓜案”中，联合国国际法院对

① 该条款规定：“各会员国在其国际关系上不得使用威胁或武力，或以与联合国宗旨不符之任何其他方法，侵害任何会员国或国家之领土完整或政治独立。”

这个问题作过讨论，判决书援引《国际法原则宣言》来解释，[①] 其大意是：武力攻击不仅包括传统的一国的正规武装力量跨越国界对他国实施的行动，还包括由一国的武装团伙、组织、非正规军或雇佣军派遣或代表他们对他国，其造成损害的程度相当于一国正规部队所实施军事行动所造成的损害的行动。这种具有包容性的解释既是为了尽可能地保护受害国，也是为了与限制使用武力这一国际法原则保持一致。

回顾历史，在20世纪之前一个被普遍接受的观点是：国家有权为正义之战而使用武力，为了纠正错误或防御攻击，国家有权使用武力，有权发动战争。但一战之后，国际社会对于国家享有战争权的态度发生了变化，这种变化体现在对使用武力进行限制。《国际联盟盟约》第12条要求，成员国在危机发生之后付诸战争前必须预留三个月的冷冻期借以和平的方式解决争端。其他条约对作战的方式、武器的类型也做出一些限制。而到了二战之后，国际社会否定了战争权，并在《联合国宪章》中明确了国家只有自卫权。自卫权是被动行使的权利，只有在受到武力攻击时国家才能行使。从这样的历史演变我们可以看出，国际法院的解释是有一定道理的。但是赞同这一看法的人忽略了一个前提，那就是限制使用武力针对的是恶意滥用自卫权的国家，如果在事实上确实存在急迫的武力威胁时还要否定国家享有自卫权，那是极不现实的。我想，没有哪个主权国家会同意联合国国际法院这一一厢情愿的看法，因为没有哪个国家在受到武力攻击威胁的紧迫情况下会把维护国家安全的希望完全寄托于其他国家或组织的帮助，他们的第一个反应应该是在自己力所能及的范围内回应威胁，这当然包括自卫措施。所以，笔者不赞同仅将“武力攻击”解释为“发生实际效果的武力攻击”，在冷兵器时代这样解释可以理解，但现在已经出现了一小时内打击全球任何地方的常规作战系统[②]

① 梁西，国际法（第三版）. 武汉大学出版社，2011：250.

② 美国军方发展的一小时内打击全球任何地方的常规作战系统（Prompt Global Strike，PGS），依托现有的前沿部署部队、空军远征力量（48小时对全球任何地方作出军事反应）和海军航母作战编队（96小时对全球任何地方作出军事反应），60分钟内可对全球任何地方进行打击。

和部署在外太空的武器系统，在极短的时间内可以对某些国家进行毁灭性的打击，如果要等到被一个携有核弹头的洲际导弹攻击之后再实施自卫，这个国家早就丧失反击能力了。所以，我们有必要把“武力攻击”进行扩大性解释，它应包括实际武力攻击和武力攻击威胁。

3. “自卫”和“报复”的区别

“自卫”和“报复”是两个极易混淆的概念。在实践中，一些国家常常以“自卫”为名行“报复”之实。前者是指击退或阻止实际攻击或攻击威胁的防御性行动，而后者是指针对已经过去的非法事件作出的报应性或惩罚性行动。① 在主观上，两者的区别在于前者以阻止攻击者进一步侵犯为目的，而后者以惩罚为目的。在客观上要看自卫措施是否符合比例性原则，自卫是受攻击国采取相当的自卫措施击退武力攻击或化解迫近的武力攻击威胁，一旦达到目的就应该停止自卫。但是报复却违反比例性原则，其目的是惩罚和威慑武力攻击制造国，迫使其“对造成的伤害进行赔偿或回到合法轨道、禁止进一步的违法行为。”② 比如，一国使用常规武器攻击他国，受攻击国也只能用常规武器进行还击，而不能一开始就使用核武器进行还击，因为这样的自卫措施是不相当的，否则构成报复行为。

二、外空自卫权

（一）内涵

要理解外空自卫权的内涵，需要回答两个问题：武力攻击的形式和自卫措施针对的范围。传统的武力攻击一般是一国入侵他国领土并对他国的人和物进行武力攻击，那么自卫措施的实施就发生在受攻击国领土之内。但是，外太空是没有主权属性的公共空间，在外太空受到的武力攻击包括以下几种形式：（1）一国利用部署于外太空的武器对他国在外太空的空间物体和人进

---

① 邵津，主编．国际法（第三版）．北京大学出版社，2008：375.

② D. W. Bowett. Self-Defense in International Law：13. 国家自卫权研究——以先发制人自卫权为视角 // http：//www. doc88. com/p－405987092645. html：20.

行攻击；（2）一国利用部署于地球上的反卫星武器对他国在外太空上的空间物体和人进行攻击；（3）一国利用部署于外太空上的武器对地球上的他国领土上的人或物实施攻击。

由于武力攻击存在三种形式，自卫措施实施针对的范围就变得复杂起来。面对第一种武力攻击，受攻击国对攻击国部署于外太空的武器进行还击是可以理解的。但问题是受攻击国是否可以“在外太空中的空间物体受攻击”为由对攻击他国领土上的武装部队实施自卫措施呢？前面讲到，自卫是指击退或阻止实际攻击或攻击威胁的防御性行动。所以，受攻击国的自卫措施可以针对外太空武器或外太空武器在地球上的指挥所实施，或以其他符合比例性原则又足以击退或阻止攻击的措施进行反击。面对第二种武力攻击，自卫措施只能对地面上的反卫星武器和指挥所进行反击，以其他符合比例性原则又足以击退或阻止攻击的措施进行反击。第三种武力攻击的情况跟第一种情况类似，不同的是第三种武力攻击的危害更大，自卫措施的力度也就更大。

综上所述，在外空领域，自卫包括域内自卫和域外自卫。所谓域内自卫，是指引发自卫的因素发生在受攻击国领土内的自卫，也就是上述第三种武力攻击引发的自卫。域外自卫是指引发自卫的因素发生在受攻击国领土外的自卫，也就是上述第一种和第二种武力攻击引发的情况。传统的自卫主要是域内自卫。外空自卫权的内涵比传统的自卫权的内涵更为丰富。

（二）存在的基础

1. 合法性讨论

上文讲到外空自卫权涉及域内自卫和域外自卫，域内自卫跟传统的自卫区别不大，本文不做讨论。但是域外自卫跟传统的自卫是有区别的，因为引发它的因素发生在外层空间，不在受攻击国领土，而外层空间又是没有主权属性的。外空自卫权的合法性问题也就是国家是否有权在其领土外行使自卫权的问题。

最初由于国家政策，一般本国国民和资产都在本国，随着国家之间在政治和经济方面的往来，逐渐出现了本国国民在他国以及被视为本国领土一部分的舰船航行在公海或他国水域的情形，自然衍生出域外自卫权的情形。国际社会对域外自卫权开始正式讨论缘起于1837年发生的“加罗林号”案。[①]在这一案件中，英美两国政府对在他国领土上行使符合严格性条件的自卫权达成一致性意见，但这种自卫必须符合一定的条件。美国国务卿韦伯斯特认为，这种条件就是“自卫的需要必须是刻不容缓的、压倒一切的和无其他手段可供选择以及无时间仔细考虑的”。[②] 随后很多学者认为，国家在具有上述情形时有权行使域外自卫权，这是一项国际习惯法规则。[③] 一战之后，很多学者认为这种规则的适用应该扩展到公海上，如1927年美国法官杰赛普（Jessup）在《关于领海和海事管辖的国际法》（The International Law of Territorial Waters and Maritime Jurisdiction）一文中指出：“必须记住，既然国家领土不容侵犯原则受制于自卫权，那么我们为什么要否认公海自由也要受制于自卫权呢?”[④] 到了空间探索时代，有学者根据类推原则，认为自卫权可以适用于外太空，如1962年美国学者约翰·库泊在《联合国和外空自卫》（Self-Defense in Outer Space and the United Nations）一文中指出：“‘加罗林号’案所确定的规则没有理由不能适用于没有领土属性的外层空间。”[⑤] 我觉得这样的类推是有根据的，因为《公海公约》第2条规定：“任何国家不得有效地声称将公海的任何置于其主权之下。”《联合国海洋法公约》采取同样的态度。《外空条约》第2条规定：“外层空间，包括月球、其他天体在内，不得由国家通过提出主权主张，通过使用或占领，或一任何其他方法，据为己

---

① http：//translaw. whu. edu. cn/index. php/Index/content_ zh/id/1160/link/alyj，[2015－05－16].

② “A necessity of self-defense，instant，overwhelming，leaving no choice of means and no moment of deliberation.”

③ Moore. International Law Digest，Vol. Ⅱ：409－414. R. Y. Jeanings. The Caroline and McLeod Cases，32 Am // Journal International Law（1938）：82.

④ Philip C. Jessup. The International Law of Territorial Waters and Maritime Jurisdiction. 1927：76.

⑤ Cooper，John Cobb. Self-Defense in Outer Space and the United Nations // German Journal of Air and Space Law，1962，11（3）：194. 其原文为：“It must be remembered that the great principle of the inviolability of national territory is qualified by the right of self-defense. Why should it be denied that the freedom of the seas may also be subject to qualifications?”

有。”据此可知，公海和外太空的法律地位是相类似的。既然自卫权可以适用于没有主权属性的公海，为什么在具有相类似地位的外太空就不可以呢？再者，《联合国宪章》第51条并没有对地域作出限制。所以，不管是在地球上还是在外太空，只要发生一国遭受外来武力攻击的情形，在遵守必要性和比例性原则的情况下，一国就可以实施自卫权。

2. 必要性讨论

在外空军事化和武器化背景下，国家所面临的安全威胁是前所未有的。联合国“威胁、挑战和改革问题高级别小组”报告《一个更加安全的世界：我们共同的责任》强调，国际社会现在所面临的安全威胁已经发生了微妙的变化，从冷战的核武器毁灭性的威胁，到现在局部战争和恐怖主义跨国有组织犯罪的威胁，一些旨在改善日常生活的技术被少数恐怖分子利用为攻击性武器，“9·11”事件就是最好的证明。而在外空领域，外空军事化和武器化已是既成事实，反卫星武器的实战部署、从陆海空发射穿越外空的武器技术的日渐成熟、以外空为基地的武器系统的发展，使得我们所面临的安全威胁前所未有。特别是在目前国际法律文件对外空军事化和武器化进行限制的作用特别有限之际，重视和强调单独和集体自卫很有必要。所以，在欧盟起草的《外空活动行为准则》中强调自卫权就可以理解了。

（三）外空预防性自卫权

传统在地球上的自卫权有“事后自卫权”和“预防性自卫权”之分，外空自卫权当然也有“外空事后自卫权”和“外空预防性自卫权”之分。欧盟《外空活动行为准则》中所讲的自卫权是否应包括预防性自卫权呢？这值得讨论。预防性自卫权会引发很多争议性问题，包括怀疑的标准（即行使自卫权的前提条件），实施自卫措施的要求，由于怀疑过错而实施的自卫措施对受害国造成的物质损害和人员伤亡是否引起赔偿或补偿，等等。

1. 关于预防性自卫权存在与否的争议

在20个世纪50、60年代曾有一批学者对是否存在预防性自卫权有过激烈的讨论，他们大致分为以英美学者为首的支持方和以苏联学者为首的反对方。

反对方认为，自卫权必须在受到实际的武力攻击之后才可行使。如约瑟夫·孔兹（Joseph L. Kunz）在《〈联合国宪章〉第51条的单独和集体自卫》一文中指出，《联合国宪章》第51条把自卫权的行使限定在成员国受到武力攻击的情形，“武力攻击”的意思是“实际发生的武力攻击”，侵略的威胁和迫近的武力攻击不能作为行使自卫权的合法理由。[①] 又如汉斯·凯尔西（Hans Kelses）在《联合国的法律》一文中指出，第51条没有使用“侵略”一词而是使用更为狭义的“武力攻击”，这意味着仅仅是迫近的攻击和任何侵略行动都不能作为行使宪章第51条所赋予的自卫权的合法理由。[②] 菲利浦·杰赛普（Philip C. Jessup）在《国家的现代法》一文中指出，宪章第51条规定显示了对自卫权进行限制，即自卫权只有在武力攻击出现时才可以实施，第51条的限制非常明显地缩小了国家根据传统法所享有的行动自由。根据传统法，如果一方发出伤害威胁就算没有发生实际攻击，另一方是可以自卫的。根据宪章的规定，预防性军事准备只能由联合国安全理事会实施，而不能由那些认为自己受到威胁的国家实施。[③] 著名法学家克雷洛夫（Krylov）在1958年的国际法协会会议上指出，《联合国宪章》第51条讲到自卫，但是条文并没有提到预防性自卫，自卫只能是在武力攻击出现时才能被允许。所以他认为第51条是限制性的解释，他对有人援引引发生在1837年的“加罗林号案”所确定的规则作为支持预防性自卫权的理由感到惊讶。[④]

支持一方对上面的观点表示无法接受。如美国学者约翰·库泊（John Cobb Cooper）认为，《联合国宪章》第2条和第51条都没有明文限制或破坏国家通过使用武力反抗迫近的攻击或威胁其生存的危险来保护自己的基本权利，如果限制性解释是正确的，那么东京审判的判决就无效了，当年荷兰以

① Joseph L. Kunz. Individual and Collective Self-Defense in Article 51 of the Charter of the United Nations, 41 Am // Journal Internationl Law, 1947: 871.

② Hans Kelses. The Law of the United Nations. 1950: 787 -789.

③ Philip C. Jessup. A Modern Law of Nations. 1958: 163 -166.

④ Int. Law Assn. Report of the 48th Conference. New York, 1958: 512.

日本的攻击威胁十分紧迫为由对日宣战并使用武力，这在东京审判中被判决是合法的。又如美国学者古德哈特（Arthur L. Goodhart）认为，所有没有清楚地或没有经过必要的暗示转移给联合国的国家权利都依然由个体国家保留，这些权利不是被赋予的，而是由于主权而享有的。[①] 对自卫权进行限制性解释的观点显然是把国家的自卫权解释为第51条所限制规定的内容，如果《联合国宪章》被看作把所有剩余的权利留给个体国家，那么不仅要问："《联合国宪章》的规定以何种程度限制单个国家已存的自由呢?"因为《联合国宪章》并没有规定以某种方式限制自卫权，所以单个国家或集体组织可以任何与其目的相一致的方式保护自己。其又指出，《联合国宪章》第2条禁止使用武力并没有确定普遍不得使用武力的义务，其禁止的只包括三种情况：一是不得使用武力侵犯任何国家的领土完整，二是不得使用武力侵犯任何国家的政治独立，三是不得以任何与联合国目的不一致的方式使用武力。我们不能认为通过自卫对抗肆意攻击的做法与联合国的目的不一致，自卫权是一项独立的固有的权利，它并不在《联合国宪章》第2条限定的范围内。[②] 又如英国大法官基尔穆尔（Kilmuir）于1956年在英国议会在指出，《联合国宪章》第51条并没有通过限制针对武力攻击实际发动而进行的武力性自卫来删除自卫权这一自然权利，如果这种自卫权受限制，那将扭曲《联合国宪章》的宗旨而强迫自卫的国家允许其敌人进行第一轮致命性的攻击。"我所支持的是100多年前就已经由发生在美国和英国之间的'加罗林号'案所确立的信条，该信条的基础就是侨民面临迫近的威胁，这个信条就是当迫近的威胁实际存在时，自卫便是合法的。"[③] 又如英国学者提姆·希利尔（Tim Hillier）认为，国际法主体可以做任何国际法不禁止的事情。他的逻辑就是，既然《联合国宪章》

① A. L. Goodhart. The North Atlantic Treaty, 79 Recueil des Cours // Academic de Droit International (Ⅰ) . 1951: 188, 193.

② Ibid: 231. A. L. Goodhart. The North Atlantic Treaty, 79 Recueil des Cours // Academic de Droit International (Ⅱ) . 1951: 188, 193.

③ Int. and Comp. Law Quar. Vol. 6. 1957: 330, quoting "House of Lords Debates," vol. 200, cols. 847 and 849, Dec. 11, 1956.

第51条没有明确排除预防性自卫权，那么国家当然享有这种权利。[①]

很显然，反对方是站在实证法的立场来解释《联合国宪章》第51条，而支持方则站在自然法的角度去解读。《联合国宪章》第51条肯定了自卫权是一种自然权利，是国家主权中一个最基本的组成部分，但是它要求自卫国立即向安全理事会报告自卫措施。显然，这是为了监督自卫国是否滥用自卫权，防止事态失控而危及整个国际社会的和平和安全。因为就算是正当的自卫，国家之间的武力攻击对双方而言都是不利的，联合国安全理事会作为居间调节者比自卫国更能胜任平息战争和维护和平的重任。但是，限制自卫权、防止自卫权滥用并不是否定预防性自卫权，而且《联合国宪章》第51条并没有明确禁止预防性自卫权，这一点英美学者分析得比较清楚。笔者所持观点与英美学者观点的不同之处是，要对预防性自卫权进行限制，而且这种限制的条件要比事后自卫权的标准还要严格。这种标准将在另一节讨论。

对比了两方的观点后，还有一个值得注意的问题是，双方都没有详细讨论国家所面临的安全形势和时代背景，双方都是在假设中讨论，这种假设是建立在国家间互不信任以及军事不透明的背景下。我们知道，任何法律规则都是为了解决现实问题的，而这些问题往往发生在一个多样复杂的时代背景下，我们不可能用过去的陈规或为遥远未来设想的规则来引导现在的人们、组织国家的行为。所以，要讨论预防性自卫权存在的合法性和合理性，我们还必须分析现在的国际环境。二战之后，国际社会成立了联合国，原本的和平愿景被美苏争霸所导致的冷战所打破，大规模毁灭性武器被大量制造和部署，苏联解体和冷战结束后，国际形势稍微缓和，但是局部战争、跨国有组织犯罪和恐怖主义袭击成为新的安全威胁。具体到在外空领域，美苏争霸的一个副产品就是外空的军事化和武器化，这种状况一直延续到现在。随着近年俄罗斯与美国和欧洲国家关系的恶化，新一轮的太空军备竞赛有可能重演，在这样的背景下强调预防性自卫权有现实的紧迫性，因为外空武器与传统武

① ［英］Tim Hillier. 国家公法（导读本）. 杨泽伟，编注. 中国人民大学出版社，2005：275.

器的区别在于它们能在极短的时间内进行摧毁性的打击。还有在外空领域的军事运用和武器系统的信息化程度非常高，因而隐蔽性更强，更难发现攻击威胁。若一国在外太空的卫星指挥系统和导航系统受到攻击，那么它在现化战争中就完全失去了主动权而被挨打，几乎失去了反击能力。要求一国受到实际攻击之后才可以进行反击在现代化战争中是极不现实的。所以，笔者赞同预防性自卫权。

21 世纪初在美国发生了“9·11”恐怖袭击事件，美国由此制定了“先发制人的自卫”的国家战略，用以应对恐怖袭击。但由于这一主张过于霸道，而且美国以此作为理由发动了备受争议的伊拉克战争，从而再一次引发了中西方学者对预防性自卫权的激烈讨论，有人建议对预防性自卫权严格限制，甚至建议修改《联合国宪章》第 51 条，对预防性自卫权的行使条件和要求作出更为具体的规定，谨防其被肆意滥用。

联合国对此问题怎么看呢？接下来笔者要介绍一下 2004 年 12 月联合国“威胁、挑战和改革问题高级别小组”发布的报告《一个更加安全的世界：我们共同的责任》报告①（下文简称《报告》）。《报告》第 188 条认为，《联合国宪章》第 51 条关于自卫权的规定具有局限性，《联合国宪章》第 51 条规定：“联合国任何会员国受武力攻击时，在安全理事会采取必要办法，以维持国际和平及安全以前，本宪章不得认为禁止行使单独或集体自卫之自然权利”。但是，根据长期以来得到公认的国际法，只要威胁发动的攻击随时可以发生，又没有其他办法可以阻止，而且采取的行动是相称的，受威胁的国家就可以采取军事行动。但是，在这种威胁并非紧迫但仍被称为真实威胁（例如在有人据称不怀好意地获取制造核武器的能力）时，就会出现问题。②

《报告》第 189 条指出：

在这种情况下，一个国家是否可以不经过安全理事会就声

① A/59/565 // http：//www. un. org/chinese/secureworld/ch2. htm，［2015－08－25］.

② A/59/565 // http：//www. un. org/chinese/secureworld/ch9. htm#note9，［2015－08－25］.

> 称，它有权提前为了自卫，不但采取先发制人的行动（对付紧迫威胁或近期的威胁），而且采取预防行动（对付非紧迫威胁或非近期的威胁）？那些说“可以”的人认为，有些威胁（例如持有核武器的恐怖分子）可能造成的危害是如此之大，不能坐等它们变成紧迫威胁，且早采取行动可能减少危害（例如，避免核武器交锋，或避免反应堆被毁产生的放射性尘埃）。

《报告》第190条又指出：

> 如果有充足的理由采取预防性军事行动，并有确凿的佐证，就应将其提交给安全理事会。安全理事会如果愿意，可以授权采取军事行动。安理会如果不愿意，那么必然会有时间来采用其他做法，包括劝说、谈判、威慑和遏制；然后再考虑选择军事行动。

这是联合国对预防性自卫权的态度，即国家可以实施联合国安全理事会授权下的预防性自卫权，不赞同绕开安全理事会的单方面预防性自卫权。笔者赞同这种看法。有人可能会问：自然权利是否可以限制呢？答案是肯定的。二战后在经济全球化的作用下出现了国家经济主权的部分让渡就是最好的实例。自卫权作为一种自然权利，每个国家都享有，但是这并不意味着它不受限制，因为我们建立联合国的目的之一就是以和平的方式解决国际争端，只要能够以和平手段化解所谓的迫近的武力攻击，最好是不用武力，因为使用武力的代价太大，而且行使预防性自卫权和使用武力自卫是两码事，因为自卫措施不全是武力。

再者，我们所面临的现实是自卫权容易被滥用，即一些国家会把一些并不是那么紧迫的威胁夸大并作为其先发制人军事行动的理由。一个很好的实例就是1981年6月以色列轰炸和摧毁伊拉克正在建设中的一个核反应装置,[①]以色列在没有充分证明伊拉克核设施有可能严重且紧迫危及其国家安全的情况下，实施了所谓的先发制人的自卫军事行动。这个问题本来可以通过和平的方式[②]解决，但美国选择了武力攻击，其做法明显并不符合公认的国际习惯法规则，即自卫的需要必须是刻不容缓的、压倒一切的和无其他手段可供选择以及无时间仔细考虑的。这种做法对全球秩序和这一秩序赖以继续存在的不干涉规范造成极大的挑战。

还有人可能会担心，根据目前安全理事会的决策效率和反应速度，如果必须先向安全理事会报告并在获得其授权之后再采取行动，那么可能会延误时机而造成无可挽回的后果。这种当心是否合理，是否现实呢?《报告》第197条和第198条对此作出回应：

> 在冷战期间，联合国显然没有起到一个有效的集体安全体制的作用，因此这样做是完全可以理解的，但是，世界现在已经发生了变化，人们现在更加期望国际社会是一个有秩序的社会，各国都必须根据国际法行使自己的权利和履行自己的义务。

既然《联合国宪章》赋予了安全理事会的权限和义务，那么现在“解决问题的办法不是削弱安理会，让它丧失效力，置身事外，而是要从内部来改革它，使它比现在更加有效率，因为《联合国宪章》第七章充分授权安全理事会处理各国关注的各种安全威胁。”《报告》还对如何提高安理会的决策效率提出一套系统的建议。笔者认为这种安排可取，而且符合安全理事会五大常任理事国之一中国的利益。

总而言之，笔者赞同预防性自卫权，但是建议对其进行严格的限制，自

---

① 很多美国学者认为这一行动是正当的，如 Beth M. Polebeam 在1984年发表了“National Self-defense in International Law: An Emerging Standard for a Nuclear Age”一文就讨论了这个问题，但其理由无法令笔者信服。

② 如向国际原子能机构请求救助，尤其派遣核专家到伊拉克进行调查化验，在用尽和平方法后再实施所谓的自卫措施才令人信服。况且，伊拉克核设施的军事威胁还没具有现实紧迫性。

卫国在怀疑迫近的武力攻击威胁现实存在时，应先向联合国安理会报告和向威胁制造国发出呼吁和警告，在联合国安全理事会同意或在寻求联合国安全理事会无果和威胁制造国不理睬的前提下，才可以行使预防性自卫权。

2. 预防性自卫权行使的前提条件

自联合国成立以来，很多国家援引“先发制人的自卫权”进行了多次的军事行动甚至发动战争。我们不能否认其中有些是合法合理的。但很多国家是在理由很不充分的情况下发动先发制人的自卫攻击以达到其他目的。如美国 2003 年绕过联合国安理会发动了伊拉克战争，其理由是怀疑伊拉克拥有大规模杀伤性武器，有必要先发制人地摧毁这些武器，以保护美国的安全。但是在战中和战后美国并没有找到伊拉克拥有大规模杀伤性武器的证据。然而，伊拉克战争造成伊拉克大量的人员伤亡和财产损失。鉴于预防性自卫权容易被滥用而造成恶劣的后果，我们有必要对其行使的前提条件进行严格的界定。

第一是要面临迫近的武力攻击。前面已经对武力攻击做了讨论，在此不再累述。武力攻击只是一种威胁，还没有实际发生，那么如何判断它是迫近的呢？仅仅是敌国某位将军或领导人在公开场合发表了一些好战的言论，能作为武力攻击迫近的初步证据吗？如 2013 年金正恩曾公开宣称要向韩国发动“热核战争”，这种虚张声势的狂言当然不能被视为迫近的武力攻击，因为他并没有实际行动，既然没有行动就谈不上是迫近的。迫近是时间上的要求，它要求武力攻击是即将发生的，预防自卫国有理由相信如果再不采取预防性措施将再也没有机会有效地化解威胁，这种威胁迫使预防自卫国“刻不容缓地”又“没有时间考虑地”实施自卫措施。笔者之所以不认同以色列轰炸伊拉克核设施的先发制人的自卫行动，正是因为它不符合“面临迫近的武力攻击”这一要件，该核设施的运作并不是武力攻击，也没有足够的证据证明它是迫近的。

第二是严重性。在判断是否存在武力攻击时，存在判断武力的程度问题，因为使用武力不等于武力攻击。对于此问题，联合国原子能委员会在 1946 年指出：“在考虑违反条约或者条约条款的问题时还必须记住，这种违反在性质上非常严重才引起第51条所承认的自卫之固有权利。”[①] 国际法院在1986年“尼加拉瓜案”中也指出：“有必要将最严重的使用武力的形式（即那些构成武力攻击的行使）与其他不甚严重的使用武力的形式区分开来。”[②] 所以，判断严重性是行使预防性自卫权的重要依据。在判断敌国使用武力是否达到武力攻击的程度时，预防自卫国必须综合考虑武力使用的规模和可能产生的后果。对于规模的要求，国际法院在1984年“尼加拉瓜案”中认为武力攻击无需大规模军事行动，[③] 意味着就算是小规模的使用武力，只要其危及国家生存、独立或安全，预防自卫国都可以以此作为自卫的根据之一。在考虑可能发生的后果时可以做如下的判断：如果迫近的武力攻击变为现实，国家将在长期或短期内丧失自卫能力，因此可能被灭绝或其国民产生重大伤亡，其财产遭受重大损害。[④]

第三是威胁是明显的。明显性包括两种情况：一是敌国已经公开做出向其发动武力攻击的明确声明；二是如果不存在第一种情况，自卫国通过情报工作已获得敌国将对其发动武力攻击的确凿证据。这种证明标准要比传统的事后自卫权的证明标准高，预防自卫国应该在搜集足够情报证据的基础上做出判断，而不能道听途说。而且这种证据应该在向联合国安理会报告和向敌国呼吁和警告时公开。如果仅仅是猜测而拿不出确凿的证据证实这种武力攻击威胁，自卫国不能把这一猜测作为其行使自卫权的合法性理由。[⑤]

第四，必要性原则。在著名的国际法案例“加罗林号案”中，确立了自卫权行使的两个限制性条件：必要性和比例性。必要性原则就是只有在必须通过行使自卫行为来确保其权益时才能行使。对于一个迫近的武力攻击，如果受攻击国可以不用对攻击国进行武力还击而是用其他和平方式就可以阻止

---

① D. W. Bowett. Self-Defense in International Law. London：Manchester University Press，1963：189.

② The Nicaragua Case，ICJ Report，1986：paras. 123 – 127.

③ The Nicaragua Case：para. 195.

④ 国家自卫权研究——以先发制人自卫权为视角 // http：//www. doc88. com/p – 405987092645. html：17.

⑤ Ibid：29.

或补救，武力自卫就不存在必要性。[①] 如果受攻击国只有使用武力才能保卫自己独立、安全和生存，它就存在必要性。1984 年以色列对伊拉克核设施的导弹袭击就缺乏行使自卫的必要性，一是因为以色列声称的威胁并不紧迫，二是因为他们完全可以选择向联合国报告，并由联合国和平处理。如果有证据证明该核设施军事用途比较明确，而且以色列已向伊拉克政府提出呼吁或寻求联合国帮助而无法化解危机，那么，以色列是可以实施自卫措施的。但是很遗憾，以色列并没这么做。

3. 预防性自卫权行使的要求

一般而言，自卫措施以击退进攻者并将进攻者赶出国境为限。而预防性自卫权则以化解武力攻击威胁为必要。一国在行使预防性自卫权时，应该遵守以下两条准则：

第一是限度准则，它包括效果限度和时间限度。效果限度就是自卫的措施达到使攻击国在短期内无法再次发动武力攻击的效果为限。时间限度就是达到消除武力攻击威胁的效果时止。如 1962 年美国发现苏联把导弹部署在古巴境内，为了阻止其进一步运入古巴境内，以自卫为理由对古巴进行海上隔离，直到古巴核危机解除才解除海上隔离。如果受威胁国在消除威胁后还进行所谓的自卫措施，就超出自卫的范畴，安全理事会得知后应要求其停止行动并对其进行谴责。如 1964 年联合国安理会谴责英国轰炸也门，其理由之一是英国的军事行动是在最初的武力使用经过很长时间后才采取的。

第二准则是比例性原则。国际法院在“尼加瓜拉案”的判决书中指出，自卫权仅保证“与武力相称且是回应进攻所必要的措施”。这是对事后自卫权措施的要求，对于预防性自卫权更加要强调这一点。预防性自卫措施应该与所面临的攻击威胁程度相当，不可自卫过当，以致造成惩罚性报复行为甚至侵略行为。因为武力攻击还没有发生，所以预防措施以阻止或化解威胁为限。这种要求应该比事后自卫权的比例原则的标准要低，因为攻击还没有实际发

① ［英］詹宁斯·瓦茨，修订．王铁崖，陈公绰，汤宗舜，周仁，译．奥本海国际法．中国大百科全书出版社，1995：312.

生，它不像事后自卫权所面临的危险严重，所以要求即将受攻击国不能以武力还击作为第一选择，只有在采取其他手段无法化解威胁的情况下才能使用武力还击，而且，武力措施要从弱到强进行，例如面对常规军事威胁，只能用常规军事措施应对，而不能运用核自卫。

三、对欧盟《外空活动行为准则》中关于自卫权规定的建议

"承认《联合国宪章》赋予单独或集体的自卫权"在欧盟《外空活动行为准则》草案中是一项原则，这是现有外层空间条约和宣言中所没有的。从一定的层面上讲，它是对现有的外空法律规范的一个补充。当然，就算此文件不强调这一权利，也不会妨碍国家享有和行使这项权利。不管怎样，在外空领域强调预防性自卫跟在地球上强调一样重要。由于预防性自卫权容易被滥用，所以我们有必要对预防性自卫权的行使设立严格的行为规范。

一是事前限制。要求预防自卫国严格按照预防性自卫权行使的前提条件进行判断是否必要行使预防性自卫措施。如果其认为有必要进行预防性自卫，那么应该立即向联合国安理会报告和向敌国呼吁或警告。只有在安理会已同意或安理会没有及时回应且敌国不予理睬的情况下，根据威胁性的严重性和紧迫性，才可以自行采取措施、而且自卫措施要遵守限度准则和比例性原则。

二是事中限制。预防自卫国在决定实施自卫措施时或之后[①]应及时向安理会报告事态和自卫措施的大致情况，其中包括具体原因。安理会接到报告后，应该召开安理会常委会紧急会议对报告进行讨论，审查和评估。对威胁的严重性、正当的目的、万不得已的办法、相称的手段、权衡后果等五个方面进行评估。[②] 如果会议决定授权实施预防性自卫措施，自卫国可进行相当的自卫措施，若自卫国已经进行预防自卫，可继续进行。如果安理会决定不授权，

---

① 有时可能因为特殊情况无法及时向联合国报告，那么预防自卫国应该在无法报告的原因消除后立即向联合国报告。

② 联合国"威胁、挑战和改革问题高级别小组". 一个更加安全的世界：我们共同的责任 // http：//www. un. org/chinese/secureworld/ch9. htm#note9：第 207 条 .

自卫国不应该进行预防自卫措施，已经进行的则应该停止实施，但安理会应同时迅速派遣斡旋委员会赶赴事发地对双方进行劝说，调解。

三是事后审查，若预防自卫国实施了预防性自卫措施，对方对预防性自卫措施的合法性提出异议，则应由国际法院裁判自卫国预防性自卫措施的合法性问题，如果自卫措施不合法而且对他国已造成了损害和伤亡，则应公开道歉并承担赔偿责任。

总结

《联合国宪章》承认自卫权是每个国家固有的自然权利，这种权利对国家遭受外来武力攻击时维护自身的生存、独立和安全发挥重要的作用。预防性自卫权自被引用对抗武力攻击威胁时起，就备受关注甚至争议。自联合国成立以来，预防性自卫权多次被滥用，造成这种局面的部分原因是国际社会对其行使条件和要求无法达成一致的看法。自人类进入外空时代，外空的军事化和武器化使得国际安全形势变得异常复杂，在外空领域强调自卫权特别是预防性自卫权具有现实的紧迫性和必要性。但它同样存在被滥用的问题，所以有必要对预防性自卫权的行使进行限制，做到事先限制、事中报告核查和事后审查。

立法促进我国商业航天的发展[①]

吴晓丹[*]

航天产业是21世纪的朝阳产业，战略产业。高科技和巨大的利润空间势必给经济发展和社会进步带来强劲的推动力和广阔的发展前景。美国是这个领域的先驱，其商业航天已经发展成为价值数百亿的产业，规模和效益领先全球。[①] 联合国外空条约先天不足，在调整商业航天活动时有明显的局限性，而国内法则具有直接调整非政府实体航天的优越性，制定和完善国内航天立法显现出前所未有的重要性和必要性。现下，美国、俄罗斯、阿根廷、奥地利、澳大利亚、比利时、巴西、加拿大、智利、法国、德国、哈萨克斯坦、意大利、日本、挪威、南非、西班牙、瑞典、乌克兰、英国等20多个国家制定了有关航天的基本法、综合法或部门法，其他一些国家正在考虑或努力推进立法。中国航天已经取得了举世瞩目的成就，但立法零碎，效力低，严重滞后。经过多年的讨论，2013年，中国《航天法》终于正式纳入全国人大第三类立法规划。该法作为基本法，将为中国航天活动确立法律制度框架基础。本文建议，结合中国的实际情况，恰当地借鉴和吸纳有关研究成果和其他国家航天核心法律制度中鼓励和促进商业航天的主要元素。

---

① 本文初稿曾经提交给中国宇航学会·中国空间法2014年学术年会。

* 女，中央财经大学法学院讲师，博士，讲师。

① J. A. Giacalone. Global Trends in the Commercialization of Space // Journal of Business and Economic Research, 2008, (6): 65.

一、国内法规范商业航天相对国际法的优势

外层空间超越了各国主权管辖范围，国际法曾经是调整外空活动的首要方式，但这些条约的时代特征和缺陷以及持续几十年的停滞状态，难以应对航天主体多元化和商业航天发展带来的多重冲击。国内立法可以直接规范非政府实体的活动，更为灵活，立法相对容易，具有明显的优势。

（一）国际法规范商业航天的缺陷和局限

1957年第一颗人造卫星发射开启航天时代，多种因素促使以联合国条约为主体的外空法很快成为国际法一个分支。联合国于20世纪60年代和70年代制定的五部外空条约为人类的航天活动提供了重要的指导规范。[①] 但这些条约具有明显的时代烙印。当时，航天活动首要目的集中在政治和军事层面，只有国家是航天活动主体，且主要是美国和苏联。与此相适应，国际外空法的核心制度是缔约国授权、监督本国航天活动，承担国际责任。冷战结束后，政治气候和背景大为改变，航天随之发生巨大变化。首先，东西分歧让位于南北差异，和平和发展成为最高诉求。全球化和一体化形成不可逆转的趋势，在经济方面表现尤为突出。与此相适应，航天活动的意义和价值不再局限于军事和政治领域，涉及日常生活的方方面面，小到通信、银行服务、互联网，大到自然灾害监控和裁军监督。航天活动始于人类的求知欲、资源需求、科技进步、经济发展、国家竞争力、国防安全、国际威望等因素。但随着航天活动深入广泛地渗透到日常生活中，满足个人对航天服务的需要逐渐成为航天活动发展的首要推动力。

其次，航天活动主体的数量和性质均发生根本性变化。拥有航天能力的

① 包括《外空条约》《营救协定》《责任公约》《登记公约》《月球协定》。著名的国际法学家拉克斯强调，国际空间法不是将现行国际法原则和规范简单地适用于外层空间，更重要的是针对外空活动的特殊性调整已有的规范制定新的原则和规则。M. Lachs. The Law of Outer Space: An Experience in Contemporary Law-Making. Martinus Nijhoff, 2010: 11 -28.

国家即航天国家[①]越来越多，外空不再是美国和苏联争霸的战场。近年来，除了美国、俄罗斯、日本、中国以及欧洲国家之外，若干新兴航天国家制定了探索月球和火星的计划，如印度、韩国等。目前有12个国家具有发射能力，有50多个国家拥有在轨卫星所有权，外空资产几乎对所有国家都具有重要的经济、社会管理和生活以及战略安全意义和价值。另一方面，非政府实体广泛参与航天，活跃在通信、遥感和定位卫星的发射和运行。非政府实体商业航天活动投入持续增加，而政府的投入相应减少。例如，2012—2013年，美国商业航天产品和服务收入增加了7%，而政府投入减少了约2%。[②] 甚至在载人航天器的制造和发射等以往政府专属的领域，政府也转而依赖私人实体提供的发射和卫星服务。2010年美国航天飞机陆续退役后，太空探索技术公司、轨道科学公司和SpaceDev公司等在商业竞争基础上向国际空间站运送补给。2012年，太空探索技术公司发射的龙宇宙飞船与国际空间站成功对接，此后执行了若干次向国际空间站的送货任务。这两个层面的变化互为因果，良性互动，航天的深入广泛持续发展需要非政府实体的参与，非政府实体的参与反过来促进了航天的繁荣与发展。

再次，非政府实体以获取商业利润为目的参与航天活动，凸显了国际外空条约的缺陷、局限和空白。[③] 国际空间条约粗泛、模糊和不确定，难以规范企业和其他非政府组织的航天活动。空间物体在轨转移、商业发射、太空旅行、深空探索、小卫星的快速发展等使得航天安全、授权、监督、管辖权和

---

① 狭义上的航天国家是指有发射能力的国家，目前共有12个，按照时间顺序分别是俄罗斯、乌克兰、美国、法国、日本、中国、英国、印度、以色列、伊朗、朝鲜和韩国。一些不具备发射能力的国家借助其他国家的帮助或购买商业发射服务在相当程度内参与航天，如加拿大、德国、荷兰、奥地利、比利时、巴西、意大利、西班牙、哈萨克斯坦、澳大利亚、南非等，本文也纳入航天国家范畴。

② P. S. Dempsey. National Legislation Governing Commercial Space Activities, United Nations / China/ APSCO Workshop on Space Law: The Role of National Space Legislation in Strengthening the Rule of Law, 2014 // http://www.unoosa.org/oosa/en/SpaceLaw/workshops/2014/presentations.html, [2015-01-02].

③ S. U. Reif. Shaping a Legal Framework for the Commercial Use of Outer Space: Recommendations and Conclusions from Project 2001 // Space Policy, 2002, (18): 157. S. Swaminathan. Making Space Law Relevant to Basic Space Science in the Commercial Space Age // Space Policy, 2005, (21): 260.

国际责任等问题复杂化。例如，如何监督非政府实体的活动，减少空间碎片保护外空环境；月球和火星探索中如何开发外空资源和分配权益；如何许可和持续监督小卫星，即促进研发以促进科技发展并扩大航天惠益，同时避免和消除可能给外空环境安全和长期可持续发展带来的负面影响。① 时代进步、空间技术更新和空间活动形式的深刻变化，需要国际空间法的更新和发展。② 但国际外空立法 70 年代末以来基本陷入停滞状态，虽然联合国有关机构和国际空间法协会等多次讨论修订或起草条约的必要性、可能性和可行性，但均能取得实质性进展。③ 虽然在国际统一私法协会产生了或联合国大会通过解释现有条约衍生了一些规范商业航天活动制定了的零散规则，但现有外空条约难以胜任对商业航天的规范。④

（二）国内法规范商业航天的优势

国内法在规范商业航天活动方面具有明显突出优势。首先，国内法更适合直接调整和规范非政府实体的航天活动，因为国际法的首要主体仍旧是国家和政府间国际组织。国际空间法的规则指向国家，要求缔约国通过登记和颁发许可证等方式批准和监督本国的航天活动，管辖和控制在本国登记的空

① T. S. Twibell. Circumnavigating International Space Law // ILSA Journal of International and Comparative Law, 1997, (4): 267. S. Freeland. Small Satellite: Regulatory Requirements and Challenges. United Nations / China / APSCO Workshop on Space Law: The Role of National Space Legislation in Strengthening the Rule of Law, 2014 // http: //www. unoosa. org/oosa/en/SpaceLaw/workshops/2014/presentations. html, [2015 - 01 - 02] .

② 吴晓丹. 国际空间法的现状与发展趋势 // 北京航空航天大学学报（社会科学版），2008，(3): 31 - 32.

③ 这是多种因素交互作用的结果。首先，是否需要新规则各国有不同意见。一些国家主张谈判起草新条约。2000 年 6 月在联合国和平利用外层空间委员会会议上，中国、保加利亚、俄罗斯、希腊、哥伦比亚等建议制定一项全面的综合性空间法公约。美国等国认为现有立法足以规范航天活动，仍有国家继续加入《外空条约》证明现有的法律制度是充分有效的。其次，越来越多的国家参与航天，航天活动多样化，航天的法律问题日趋复杂。航天能力的差异、航天的经济价值和非政府实体参与扩大了国家立场的分歧。和平利用外层空间委员会作为联合国起草外空条约的首要机构，适用“协商一致”的决策程序，成员国由最初的 24 个国家增加到现在的 74 个国家，达成一致的难度可想而知。

④ 例如，国际统一私法协会主持制定的《移动设备国际利益公约》于 2001 年在南非开普敦通过，以国际利益为核心，促进对高价值以及具有特别经济利益的三类移动设备（包括空间资产）的融资利用。2012 年正式公布的《空间资产议定书》目前只有德国、沙特阿拉伯等四个签署国，尚待生效。

间物体，承担国际责任，并不直接规范非政府实体的活动。其次，国际立法复杂而艰难，而国内立法相对简单容易。起草和通过新条约耗时长久，需要平衡和协调各个国家，起码是各个政治利益集团的立场，达成共识的难度可以想见，这无法适应商业航天不断扩展的范围和更新的模式。各国可以在符合国际法规则的基础上，从本国的具体情况出发制定规则，直接规范商业航天。再次，国内立法是落实国际条约义务的重要方式。“与和平探索和利用外空有关的国内立法工作组”主席伊姆加德·马尔博（Imgard Marboe）指出，国内立法能够保证所有航天活动履行国际义务和符合国家利益。① 履行国际法需要在各个层次保证有关规则都得到遵守。立法能够保障航天安全，确保国家知晓和监管境内从事的航天活动，且不与该国的安全和外交政策等冲突，为有关活动承担国际责任后的求偿权。最后，国际社会的一个共识是国内立法能够弥补国际法的不足和空白。②

联合国外空委多年来致力于推动国内立法。1999 年第三次联合国探索和和平利用外层空间会议上，一些国家会议代表呼吁各国制定国内法满足航天发展需要，提出了具体的立法倡议。③ 为解释有关条约，适应非政府实体参与空间活动的需要，外空委法律小组委员在讨论了“发射国”概念、空间物体的登记实践和国内立法等提议后通过了两项联合国大会决议——《适用“发射国”概念的决议》以及《关于加强国家和国际政府间组织登记空间物体的做法的建议》，建议航天国家应考虑颁布和实施国内法，批准并持续监督受其监督的非政府实体的航天活动，并在一定程度上澄清了国际条约中关于国家责任和登记的模糊点。2009 年，法律小组委员会设立了“与和平探索和利用

① Professor Irmgard Marboe. The Importance of National Space Legislation // http：//www. unoosa. org/pdf/pres/lsc2013/symp2 -02E. pdf，[2015 -01 -02] .

② P. V. Fenema. The Unidroit Space Protocol, the Concept of "Launching State", Space Traffic Management and the Delimitation of Outer Space：The 41st Session of the UNCOPUS Legal Subcommittee, Vienna, 2 -12 April 2002 // Air and Space Law, 2002, (28)：277 -279.

③ 第三次联合国探索及和平利用外层空间会议的报告（1999 年 7 月 19 日至 30 日，A/CONF. 184/6：54，64），维也纳.

外空有关的国内立法工作组”。[①] 工作小组在各国立法基础上，反复讨论国内立法涉及的问题并做出了一份报告，结论是为了制定国内立法授权和监督非政府实体的空间活动是必要的。[②] 2013 年，联合国大会通过了以该报告为基础的决议《就有关和平探索和利用外层空间的国家立法提出的建议》。[③]

二、商业航天——国内立法蓬勃发展的首要推动力

（一）商业航天增加了国内立法的重要性和必要性

航天不再由各国政府主导甚至垄断，这一局面产生的新的法律问题需要确立和更新有关规则。[④] 首先，促使各国制定航天法的一个主要原因是非政府实体不断参与以往由政府直接参与和控制的航天活动。其次，宽松的法治环境是商业航天健康发展的基础。鼓励非政府实体投资需要确立全面的、稳定的规范和制度，尽可能减少障碍。[⑤]

各国的政治和经济制度与法治发展存在诸多差异，航天实力和活动范围不同，航天立法体例、完善程度和发展阶段迥异，但立法的目的和出发点有明显的共通性。首先，落实和履行联合国外空条约项下的义务，如许可、监督、登记等参与空间活动缔约国需要在国内层面通过立法落实和遵守国际条约的有关规定。[⑥] 其次，为航天活动提供规则，特别是在国际条约存在空白或模糊的领域。再次，保障本国安全和利益。最后，基于本国航天的特点和实

---

① 联合国大会决议《和平利用外层空间的国际合作》(A/RES/63/90), 2008 - 12 - 18.

② Report of the Working Group on National Legislation Relevant to the Peaceful Exploration and Use of Outer Space on the Work Conducted under Its Multi-year Workplan, A/AC. 105/C. 2/101, 2012 - 04 - 03.

③ A/RES/68/74, 2013 - 12 - 16.

④ F. G. Dunk. Fundamental Provisions for National Space laws // Proceedings of United Nations / Nigeria Workshop on Space Law, Meeting International Responsibilities and Addressing Domestic Needs, 2005: 260.

⑤ J. M. Filho. Private, State and International Public Interests in Space Law // Space Policy, 1996, 12 (1): 67.

⑥ C. Scott. Making Space Profitable: the Role of Law and Policy (2004 Space Law Conference Paper Assembly). Beijing, 2004: 119 - 123.

际需要，促进商业航天持续、健康发展。前三个理由均因商业航天更加迫切。依据《外空条约》第4条和第6条以及《责任公约》，非政府实体的航天活动应经缔约国批准并受其持续监督，缔约国对本国非政府实体的航天活动应负国际责任。商业航天更需要国内层面的监督，以满足国际条约的要求。国家与企业责任的衔接与过渡需要保证发射国对私人发射空间物体的管辖权和控制权，使本国承担其有关的国家责任，尤其是在空间物体发射后所有权发生变更的情况下。如何使企业承担责任和义务，怎样指导、控制和鼓励私人空间活动，均需要灵活又有创新性的规范，确立准确、有效、可执行的法律制度。①

（二）航天立法的完善程度和发展阶段与一国航天产业规模相适应

国内航天法律制度的发展阶段和完善程度在很大程度上取决于非政府实体的参与程度。② 自航天时代伊始，美国政府相对更加重视航天活动的经济和社会价值。美国航天立法起步最早也最为完善，相关规则的数量、复杂程度以及内在一致性都是其他国家无法比拟的。③ 在经历了50－70年代的起步阶段、80年代的发展阶段以及90年代以来针对航天技术应用的完善阶段，美国商业航天法律框架和制度体系渐臻成熟完善，科学性和有效性可谓独一无二。④ 2010年12月18日，奥巴马发布《美国法典》的最新部分，即第51编《国家和商业项目》，将现存所有联邦层面的航天规则编入法典，打破了83年

① N. Jasentuliyana. International Space Law Challenges in the Twenty-first Century // Singapore Journal of International and Comparative Law, 2001, (5): 13.

② 就有关和平探索和利用外层空间的国家立法提出的建议（A/RES/68/74），2012－12－16：前言第9段.

③ P. A. Salin. An Overview of US Commercial Space Legislation and Policies: Present and Future // Air and Space Law, 2002, (27): 209.

④ 主要的联邦法包括1958年《航空航天法》、1962年《商业通信卫星法》、1984年《商业遥感法》、1998年《商业空间法》和2000年《重组公开市场以完善国际通信法》等。

来《美国法典》只有50编的历史，标志着航天法成为独立的部门法。①

各国航天立法发展不同步，因此没有严格的时间界限，但国内立法大致可划分为三个发展阶段。第一阶段，国内立法主要是为了落实本国的授权、监督航天以及登记空间物体等国际义务。例如挪威1969年《自挪威境内发射物体进入外空法案》仅简单规定未经批准不得从其境内发射物体进入外空，目的是满足《外空条约》的要求。瑞典制定1982年《空间活动法案》的动机是依据《外空条约》确立非政府实体从事航天活动的监管框架。为履行《登记公约》义务，西班牙1995年立法建立国家登记册，以通报给联合国秘书长。第二阶段，或因受到有关国家政策的鼓励，20世纪80年代开始一些公司开始参与航天活动。以美国的1984年《商业发射法》和《地面遥感商业化法》以及英国1986年《外空法案》为代表，寻求为初现端倪的商业卫星活动提供法律基础。第三阶段，90年代以来，美国、比利时、荷兰、奥地利、法国、澳大利亚等国逐渐通过部门法和基本法为商业航天确立相对完整的法律制度框架。法国、美国、荷兰等国立法体现了通过立法鼓励和促进非政府实体参与航天的意图，如降低航天活动许可标准，纳入强制保险和保险限额等创新性机制。荷兰商业航天的发展以及欧共体、欧盟对航天活动的参与推动了荷兰在20世纪末开始讨论为航天立法。立法前，荷兰的航天活动经历了从政府主导到非政府实体积极参与的巨大变化。在很大程度上，荷兰航天立法是私人航天活动发展的结果。

（三）商业航天发展加速了国内立法

自20世纪90年代以来，商业航天席卷了大多数航天国家。虽然时间起点、程度和范围有所不同，但多个航天国家逐渐放宽了非政府实体从事航天活动的限制和要求，经历了由政府完全占主导到开放、鼓励和促进商业航天的变化历程。一方面，以牟利为目的的航天活动逐渐扩大加深，在一些领域

① 此前的相关法律散见于第15编（商业与贸易）、第42编（公共健康与福利）和第49编（运输）。R. Sukol. Positive Law Codification of Space Programs: The Enactment of Title 51, United States Code // Journal of Space Law, 2011, 37 (1): 2-4.

占据主导地位。私人资本进入诸多航天活动领域，例如卫星发射服务、电信、遥感、导航、太空旅行等。另外一方面，国际航天市场容量巨大，且处于起步阶段，必将快速持续增长。自 90 年代中期开始特别是过去的十年间，航天产业迅猛发展，卫星的地面设备、卫星服务、发射和制造四个行业的收入均大幅提升。过去几年，全球卫星产业收入持续稳定增长，2006 年为 1433 亿美金；[①] 2008 年为 1440 亿—1750 亿美金；2009 年为 1600 多亿美金；2010 年，达到 1680 亿美金；[②] 2011 年，超过了 1770 亿美金。[③]

与商业航天发展基本同步，国内立法在过去的二三十年间明显增多。特别是 21 世纪初的十年间，国内航天立法成绩显著。首先，1/3 左右的国内航天法是在 21 世纪颁布的。据不完全统计，2001 年巴西通过了《商业发射法令》；韩国和比利时的航天法制定于 2005 年；同年，加拿大颁布了《外空遥感系统法》；2006 年意大利通过了航天法；2007 年荷兰通过了航天法；德国通过了有关遥感的法案，韩国通过了《外空损害赔偿法》；2008 年两个重要的航天国家日本和法国分别制定了《宇宙基本法》和《外空活动法》；2011 年，奥地利制定了《外层空间法》，2012 年 1 月 6 日哈萨克斯坦通过了《空间活动法》。其次，为适应和满足航天产业发展需要，立法的速度和节奏明显加快。商业航天如火如荼的发展态势以及法律实施过程中不断出现的问题，促进了美国航天法的完善，近年来法律的修订和更新频繁。早在 20 世纪 60 年代就有私人企业申请卫星发射许可，但直至 1984 年美国才制定《商业发射法》。但第一艘私人载人飞船“宇宙飞船一号”2004 年 6 月 21 日发射之前，众议院已经投票通过了《商业发射法》修订案，为太空旅行扫除了法律障碍。

---

① Space Foundation. The Space Report 2007. 2007：4 – 5. The Space Report 2009. 2009：5. Chapter V of Commercial Space in Space Security 2010，2011 and 2012：102，97，89 // http：//www. spacefoundation. org/programs/research-and-analysis/space-report/index. php，［2015 – 01 – 02］.

② Space Security 2011：97（Chapter V，Commercial Space）// http：//www. spacefoundation. org/programs/research – and – analysis/space – report/index. php，［2015 – 01 – 02］.

③ Space Security 2011：89（Chapter V，Commercial Space）// http：//www. spacefoundation. org/programs/research – and – analysis/space – report/index. php，［2015 – 01 – 02］.

三、规范商业航天的核心制度

有关研究表明，管理机制、许可和制度和责任制度是规范商业航天活动的核心制度。

（一）德国项目“2001年外层空间商业利用法律框架”

科隆大学航空和空间法研究所与德国航空航天中心的研究项目“2001外层空间商业利用法律框架”，以国际空间法为基础比较研究国内法，对国内立法提出了若干建议，认为国内立法应当包括五个基石（building blocks）：（1）航天活动的批准；（2）航天活动的监督；（3）空间物体的登记；（4）求偿规则；（5）其他规则。① 2010年科隆大学航空和空间法研究所所长斯蒂芬·霍布（Stephan Hobe）在上述项目基础上，延续“国内立法基石理论”，起草了一份示范法草案，包括：对私人航天活动的要求（第1条）；许可证的内容（第2条）；许可证的转让（第3条）；保险（第4条）；登记（第5条）；监督（第6条）；环境评价（第7条）；赔偿（第8条）；争端解决（第9条）。② 两项研究成果无原则性冲突，基本一致，即商业航天法律制度包括管理机制、许可和监督、登记和责任等。

（二）国际法协会《航天立法示范法索菲亚指导原则》

国际法协会空间法委员会一直致力于空间法前沿问题的研究，近年来关注国内航天立法示范法。经过数次讨论和修改，2012年8月，在保加利亚索菲亚召开的第75次国际法协会大会通过了《航天立法示范法索菲亚指导原则》。主要内容包括：适用范围（第1条）；定义（第2条）；许可（第3条）；许可的条件（第4条）；监督（第5条）；许可的撤销、中止和修正（第6条）；保护环境（第7条）；碎片减缓（第8条）；空间物体的转移（第

---

① M. Gerhard, K. Schrogl. Project 2001: Recommendations of the Working Group on National Space Legislation // AIAA. Proceedings of the Forty-Fourth Colloquium on the Law of Outer Space: 160.

② ILA Space Committee Draft Report 2010 Part II, Stephan Hobe (Germany), National Space Legislation - A Draft Model Law // http://www.ila-hq.org/en/committees/index.cfm/cid/29, [2015-01-02].

9条)；登记（第10条)；责任（第11条)；保险（第12条)；程序（第13条)；惩罚（第14条)。去除程序性规定，其中的核心依旧是管理机制、许可和监督、登记和责任。

（三）联合国报告“与和平探索和利用外空有关的国内立法工作组”

联合国近年来持续关注航天活动的国内立法。例如，大会决议《适用“发射国”概念的决议》建议航天国家应考虑颁布和实施国家法律，以批准和持续监督受其管辖的非政府实体的航天活动。[①]《加强国家和政府间国际组织登记空间物体的做法的建议》提议各国协调国际和国内登记的程序；完善登记信息。[②] 特别是联合国外空委法律小组委员会2009年成立了“与和平探索和利用外空有关的国内立法工作组”，向成员国收集国内管理和监督制度，以分享经验、交流做法、促进国内空间立法的发展。

基于各国提供的本国国内法信息，工作组主要讨论了九个问题：制定国内立法或法律缺位的原因；立法的适用范围；管辖权范围；许可、登记、监管等主管机关的权限；许可和登记条件；遵守和监督；与责任有关的规范；空间物体所有权和许可证转移的规范；私人参与航天飞行和提供服务的责任。工作组报告对各国制定国内法具有重要的参考价值，建议国内立法应当覆盖八个方面的内容：（1）适用范围，包括空间物体的发射、返回、在轨运行和控制及有关的活动，如空间物体的设计、制造、空间科技开发和应用等；（2）发射国或责任国的标准，属地和属人管辖权；（3）许可，应当明确主管机构以及授予、修改、中止和撤销许可的条件；（4）许可条件应当与国际义务保持一致，适当注意国家安全和外交政策利益，保证安全，使人身、财产和环境的风险最小化，符合空间碎片减缓的技术标准，特别是外空委的指导原则；（5）监督和监管，例如实地检查，报告的义务以及行政处罚措施等；（6）登记，保有登记册的机关，需要提供的信息以使得该国能够根据《登记公约》

---

① 联合国大会决议《适用“发射国”概念的决议》（A/RES/59/115），2004-12-10.

② 联合国大会决议《加强国家和政府间国际组织登记空间物体的做法的建议》（A/RES/62/101），2007-12-17.

和2007年决议履行国际登记义务；（7）求偿权，国家承担国际责任后向运行者求偿（包括保险）等；（8）所有权或控制权转移，保证持续监督非政府实体的活动，变更的许可和报告义务。① 报告结论是应当通过立法许可和监督非政府实体的空间活动。核心制度是负责许可、监督和登记的机关；许可和登记是履行国际义务和保护国家利益的最重要工具；求偿制度和保险等。

上述三份文件，其起草主体从国内到国际科研机构，从科研机构到国际组织的工作小组，从各国立法的实证研究和理论分析等多个层面，均对国内空间立法的核心制度——管理机制、许可和监督制度、登记制度和责任制度形成了共识。登记制度是航天活动管理的重要组成部分，通过登记制度强化空间资产管理是国内立法的重要初衷和目的之一。登记制度的核心是适用范围、主管机构，登记的信息和时间限制多为程序性规定。各国制度大同小异，对空间物体的界定和登记信息的要求基本与《登记公约》如出一辙。例如，奥地利《2011年空间法》第9条确立了空间物体登记制度。第10条规定了登记空间物体需要提供的信息，共六项，前五项与《登记公约》完全一致，不能凸显一国对于商业空间活动的立场和态度，除了程序友好简便，不能对规范和鼓励商业航天发挥更大作用。因此，管理机制、许可和监督制度、责任制度（包括保险和赔偿）是商业航天立法的重点。

四、抓住航天立法历史机遇推动我国商业航天发展

（一）从他国经验看商业航天立法的必要性和重要性

从各国政府对商业航天的立场和政策来看，美国是先驱和核心；欧洲各国是中坚力量，积极鼓励和推动商业航天的发展；俄罗斯、乌克兰和哈萨克斯坦由于历史和现实等原因曾经较为保守，虽然总体基调仍是严格规范，但有松动迹象，正努力赶上这一历史潮流；加拿大、澳大利亚、日本和韩国等

① Report of the Working Group on National Legislation Relevant to the Peaceful Exploration and Use of Outer Space on the Work Conducted under Its Multi-year Workplan (A/AC. 105/C. 2/101), 2012-04-03.

国也不甘落后。从产业规模来看，国际航天市场中，美国雄居首位，虽然绝对优势地位持续下降；欧洲的区域整合办法和政策协调以及各国对空间管理机构和法律的重视相互协调补充，实力稳居第二，但整体上仍笼罩在欧元危机和政府财政紧缩的阴霾中；俄罗斯盘踞发射大国地位，虽然资金和人才储备形势不容乐观，特别是依赖资源的经济模式可能不利于航天产业的持续稳定发展。2011 年中国的发射数量第一次超过了美国，但仍有潜力。深空探索和载人航天的稳步发展等因素表明未来大有作为空间。唯有放开政策，规范立法，吸引广大民营企业介入，实现市场化运作，才能给中国航天产业带来突破性进展。近年来，由于广泛的技术能力和容易发射等特点，小卫星、微卫星和微小卫星发展迅猛。中国几所高校发射多次购买英国某发射公司服务。小卫星可能是大生意，市场前景广阔。① 因此，中国应当转变思路，挖掘发射能力的利润空间，发挥自己的技术能力参与其中。其中的一个重要环节是规范管理，便利许可申请。太空旅游是未来的蓝海产业，市场规模可价值几千亿美金。中国一些民营企业积极寻求与航天科技机构合作，努力开发太空旅游如“外空边缘观光项目”，参与遥感卫星“龙计划”和“北斗”全球导航定位系统。

航天国家的发展经验表明，只有政府给予多角度的实质性援助和鼓励，大规模的航天产业才能发展，而完善立法是第一步。美国航天产业的蓬勃发展与法律制度的完善相得益彰。美国航天产业规模和效益在全世界独占鳌头。② 在财政预算减少的情况下，商业投资已成为完成美国外空政策目标的重要环节。③ 一些国家还在讨论立法的必要性，而美国的航天法已经有 50 多年的历史。美国航天立法早已超越落实国际空间法和调整规范商业航天的阶段，

① J. Foust, Small Satellite. Small Launchers, Big Business? // http://www.thespacereview.com/article/2577/1, 2014-08-11, [2015-01-02].

② J. A. Giacalone. Global Trends in the Commercialization of Space // http://www.thespacereview.com/article/2577/1: 65-76.

③ P. J. Blount. The ITAR Treaty and Its Implications for U. S. Space Exploration Policy and the Commercial Space Industry // Journal of Air Law and Commerce, 2008, (73): 705.

首要的立法目的明显是完善、透明、简单的法律制度以降低私人投资空间活动的风险和成本，推动便利商业空间活动发展。以许可制度为例，申请许可证确立了私人从事航天活动门槛的高低，有鼓励或阻碍私人进入外空的作用。美国立法鼓励私人投资航天活动的倾向性在许可制度上有明显体现。为鼓励和促进私人从事空间探索和开发，许可标准已降到最低，限于遵守国际义务，符合国家安全、外交政策和公共利益。其中，对于遥感许可仅笼统规定遥感系统运行须遵守法律、规章和国际义务，维护国家安全。① 近年来美国航天立法的关注点，一是如何使现有程序更为灵活和友好，以透明简单的法律制度降低非政府实体投资航天的风险和成本，《商业发射法》近几年屡次修订都以此为着眼点；二是紧跟航天技术和应用的发展，例如 1998 年《商业空间法》将重新进入大气层的航天器纳入《商业发射法》许可制度范畴，为应对外空旅游引发的法律问题连续修订《商业发射法》。

考虑到美国联邦立法以及判例法系的特殊性，不可能复制其整个航天法律体系，但具体制度设计具有重要借鉴价值，制定和完善航天法的过程也有参考性。其他国家如比利时、法国、荷兰、澳大利亚、日本和韩国立法在不同程度和范围内体现了鼓励、便利、促进商业航天发展的意图，基于本国的实际情况，借鉴或采纳了美国的一些原则、做法和制度，如降低航天准入门槛、交叉责任豁免制度、赔偿限额制度和国家担保制度等。

(二) 规范和鼓励商业航天应成为中国航天立法的出发点

从上文分析来看，多数航天国家立法都与商业航天的发展息息相关，规范和鼓励商业航天已经成为航天立法的重要内容。各国促进本国航天产业发展的策略和办法不一而足，如：适当的情况下进行技术转让；长期购买私人航天服务；避免从事与非政府实体存在竞争关系的空间活动，等等。各国做法不同。但明确的法律规范是非政府实体参与空间活动的基本要求。② 相比技

① 吴晓丹. 美国商业外层空间法律制度述评 // 环球法律评论，2013，(5)：171.

② H. L. Traa - Engelman. Commercialization of Space Activities: Legal Requirements Constituting A Basic Incentive for Private Enterprise Involvement // Space Policy, 1996, 12 (2): 119 - 128.

术上的难度，缺乏法律稳定性是外层空间商业发展的主要障碍。[①] 法律的不健全和不透明会阻碍私人投资。立法有助于保障规范的确定性、透明度和可预见性，进而增强商业投资的信心。非政府实体参与航天需要透明、公平和具有鼓励性质的法律规则，立法能够直接推动和促进空间产业持续、健康的稳定发展。航天产业的最终成败取决于立法，因为这决定并影响了有关的法律制度和监管环境。非政府实体只有在清楚自己面临的风险和责任时才愿意投资航天。

对中国来说，在一定范围内适度向非政府实体放开通讯、导航、遥感等航天产业具有两重战略意义：对内有利于促进航天事业健康稳定持续性发展；对外能进一步提升航天活动的透明度，减少外界对中国航天的疑虑，进而扩大国际合作。与中国的航天实力相比，有关立法严重滞后，中国是极少数尚未立法的航天国家。仅有的法律规范存在层次低、数量少、规定模糊、滞后且存在空白等问题。与其他空间国家立法状况相比、与中国航天技术水平和频繁的航天活动规模相比，都非常不协调。高度集中统一、以政策为主导的管理体系和制度远远无法满足未来的发展。从规范商业航天的角度审视中国的现有立法：在管理机制方面，决策层不明朗，没有依法指定或确立的主管机构，多头管理且缺少有效的沟通，军民分立；授予许可的条件过于宽泛烦琐，缺少对外空环境的关注；监督制度和责任制度缺位。2000 年、2006 和 2011 年《中国的航天》白皮书均强调制定航天法规体系。中国共产党十八大报告将“全面推进依法治国”确立为政治建设和政治体制改革的重要任务，强调“加快建设社会主义法治国家”。2010 年全国人大会议上，中国航天界的人大代表提交了关于航天法的立法提案。2012 年 5 月 30 日，全国人大财政经济委员会启动《航天法》立法调研论证工作。2013 年 10 月，《航天法》纳入全国人大第三类立法规划。近年来，学界以及有关的立法和行政机构对航

① T. S. Twibell. Circumnavigating International Space Law // Space Policy, 1996, 12 (2): 259. F. Kosmo. The Commercialization of Space: A Regulatory Scheme that Promotes Commercial Ventures and International Responsibility // Southern California Law Review, 1988, (61): 1058.

天立法的必要性和重要性逐渐达成共识，但大多围绕确立航天法规体系和填补法律空白，立法对于促进商业航天发展的意义未得到充分的重视。

因此，建立中国未来的立法应明确体现促进商业航天的思路，有意识地划分军事、民用和商业航天，完善、简化相关制度和规则。首先，明确中国的商业航天的立场和政策，作为航天立法的逻辑起点。各国立法经验表明，立法的重要策略是依从本国航天活动的特定需要。联合国关于国内立法的大会决议明确建议，各国立法应当考虑到本国的具体需要和要求。从各国的立法内容来看，均体现了在履行国际义务基础上保障国家安全和规范外空活动的基本原则，但在具体的制度设计上体现了一国的立法倾向于保障国家安全还是鼓励非政府实体参与，以及本国主要航天活动领域的需求和特殊性。例如澳大利亚 1998 年《空间活动法案》确立的一种特殊种类的许可——空间物体返回许可，就是基于国土面积广袤且人口少、适宜用作空间物体返回地球的场地。其次，鉴于中国商业航天尚处于萌芽阶段，航天立法需要在稳定性、灵活性和前瞻性中寻求平衡。一个可行的路径是在航天立法中捋顺管理机制，确立许可和监督以及责任制度的框架，同时考虑到商业航天发展的制度需要，并留出一定的空间，待时机成熟，通过行政规章或者部门法规细化具体规则。最后，为了规范和促进商业航天，在具体制度和规则设计上适度降低准入门槛，简化许可程序；对私人空间物体给第三方造成的损失，确立第三方责任强制保险制度和设定赔偿责任限额制度，即除了保险之外由政府承担部分责任。

论外空资源开发法律制度的构建[①]

高　阳[*]

外层空间蕴含着极其丰富的太空资源，而地球资源随着人类文明的高速发展，却呈现出日渐枯竭的态势。随着空间技术的不断提高，人们开始将目光投向了浩瀚的宇宙空间，对于外空资源的探索与开发也逐渐发展起来。目前人类已知的外空资源，除了月球及其他天体资源本身，还包括外空自然资源特别是矿产资源以及太阳能资源和太空电磁波资源、高远几何位置资源、高真空微重力资源等其他外空环境资源。这些资源大多是地球上稀缺或难以获取的，但对于人类发展来说又具有极大的利用价值。勘探开发外空资源，不仅有利于解决地球本身的资源匮乏问题，更能够帮助人类进一步开展空间探索活动，获取更多适应人类发展的外空条件。

一、外空资源开发的发展现状

随着外层空间技术的不断发展，人类勘探开发外空资源的能力不断增强，外空资源开发在现阶段的空间活动中已经越来越成为各国关注的焦点。特别是美国、欧盟等空间技术较为发达的国家或国际组织，早已从国家政策调整和国际实践等各个方面将外空资源开发列入发展目标。外空资源开发的发展现状主要表现在以下几个方面。

---

① 本文是2015年中国空间法学会学术年会论文。

* 北京理工大学法学院博士研究生。

(一) 外空资源开发主体出现多元化发展

根据《外空条约》① 的基本规范，国家是空间活动最重要的主体，其不仅直接参与外空活动，同时要对本国的空间活动进行监督。② 在一国国内法与国际法律规范的共同监督下，私人主体参与航空航天事业的情况大量存在。随着外空技术的不断发展和空间商业化利用的进一步加深，其参与空间活动的深度和广度还将不断扩大。在外空资源开发领域，国家基于科学研究等目的勘探开发外空资源，并不会引发国际社会过多的争议。但近年来，私人主体以商业化利用为目的介入外空资源开发的情况不断涌现，外空资源开发主体出现了多元化的发展趋势。例如，美国谷歌公司联合创始人拉里·佩奇与其他投资者共同成立的空间探索公司“行星资源”就计划从地球附近的小行星上开采贵金属和矿产资源、水资源，甚至在天体上建立外空基地。

(二) 外空资源开发范围进一步扩大

过去人类对于宇宙空间的认识有限，对于外层空间的勘探开发也只是局限在大气层以外的有限空间内。随着空间科学技术的不断进步，人类对于外层空间的开发和利用范围也在不断扩大。除了对于月球和其他天体的勘探开发以外，人们还在广博的宇宙空间中发现了铁、氦、氧、铝、硅等重要资源，其中仅氦的同位素 He-3 就能在核聚变反应中释放巨大能量，解决人类目前紧缺的能源问题。③ 另外，人类对于太空冰核聚变资源、太空电磁波资源、高真空微重力资源、高远几何位置资源、太空反物质资源等的勘探开发也日渐步

① 《外空条约》全称为《关于各国探索和利用包括月球和其他天体的外层空间活动所应遵守原则的条约》，1966 年 12 月 19 日联合国大会通过，1967 年 1 月 27 日开放供签署，1967 年 10 月 10 日生效，无限期有效。该条约是国际空间法的基础，号称“空间宪法”，规定了从事航天活动所应遵守的 10 项基本原则。

② Treaty on Principles Governing the Activities of States in the Exploration and Use of Outer Space, Including the Moon and Other Celestial Bodies, opened for signature Jan. 27, 1967, 18 U. S. T. 2410, 610 U. N. T. S. 205 Art. III.

③ 贾海龙. 外层空间自然资源开发制度的缺陷和展望 // 北京航空航天大学学报（社会科学版），2010（6）：30。

入轨道。

（三）缺乏有效的法律规范

在空间活动范畴内，外空资源开发还属于近年发展起来的新兴领域，国际社会还未出台任何规范性法律文件对其加以规制。对于外空各类资源的权属问题，是否可以开发、谁来开发、如何开发等问题，都未能形成统一的国际法律规范。在缺乏国际法律规范的前提下，各国有关空间资源开发的国内法律规定则更加参差不齐。虽然缺乏有效的法律规范，人类的外空资源开发却已经如火如荼地开展起来。这样的开发行为缺乏法律的认可，存在较高风险；同时缺乏法律的约束，容易产生不良后果，影响人类空间活动的正常发展。

（四）《外空条约》的原则性指导

目前，对于外空资源开发的法律规制，主要是在《外空条约》“不得据为己有原则”的适用下进行的。[①] 而《外空条约》关于“共同利益原则”与“自由探索和利用原则”的规定，则为外空资源的勘探开发提供了依据。[②] 根据《外空条约》确立的基本原则，外空资源应被视为全人类的共同财富，各国不得单方面就月球及其他天体提出权利请求。[③] 但条约同时肯定了在为所有国家谋福利的前提下自由探索和利用外层空间并将其纳入开发范围是符合国际法律规定的。

---

① 《外空条约》第 2 条规定：“各国不得通过主权要求，使用或占领等方法，以及其他任何措施，把外层空间（包括月球和其他天体）据为己有”。

② 《外空条约》第 1 条规定：“探索和利用外层空间（包括月球和其他天体），应为所有国家谋福利和利益，而不论其经济或科学发展程度如何，并应为全人类的开发范围。所有国家可在平等、不受任何歧视的基础上，根据国际法自由探索和利用外层空间（包括月球和其他天体），自由进入天体的一切区域。应有对外层空间（包括月球和其他天体）进行科学考察的自由；各国要促进并鼓励这种考察的国际合作。”

③ Eric Husby. Sovereignty and Property Rights in Outer Space // 3. D. C. L. J. Int' L. & Prac. 359.

二、外空资源开发法律关系的厘清

在法律原则规定不明的前提下，厘清外空资源开发的相关法律关系，出台有效的法律规范规制资源开发行为，就显得至关重要。然而，从促进外空资源开发，推动人类空间科学技术进步的角度来说，对于外空资源开发法律关系的分析是不能一概而论的，应根据法律关系的不同性质逐一厘清。

（一）月球及其他天体资源的权属分析

在《外空条约》以及《月球协定》的基本框架下，月球及其他天体资源的权属问题是比较明朗的。但随着外空资源开发的不断深化，特别是私人主体在空间活动中扮演着越来越重要的角色，单纯地将月球及其他天体资源理解为全人类共同的财富，而禁止私人主体参与勘探开发行为，显然是不符合外空商业化发展需求的。但是，在《外空条约》基本原则不变的前提下，条约缔约国、国际组织或者其他任何私人实体都不得以任何形式将月球及其他天体据为己有。这一原则经过长期的发展实践，应当认为已经发展成了相应的国际习惯法规则，不仅是条约缔约国，而且是国际社会参与空间活动的所有国家、国际组织或私人主体都应当遵守。对此，就月球及其他天体本身的权属问题，我们认为是人类共同的财富，是符合现阶段空间活动发展需要的。

（二）外空自然资源开发的可行性

在天体所有权确定的情况下，人们应当更多的将外空资源开发焦点放在对于自然资源开发的可行性探讨上。《外空条约》虽然禁止了国家或私人主体对月球及其他天体资源提出主权或者所有权的请求，但同时鼓励所有国家在平等、不受任何歧视的基础上根据国际法自由探索和利用外层空间。私人主体也应当被允许在“非政府实体国家监督原则”的框架下自由探索和利用外空资源。

事实上，美国法律已经明确认同了开发主体从外空开采回来的天体样本属于动产财产，苏联探测器取回的空间物质也已经进入了自由市场。①《外空条约》并没有禁止开发主体将经过人为开采和提取之后的外空物资进行占有和处置，一旦外空资源经过提取之后从天体转化为动产，则不再受到条约“不得据为己有原则”的积极约束。在更加明确的法律制度出台之前，对外空自然资源进行一定程度的开采和占有应当是被允许的。

在一些私人主体的推动下，美国众议院科学、空间和技术委员会于2014年7月10日公开审议了一份《小行星法提案》，该提案试图通过立法，授权私人实体开发外空自然资源，并获得相关资源的所有权。虽然该提案最终未能通过，却为外空资源开发法律制度的构建起到了推动作用。

（三）太阳能资源及其他外空环境资源的开发

与月球及其他天体资源和外空自然资源不同，太阳能资源及其他外空环境资源具有其独特的属性。这里提到的外空环境资源，主要是指太空电磁波资源、高真空微重力资源、高远几何位置资源等宇宙空间中独有的环境系统，他们与外空太阳能资源一样，不仅在一定程度上是取之不尽、用之不竭的，而且对于人类发展能够起到至关重要的推动作用。因此，《外空条约》及其他空间法律法规对于太阳能资源及其他外空环境资源的开发都持较为开放的态度。但是，太阳能资源及其他外空环境资源的勘探开发，必然涉及大量的航天发射和空间活动，各国应根据国家责任原则对各自的外空资源开发活动进行监督，避免空间环境污染，以及外空军事化利用的产生。

三、外空资源开发的法律障碍

根据外空资源开发的发展现状及其法律关系我们不难看出，由于规范性法律制度的缺失，无论从国际层面还是国内层面，要对外空资源进行有效的勘探开发，都存在着较大的法律障碍。

① Henry Herzfeld. Bringing Space Law into the Commercial World Property Rights without Sovereignty. Chicago Journal of International Law. 2005.

（一）外空资源开发权的确认

以《外空条约》为基础的现代空间法律制度，虽未明确禁止开发主体将其开采、提取的外空自然资源据为己有，但确认自然资源开发权限的相关政策法规也从未出台，使得国家或任何私人主体对外空资源的勘探开发都处于一种不确定的法律状态。缺乏了开发权限的确认，外空资源开发面临着较高的风险，投资者往往要主动回避高风险和诸多的不确定性，严重影响着外空资源开发的融资能力。特别是对于私人开发主体而言，要积极推动外空资源开发的长效发展就变得异常困难。

当某项空间科学技术已经发展到足以进行商业化利用的时候，相关法律规范也应当随之出台。《美国探索深空资源空间技术法案》（即《小行星法提案》）的提出，反映了私人主体在外空资源开发权利确认方面的立法需求。但是，根据一国的国内法，授权本国私人主体对小行星自然资源进行开发和利用，不仅存在着严重的权力合法性障碍，同时也将对现行的国际空间法律秩序带来巨大挑战。

浩瀚宇宙当中存在着极其丰富的外空资源，亟待人们去进行开发和利用。如何在保护全人类共同利益的前提下对外空资源进行有效开发，已然成为外空法律发展的一项重要课题。在平等和不受任何歧视的基础上自由探索和利用外层空间，要求对国家及其他私人主体的开发权利进行明确与规范，否则将使得开发主体的法律权利始终处于不确定的状态，不利于外空资源的有效开发。

（二）航天发射的规范化及空间碎片的移除

无论是勘探开发月球及其他天体资源、外空自然资源或者是开发太阳能资源及其他外空环境资源，开发主体对于空间勘探开发设备和材料的需求都将会不断攀升。然而，这些设备和材料需要通过多次的航天发射行为逐步送入太空。外空资源开发活动一旦大规模开展起来，将带来较过去数十倍、甚至数百倍的航天发射，若不对各国的航天发射行为进行规范管理，则将在太空中继续产生大量的空间碎片，严重阻碍外空商业化利用的有序进行。

与宇宙空间的广博无边不同，地球静止轨道资源是有限的。大量空间发射将运载数量庞大的器械和材料进入太空，这不仅将对有限的地球轨道资源形成占用，同时还将产生难以估量的外空垃圾。在人类已经完成的4000多次航天发射中，近30000个空间物体被送上太空。目前人类可观测到的仍在其轨道之上的空间物体还有上万个，而这其中只有6%是正在工作的航天器，其他均为空间碎片。如此数量庞大的空间碎片一旦在地球轨道上发生碰撞，则将产生一系列连锁反应，形成更多更细小的空间碎片，严重影响人类正常的航天发射及空间活动。

以太阳能电站为例。建设一个百万千瓦级的空间太阳能电站，预计需要向太空发射十平方千米左右的太阳能光伏板，再加上大量零部件的在轨安装，现有火箭运载能力之下，需要进行近千次的航天发射才能完成全部电站材料和设备的推送，其建成后的规模大约是时下最大国际空间站的1000倍，而如此规模庞大的发射活动一旦有好几个国家同时进行，地球轨道的拥挤程度则可想而知。①

随着外空资源开发的不断深化，始终像过去一样以“先登先占”的方式占用地球轨道资源显然是行不通的。如何规范即将到来的大量航天发射行为，并切实完成空间碎片的移除工作，成为外空资源开发进一步发展的重要法律前提。

（三）外空环境污染与资源开发的军事化利用威胁

外空环境污染主要是指人类在自由探索和利用外层空间的过程中对空间环境产生的人为的不良影响。除了由于航天发射所产生的大量空间碎片外，还包括人类在进行外空核试验或者外空生物实验过程中所产生的核污染以及生物污染。宇宙空间中存在着地球上没有的、得天独厚的外空位置资源以及环境资源、矿产资源和其他自然资源则更是异常丰富。在外空资源开发的推动下，人类的外空活动必将更加频繁，要对外空自然资源特别是矿产资源进

① 李寿平．发展空间太阳能电站的国际法律规制//北京理工大学学报（社会科学版），2015（1）．

行提取和开发，也必将对其原有的外空环境产生一定的破坏。外层空间的环境保护需要全人类的共同努力。如何正确处理外空资源开发与外空环境保护之间的矛盾，是人类勘探开发外空资源必将面临的法律问题。

同时，由于外层空间所蕴涵的能量巨大，只要开发得当，完全可以为人类提供取之不尽的清洁能源。然而，一旦这些外空资源被勘探开发之后运用于军事目的，也可能为人类带来毁灭性的灾难。例如，相关机构利用外空环境进行武器试验；利用勘探开发的外空新型能源制造大规模毁灭性武器；利用外空资源为军队提供能源补给等。虽然《外空条约》已经明确禁止了各国对外层空间进行军事化利用，但外空资源开发的不断发展仍然将对人类的外空活动安全产生威胁。

四、构建外空资源开发法律制度的路径选择

随着人类空间开发能力的提高，向外层空间获取资源已经不再是梦想。空间国家及私人主体的开发活动已经进入太空，构建有效的外空资源开发法律制度就显得至关重要。要构建适应人类社会发展的外空资源开发制度，不仅要能够满足人类自由探索和开发外层空间的需要，同时还应根据公平原则，以维护全人类的共同利益为前提，特别顾及发展中国家的外空权益。

（一）出台国际法律规范，指导国内法律制定

在空间法领域，以五大外空条约为基础建立的空间法律秩序，始终指导着各空间大国的国内空间立法。为了顾及全人类的共同利益，尽早出台国际法律规范，从而指导各国的国内法律制定，不仅能够实现在全球范围内对外空资源开发的合理规划，维护各国平等的外空权益，同时也能够统筹各国国内法的立法导向，节约立法成本。

外空资源开发领域目前已有的国际法律规范，主要是指《外空条约》中强调的“自由探索和利用原则”以及“不得据为己有原则”，其他空间法律规范在相关领域同样发挥着关键的约束作用。但是，我们反观规范外空资源开发的相关立法内容，大多都还停留在原则性规范层面，对于外空资源开发

的具体开展还没有出现任何有效的法律文件来加以指导。人们一方面希望加快对于外空资源的开发步伐，另一方面又由于缺乏法律指导而惧怕承担过大的法律风险。因此，加快出台规范空间资源开发活动的国际法律规范，确认空间主体的开发权利、规范行为主体的开发行为，成为构建外空资源开发法律制度、推动人类外空资源开发活动发展的重要前提。

美国 2014 年 7 月推出的《小行星法提案》经过美国众议院科学、空间和技术委员会以及其他各方机构的审议和讨论之后最终也未能获得通过。这一提案虽然是国内法制定上一次失败的案例，却也是美国空间法律发展史上的一次伟大尝试。事实上，此次提案的失败与国际社会对于外空资源开发的法律态度不够明朗也有一定的关系。在缺乏国际法律支持的情况下，即使是空间大国也难以随意颁布国内法以分割属于全人类共同财富的外层空间。

（二）探索外空资源区别开发制度，关注发展中国家利益

虽然现行的外空资源开发法律规范强调“不得据为己有原则”的适用，但外空资源的多样性也决定了资源开发法律制度的建立不可一概而论。

首先，对于月球及其他天体本身来说，任何的私自开发或据为己有的行为都应当是被禁止的。法律应当禁止国家或私人主体向月球及其他天体或是这些天体的一部分提出所有权或者主权请求。这一基本前提应当通过更加明确的空间立法加以强调，确定可为与不可为的法律区间，而不是简单地以“不得据为己有原则”扼杀各个国家及私人主体勘探开发外空资源的积极性。

其次，对于那些可被开发、提取的外空自然资源，建立有效的开发管理制度，推动人类对于这些资源的合理利用，才是符合全人类共同利益的做法。外空资源一旦经过人类劳动，从不动产转化为了动产，依然坚持强调在任何情况下都不得据为己有就显得苛刻。但是，这些对于外空资源的开发、提取行为必须受到法律的严格规范，否则将严重影响人类空间活动的有序进行，甚至直接影响外空安全。

再次，对于太阳能资源、外空环境资源等，由于其在一定程度上具有不可穷竭性，相关的法律制度则应当表现出更加开放的态度。任何以人类共同

利益为前提的探索和利用行为都应当是被允许的。如果在开发过程中涉及航天发射、轨道占用等问题，则必须同时受到相关空间法律法规的约束。

当然，无论是对于何种类型的外空资源进行勘探开发，空间技术更加发达的国家都必将占有更多的优势，并占用更多的开发资源。从人类共同利益的角度来说，关注发展中国家的外空权益就显得尤为重要。若相关主体抛开公平原则进行盲目开发和扩张，不仅会造成发展中国家的强烈不满，同时也会失去外空资源开发本来的意义。

（三）设立国际管理机构，统筹外空资源开发

外空资源特别是月球及其他天体资源，在以《外空条约》为核心的法律秩序下属于全人类共同的财富，任何国家或私人主体都“不得据为己有”。然而，在人类的发展历程中，与月球等外空资源具有同样特殊属性的还包括南极和国际海底区域等。目前，南极地区有“南极条约组织”，通过南极管理机构，在“南极条约体系”的基本框架下进行管理、决策以及日常事务的处理；国际海底区域也在《联合国海洋法公约》的规范下成立了国际海底管理局，并确立了完整的海底资源开发体制。外空资源的勘探开发，与探索和利用南极以及国际海底区域都有一定的相似之处。这些地区通常是过去人类难以涉足的区域，为了杜绝部分国家在科学技术不断进步之后对这些区域进行胡乱开发，我们通过国际法律将这些区域认定为“全人类共同的财富”。然而，这些区域由于从未受过人为破坏，也表现出资源极其丰富的特性。在地球资源日渐匮乏的今天，借鉴开发南极及国际海底区域的成功经验，设立国际管理机构，统筹外空资源开发，将为全人类的空间商业活动注入全新的活力。

统筹外空资源开发的关键是设立国际管理机构。由一个统一的机构对外空资源开发进行规划管理，不仅能够推动各国资源开发行为的合法化发展，同时也能够兼顾各个国家之间的利益均衡，既不阻碍空间技术较为发达的国家开展外空资源开发，也不对发展中国家的太空权益造成侵害。为开发国际海底区域所建立的“平行开发制度”就值得借鉴。国际社会也可以参考设立外空资源开发管理局，并与各缔约国共同开发所勘测的外空资源，实现全人

类的外空资源利益共享。

（四）建立外空资源开发两级许可制度，促进空间商业化发展

空间商业化发展是目前人类开展空间活动的必然趋势。鼓励国家特别是私人主体参与外空资源的勘探开发，是外空法律秩序中“共同利益原则”的应有之意。对此，国际社会可以尝试建立针对国家和私人主体的两级许可制度，促进空间商业化的进一步发展。

首先，在国际法层面上，成立对于外空资源开发的专门管理机构，对国家的资源开发行为进行许可。许可模式对于推动外空资源开发进程是比较行之有效的，然而这种开发模式的关键在于如何处理这一专门管理机构的权力来源问题。通过缔结条约的方式将各国的外空资源开发管理权让渡给新成立的管理机构，是国际社会比较传统的做法。这种做法就要求条约足够公允与完善，能够吸引足够多的国家特别是空间大国参与进来。国际习惯法规范一旦对外空资源开发管理机构的许可权予以了确认，国家层面之上的外空资源开发行为都将被纳入有效的制度管理之内。

其次，在国内法层面上，根据《外空条约》的国家责任原则①，由国家对私人主体的外空资源开发行为进行许可。这样的许可制度建立在原有的空间法律规范之下，符合全人类对于外空资源开发的共同利益。但需要注意的是，在此时的两级许可制度之下，国家许可私人主体进行外空资源开发的许可权不再来源于国家本身，而是来源于外空资源开发管理机构对该国的重新授权。也就是说，国家只能把自己从外空资源开发管理机构那里获得的有限的开发权利全部或者部分地再次许可给本国的私人开发主体，而无论其再次许可给私人开发主体的权利内容多寡，都只能在自己已获得的许可权利范围

① 《外空条约》第6条规定：“各缔约国对其（不论是政府部门，还是非政府的团体组织）在外层空间（包括月球和其他天体）所从事的活动要承担国际责任，并应负责保证本国活动的实施符合本条约的规定。非政府团体在外层空间（包括月球和其他天体）的活动，应由有关的缔约国批准，并连续加以监督。保证国际组织遵照本条约之规定在外层空间（包括月球和其他天体）进行活动的责任，应由该国际组织及参加该国际组织的本条约缔约国共同承担。”

内进行，最终该国所获得的许可开发权利总是固定的。

（五）加强国际合作，保护外空环境，和平利用外空资源

构建外空资源开发法律制度，加强国际合作是关键。无论从资金消耗还是科学技术的研发方面来看，外空资源开发都需要投入巨大的人力物力。然而，人类探索利用外空资源的愿景是一致的，加强国际合作能够有效地避免重复投入，降低资源开发成本。欧洲空间局是国际空间法领域强调国际合作比较成功的例子，各成员国通过欧空局在外空探索领域进行紧密合作，而欧空局本身也可以以国际组织的身份独立参与到国际合作中去，为人类探索开发外层空间创造了更多的可能。美国与加拿大在外空探索领域的合作也正在不断加深，其共同部署的“火星科学实验室任务”为人类勘探开发火星资源踏出了关键的一步。①

在外空资源开发不断深入的情况下，保护外空环境、和平利用外空资源显得尤为重要。随着人类参与空间活动的深度和广度不断扩大，对于原有外空环境所造成的影响也在不断加深。人类所拥有的外空环境是不可复制的。外空环境特别是地球静止轨道环境一旦被破坏，将对整个人类发展造成无法估量的影响。国际社会应当高度重视外空环境保护，制定具体的法律规则和责任制度，引入“谁破坏、谁治理”的防治思想，争取将人类探索、利用外空资源所造成的环境影响降到最低。与此同时，还应当制定相关法律制度，避免外空资源开发活动被用于军事化目的。外空军事化利用与《外空条约》所强调的“探索和利用外层空间（包括月球和其他天体），应为所有国家谋福利和利益”是冲突的。和平利用外空资源，必须将一切以军事化为目的的空间活动排除在外。要明确具体的处罚规范，例如在一定时期内没收开发主体或其本国的空间资源开发权等，杜绝一切将外空资源开发用于军事化目的现象发生。

---

① David Collins. Efficient Allocation of Real Property Rights on the Planet Mars // 14 B. U. J. SCI. & TECH. L. 201.

美国卫星导航法律制度研究

张可佳*

卫星导航技术现已被广泛地运用于军事和民事领域，是现代航天科学技术的主要成就之一。1958 年，美国军方开始研制一种子午仪卫星定位系统（TRANSIT），该系统在 1964 年正式投入使用，是美国全球定位系统（GPS）的前身。此后，子午仪卫星定位系统在美国海军和空军的共同努力下不断发展，并于 1973 年由卫星导航定位联合计划局（JPO）正式发展为全球定位系统计划。

全球定位系统是美国拥有的以空间为基地的无线电导航系统，自 1973 年起经历了四个发展阶段,① 并于 1995 年 4 月正式投入完全工作状态。全球定位系统由空间、控制和用户三个部分组成，可以在世界范围内为民间用户提供不间断的定位、导航和定时服务，而且对所有人免费。任何人只要有一个接收机，这个系统就可以在任何气候条件下、在白天或夜间、在世界任何一个地方为其提供准确的位置和时间信息。

美国不仅有全球最早的卫星导航系统，也在国内确立了比较完善的卫星导航法律制度，这对于中国卫星导航法律制度的完善具有十分重要的借鉴意义。本文将阐述美国卫星导航国内法律制度及其对卫星导航的促进和规制，分析其对完善我国卫星导航法律制度的启示和影响。

---

* 北京理工大学法学院国际法学硕士研究生。

① 四个发展阶段分别为方案论证和测试阶段、全面研制和建设阶段、全球定位系统建设完成阶段、全球定位系统现代化阶段。

一、美国全球定位系统的国内法律制度

根据美国全球定位系统政府网站（http：//www. gps. gov）公布的信息，目前美国联邦层面已有的关于全球定位系统的立法主要分为五类：《美国法典》（United States Code），《国防授权法案》（National Defense Authorization Act），关于 LightSquared 干扰全球定位系统的立法，要求向国会报告的法规，终止 LORAN - C 导航系统的法案。

（一）《美国法典》中关于全球定位系统的条款

《美国法典》是一部永久性的联邦法规，其分为若干编目，全球定位系统被写入如下三编——第 10 编（武装力量）、第 49 编（交通运输）和第 51 编（国家和商业性的太空项目）。《美国法典》对全球定位系统主要起到原则性的指引作用，明确各个部门的职能分工，为全球定位系统的发展建立整体框架。

第 10 编第 2281 节①以 1998 财年《国防授权法案》第 1074 节为基础制定，并根据相关财年的《国防授权法案》② 加以修订。该节的规定主要针对国防部长的职责，其授予国防部长法定权力来负责全球定位系统在军用和民用方面的维护和运行。该章节规定，国防部长应负责提供持续的、世界范围内的、免费的全球定位系统民用服务。同时，国防部长应与交通部长、商务部长等其他官员在全球定位系统需求和全球定位系统增强系统方面加强协调，以使全球定位系统在民用和商用方面更加便利。另外，国防部长应当采取措施以保证全球定位系统不被用作敌对用途，但又不得妨碍其在民用方面的和平利用。

第 49 编第 301 节③对建立差分全球定位系统（Nationwide Differential

---

① 10 U. S. C. § 2281：Global Positioning System.

② National Defense Authorization Act for Fiscal Year 1998. Nov. 18，1997.

③ 49 U. S. C. § 301：Establishment of the Nationwide Differential Global Positioning System（ND 全球定位系统）

Global Positioning System）做出了相应规定。[①] 美国出于自身利益方面的考虑，曾在未经美国政府授权的广大用户所使用的标准定位服务中人为地引入误差，即在所有的全球定位系统工作卫星上实施选择可用性 SA 政策，使定位精度大幅降低。尽管比尔·克林顿总统已在 2000 年宣布取消 SA 政策，但是其单点定位的精度依然难以满足飞机导航、工程测量等方面的定位需求。为提高单点定位精度，差分全球定位系统技术应运而生。该节规定，交通部可以从国防部接管已经退役的地波紧急网络（Ground Wave Emergency Network，GWEN），[②] 并将之与海岸警卫队的军事差分全球定位系统站点结合。同时，该章节鼓励将差分全球定位系统和商务部的连续运行参考系统（Continuously Operating Reference Stations，CORS）[③] 相结合，并将其运用到全球定位系统气象学中。

第 51 编第 50112 节是关于推广美国全球定位系统标准的规定，其结合了 1998 财年《商业空间法》[④]。这部分内容在过去被规定在《美国法典》第 42 编第 14712 节，于 2010 年 12 月正式被编为《美国法典》的第 51 节，更名为"国家和商业空间方案"，但法律内容未作改变。该节规定，美国总统首先应鼓励发展全球定位系统在世界范围内持续的、免费的使用。其次，在国际方面，应达成国际协定，推动与外国和国际组织的合作，以便将全球定位系统提升至国际标准并消除全球定位系统在世界范围内适用时的壁垒。再次，应

---

① "差分全球定位系统"，是一种应用于全球定位系统中用以提高民用定位精度的技术。全球定位系统卫星发射两种不同的信号：精码（即 P 码）和捕获粗码（即 C/A 码）。P 码是为被授权使用的军事用户设计的，能提供精密定位服务。C/A 码是为非军方用户使用而设计的，提供标准定位服务。美国军方通过采用一种所谓选择利用技术（SA）可降低 C/A 码的精度。换句话说，SA 技术可以控制所有标准定位服务用户可能实现的精度等级。

② "地波紧急网络"是一种无线电通讯系统，负责在美国大陆范围内为军事重地间传递紧急信息。

③ "连续运行参考站系统"可以定义为一个或若干个固定的、连续运行的全球定位参考系统，利用现代计算机、数据通信和互联网（LAN/WAN）技术组成的网络，实时地向不同类型、不同需求、不同层次的用户自动地提供经过检验的不同类型的全球定位系统观测值（载波相位，伪距）、各种改正数、状态信息以及其他有关全球定位系统服务项目。

④ Commercial Space Act of 1998. 1998 - 10 - 28.

向商务部助理部长提供用于沟通的清晰的指导和充足的资源，以便助理部长在国际上可以实现对全球定位系统无线电频谱的有效管理，充分保护全球定位系统所使用的无线电频谱。

（二）《国防授权法案》对全球定位系统的发展

《国防授权法案》是美国联邦层面的法律，其主要对美国国防部的财政预算和支出作出规定，本文列举主要财年的《国防授权法案》。

1994 财年《国防授权法案》第 152 节和 2006 财年《国防授权法案》第 260 节共同要求 2007 年 9 月之后①美国国防部购买的所有军用飞机、船舶、装甲车辆、间接火力武器系统均需装备全球定位系统。

1996 财年《国防授权法案》第 279 节提出了“导航战”的发展计划。②该节写道，在全球定位系统发展的过程中应保证其不被敌对军事力量使用，同时不得阻碍美国的军事力量和其他民事用户使用该系统。此外，为武器或武器系统使用的全球定位系统接收机和其他设备应在抗电子干扰方面获得实质性改进。

1999 财年《斯特罗姆·瑟蒙德国防授权法案》第 218 节，提出了发展增强型全球定位系统（即全球定位系统现代化）的要求。③该节提到，增强型全球定位系统的发展是国家安全应当优先考虑的迫在眉睫的事。④

2011 财年《艾克·斯凯尔顿国防授权法案》第 913 节规定，2017 财年以后国防部购买的所有军用全球定位系统用户终端应具备接收 M 码（军码）的能力。但一些特殊原因除外，如购置已安装全球定位系统设备的载客车辆或

① National Defense Authorization Act for Fiscal Year 2006. 2006 - 01 - 06.

② National Defense Authorization Act for Fiscal Year 1996. 1996 - 02 - 10.

③ Strom Thurmond National Defense Authorization Act for Fiscal Year 1999. 1998 - 10 - 17.

④ 具体原文：“为满足 1996 财年《国防授权法案》第 279（b）节和《美国法典》第 10 编第 2281 节的要求，国防部长应当优先发展增强型全球定位系统。增强型全球定位系统应当包括如下要件：（1）升级的卫星系统，包括信号功率的增强和其他改进（如区域定向的信号增强）；（2）使军事用户可以直接接收加密的全球定位系统信号的增强型接收机和用户设备；（3）由交通部部长负责资助额外的民用频率和其他民用方面的改进。”

商用车辆，又如国防部长认为该终端不需要具备接收 M 码的能力等。[①]

2007 财年的《约翰·华纳国防授权法案》第 911 节，授权多机构为国家天基 PNT（Positioning，Navigation，and Timing）执行委员会及相关组织拨款。[②]

2011 年 12 月 31 日，奥巴马总统签署了 2012 财年《国防授权法案》。[③] 该法案主要解决 LightSquared 公司对全球定位系统产生干扰的问题。该法案第 911（a）节规定，在美国联邦通信委员会解决广泛存在的对军用全球定位系统设备的有害干扰前，禁止委员会批准 LightSquared 公司进行无线宽带网络的运营。同时，LightSquared—全球定位系统工作组的最终报告应告知公众。第 911（b）节规定，在未来的两年内，国防部应当每隔 90 天就商业通讯服务是否干扰全球定位系统接收器展开调查，并将调查结果报送国会。

2013 年 12 月 26 日，奥巴马总统签署了 2014 财年《国防授权法案》。该法案主要涉及对全球定位系统项目的政策和资金指导，需要指出的是，其并不动用美国国库的资金。该法案提到，自 2014 财年起，空军的全球定位系统项目的官方预算汇总将只包括军事用户设备的开发，不包括地面设备的采购；在通告要求方面，该法案的第 911 节要求国会对任何有可能对国家安全太空能力造成破坏的非本国的行为进行通告；[④] 在军用设备方面，该法案提到对下一代全球定位系统空间、控制和用户部分之间不同的规定。[⑤]

（三）关于 LightSquared 干扰全球定位系统的立法

LightSquared 是一家美国初创公司，其希望建立一个全国性的 4G LTE 无

---

① Ike Skelton. National Defense Authorization Act for Fiscal Year 2011. 2011－01－07.

② John Warner. National Defense Authorization Act for Fiscal Year 2007. 2006－10－17.

③ National Defense Authorization Act for Fiscal Year 2012. 2011－12－31.

④ 议会最初的文本是希望对全球定位系统有某种持久的关注。但最终法案的联合说明函件中注明：“本通告的目的不是要对每一个异常实例进行通知；仅仅是在有理由相信是企图故意干扰、降低或破坏国家安全太空能力时进行通知。”

⑤ “建议国防部加快对用户设备接收全球定位系统传统和现代化军码的能力的保护。同时，鼓励空军部长建立官方的安全评估体系和认证程序，以保证全球定位系统设备有充足的可供使用的工业基础。”

线宽带网络，即将现存的移动卫星通信服务（SkyTerra）和地面无线通信服务结合起来，并批发给无线运营商 Leap Wireless International 和电子产品零售集团百思买使用。由于 LightSquared 公司计划建设的地面基站使用 L 波段的无线电频谱，与全球定位系统卫星的无线电频谱相近，引起了全球定位系统设备生产商和终端使用者对其干扰全球定位系统信号的强烈质疑。[①]《华尔街日报》报道，2011 年 12 月的政府测试显示，LightSquared 公司的网络干扰绝大部分的全球定位系统设备。

自 2011 年至 2014 年，多部关于 LightSquared 公司干扰的立法被提出或通过，例如《农业，农村发展，粮食与药物管理局和相关机构拨款法案》，[②] 2012 财年《综合和继续拨款法案》[③]、2012 财年《综合拨款法案》[④]、2013 财年《金融服务和一般政府拨款议案》[⑤] 和 2014 财年《综合拨款法案》[⑥] 等。

（四）要求向国会报告的法规中有关全球定位系统的问题

国会有时会要求各行政部门准备并提交有关全球定位系统的报告，这种要求有时会以法律的形式做出，有时则以报告的形式做出。这种要求行政部门提交的报告众多，如《联邦无线电计划》、[⑦]《关于全球定位系统 - III 发射之后的低成本解决问题的报告》、[⑧]《对军用全球定位系统干扰的审查报告》、[⑨]《全球定位系统备份系统需求研究报告》、[⑩]《关于下一代全球定位系统方案的

---

① 张华．欧美全球卫星导航系统立法及其对中国的启示 // 北京理工大学学报（社会科学版），2012，14（4）．

② Agriculture, Rural Development, FDA, and Related Agencies Appropriations Act, 2012.

③ Consolidated and Further Continuing Appropriations Act, 2012.

④ Consolidated Appropriations Act, 2012.

⑤ Financial Services and General Government Appropriations Bill, 2013.

⑥ Consolidated Appropriations Act, 2014.

⑦ Federal Radionavigation Plan.

⑧ Report On Lower-Cost Solutions After GPS III.

⑨ Review Of Interference To Military GPS.

⑩ Study on the Need for a GPS Backup System.

分析报告》、[①]《增强型全球定位系统发展计划》等。[②]

（五）终止远程导航系统的法案

即远程导航系统（Long Range Navigation，LORAN-C）的发展经历了LORAN-A、LORAN-C、LORAN-D、LORAN-F，其中最为重要的是LORAN-C。LORAN-C是以地面设备为基础的导航系统，由美国海岸警卫队负责运营。美国国会曾经对是否保留并升级现有LORAN-C设备，使其成为eLORAN——全球定位系统的备份系统而展开争论，并在例如《国土安全部拨款法案》[③]和《海岸警卫队授权法案》[④]等法案中进行规定。最终，国会决定为LORAN-C的终止计划拨款。2009年5月，奥巴马总统正式宣布LORAN-C系统作废，并制定了相应计划终止该系统的运行。

二、美国全球定位系统（全球定位系统）法律制度的分析

（一）美国全球定位系统的立法模式

在关于全球定位系统的立法实践中，美国采用“子法集成”的模式。所谓“子法集成”，指美国的全球定位系统法律体系由若干个具体的、针对全球定位系统活动有关内容的法律所共同构成。在这个体系中各个相关法律独立存在，共同构成美国全球定位系统法律体系，具有很强的实践性、针对性和目标性。

美国关于全球定位系统的立法是世界上最为成熟的立法体系，有很大的优越性。全球定位系统的发展日新月异，法律本身无法回避的滞后性弊端在高科技面前往往无处躲藏。“子法集成”的立法模式让全球定位系统相关法律具有较高灵活性，能针对现实问题出台法律法规，实用性较强，能较好地解决“法律出台即过时”或“现实面前无法可依”的尴尬。

---

① Analysis of Alternatives for Next Generation GPS.

② Development Plan for Enhanced GPS.

③ Department of Homeland Security Appropriations Act of 2010, 2009 - 10 - 28.

④ Coast Guard Authorization Act of 2010.

不过，“子法集成”的弊端也不容忽视。就目前而言，关于全球定位系统的立法较为分散，没有专门用于规定全球定位系统的系统的法律法规。现有的一些相关法律规定多是从行政法的角度，就与卫星导航活动相关的行政部门，如国防部、总统、交通部门等在卫星导航活动中应行使的职能种类，从卫星导航的运营、维护、推广等几方面进行管理和区分，从总体上来看并不具体，原则性较强。①

（二）民用全球定位系统的运行与维护

在美国现有的国内法中，民用全球定位系统的问题主要由《美国法典》进行规制。在《美国法典》第10编中，对于民用全球定位系统的规定主要围绕着“免费”和“便利”两个关键词，第49编则围绕着民用全球定位系统的“精度”展开。

《美国法典》第10编多次强调，应当提供持续的、世界范围内的、免费的全球定位系统服务，即使是差分全球定位系统技术，也要求为民用用户免费提供。另外，该章节特别强调全球定位系统民用的便利性，要求国防部连同交通部和商务部等尽最大可能方便用户，为其提供便捷的全球定位系统标准定位服务。

建立全国差分全球定位系统是《美国法典》第49编的重点内容，该项内容主要由交通部负责。差分全球定位系统的主要目的是应对被刻意引入误差导致民用标准定位服务精度降低的问题。该章节与《交通部及相关机构拨款法案》相联系，较大篇幅的对差分全球定位系统进行了详细的规定。

（三）军用全球定位系统的运行与维护

军用全球定位系统的相关问题主要由各财年的《国防授权法案》规制，比较典型的有1994财年、1996财年和2006财年的《国防授权法案》。1996财年的《国防授权法案》强调，一定要确保全球定位系统不被用作敌对用途，但同时不得妨碍民用用途。这方面涉及“导航战”发展计划和增强型全球定

① 刘姗.全球卫星导航系统的法律规制.哈尔滨工业大学，2013.

位系统两个重要问题。1994 财年和 2006 财年的《国防授权法案》共同强调，国防部购置的军用飞机、船舶等均必须装备全球定位系统，使内部得到统一。

（四）国家安全的保障

“国家安全”是美国在发展全球定位系统的过程中最重视的问题，《美国法典》和各财年的《国防授权法案》均有涉及。国家安全的问题主要包括三个方面：其一，增强型全球定位系统；其二，对安全隐患的通告要求；其三，对全球卫星导航系统（GNSS）监控台的限制。

如前所述，《美国法典》和 1996 财年《国防授权法案》提到美国要发展增强型全球定位系统，并称其是“国家安全应当优先考虑的迫在眉睫的事”。增强型全球定位系统主要是对卫星系统和军用加密信号的升级，同时也涉及一些民用方面的改进。

通告要求是 2014 财年《国防授权法案》的新规定，要求在出现任何可能的对国家太空安全造成破坏的非本国行为时进行通告。这种通告只要在有理由相信会造成威胁时就会发出，从而最大限度保证美国的国家安全。

对全球卫星导航系统（GNSS）监控台的限制也是 2014 财年《国防授权法案》的要求，该规定旨在限制外国政府对美国境内的全球卫星导航系统（GNSS）监控台的建造等，外国政府只有在获取国家安全证明后方能在美国境内建造。当然，这样的要求并不是为了限制科学技术等方面的合作，只是为了确保全球卫星导航系统（GNSS）监控台不被外国用于收集情报从而导致美国国家安全遭到威胁。

（五）全球定位系统干扰的问题

信号干扰是全球定位系统（GPS）不可回避的问题。LightSquared 公司干扰全球定位系统是一个非常典型的案例，围绕这一案例，美国的《综合拨款法案》和《国防授权法案》等先后作出规定，美国联邦通信委员会和众议院财政拨款委员会等也一直致力于问题的解决。

美国在对待 LightSquared 公司干扰全球定位系统的问题上态度明确，坚决禁止 LightSquared 公司在解决全球定位系统干扰之前继续获得授权或财政拨款等。为确保该问题尽快解决，2012 财年《国防授权法案》要求成立专门的LightSquared—全球定位系统工作组，并将工作进展告知公众。

在吸取这一教训之后，美国要求国防部每隔 90 天就商业通讯服务是否干扰全球定位系统接收器展开调查，并将结果报告国会，以防止类似事件再次发生。

（六）全球定位系统用户隐私保护的问题

随着全球定位系统的日益发展，人们渐渐感到不安，高端的科学技术让隐私无处躲藏。美国的一些州政府针对个人地理位置隐私权先后出台了一些法律，但是联邦政府层面暂时缺少较为系统的规定。

为解决这一问题，联邦政府层面正在酝酿诸如《地理位置隐私和监控法案》、《网络通讯和地理位置保护法案》和《地理位置隐私保护法案》等，其规制的问题涵盖个人地理位置信息的保护、网络通讯安全保护和建立“反跟踪基金”等。对隐私权的关注可以反映出美国全球定位系统技术目前发展的程度，也可以看出其全球定位系统相关法律制度已经非常完善。

（七）联邦政府层面各部门的协调与配合

整体来看，美国全球定位系统的运行与维护主要由国防部负责，国防部长是整个体系运行的负责人，在不同的方面，其他部门会不同程度地参与。

举例来说，全球定位系统的军用和民用的运行与维护均由国防部负责，但是具体到保证民用全球定位系统的便利时，国防部长应当与交通部长和商务部长等相互合作，加强协调。再比如，在建立差分全球定位系统的过程中，交通部为主责部门，而在确保差分全球定位系统不被用作敌用方面，需要与国防部密切合作。与此同时，交通部要将差分全球定位系统与海岸警卫队的军事差分全球定位系统相结合，与商务部的“连续运行参考站系统”结合。

可以看出，在联邦政府层面，美国全球定位系统的运行与维护分工明确，部门之间各司其职又相互联系，从而形成较好的体系，为全球定位系统的发展提供了较好的支持。

三、美国卫星导航法律制度对中国的借鉴和启示

（一）将国家安全和军事安全放在首位

美国在卫星导航相关政策法规中把确保军事和国家安全放到首要位置，大力实行国家安全、国土安全和经济安全政策。如《美国法典》中多次强调，国防部长要保证全球定位系统军码的安全，严防军码被盟国以外的别国使用。《国防授权法案》提到的增强全球定位系统计划和导航战计划，都是以保护本国国家安全为目的。

中国的“北斗”卫星导航系统在军事领域已被较为广泛地运用，我们应当充分认识到其在国家安全领域的重要地位。中国对国防事业重视程度高，1997 年通过的《中华人民共和国国防法》是保证中国国家安全和军事安全的重要法律。与此同时，自 1998 年起，中国每两年会发布一次国防白皮书，以宣示国防政策和军事战略、指导国防和军队建设等。结合中国国情，可以将保障卫星导航军事安全的内容写入《中华人民共和国国防法》，以起到原则纲领性作用，并辅以国防白皮书，针对国内外时势做出特别规定，以保证相关法律政策的实用性、灵活性和针对性。

（二）确保民用开放程度

根据《美国法典》的相关规定可知，美国采用积极开放的民用政策，保证民用信号向全球持久地、免费地开放。国防部长、交通部长、商务部长以及其他官员都需要为全球定位系统民用更加便利而共同努力，可见美国对民用方面的重视程度。民用开放的程度决定了该系统对一般民众的覆盖程度，若想打破全球定位系统在中国的垄断状态，中国必须在立法时加以着重考虑，例如可以借鉴美国的相关规定，以“免费”和“便利”为原则，以“精度”为核心，确保民用用户的顺利使用。

（三）确保用户的隐私安全

随着卫星导航的广泛应用，隐私安全的问题越来越成为用户关注的重点。

从某种程度上说，美国目前正在讨论的一系列有关隐私安全的法案对用户是一种保障，使其可以放心地使用全球定位系统，而不过分担忧信息泄露。个人信息的保护在中国一直不甚理想，我们的电话号码、邮件地址甚至家庭住址在毫不知情的情况下被转售给很多商家。作为卫星导航系统，如何保证用户的地理位置信息将是日后立法的一大重点。

2009 年通过的《中华人民共和国侵权责任法》中特别提到隐私权。中国可以将个人地理信息保护的问题纳入侵权责任法，也可以向美国学习，制定专门针对地理位置隐私保护的法案，充分保护用户的个人地理位置信息以及网络通信安全。

（四）确定主责部门，加强部门间的协调

在整个全球定位系统体系运行的过程中，美国联邦政府层面各部门的分工十分明晰，同时又有非常合理的协调配合，这一点非常值得中国借鉴。中国的“北斗”卫星导航系统目前由军方负责，但职责分工上十分不明确，总体来说透明程度较低。在美国全球定位系统体系中，国防部始终是明确的主责部门，辅以交通部、商务部等。国防部在全球定位系统民用和军用的运行和维护起到主要作用，一些具体的事务由其他部门分担。在这样的体系之下，全球定位系统运行顺畅，遇到问题能及时高效地解决，保证了全球定位系统的有效利用。

（五）注重国际合作，实现兼容和互操作

当今世界主要全球卫星导航系统（GNSS）供应商普遍重视开展国际合作，促进本国卫星导航系统与其他国家导航系统服务的兼容和互操作。尽管全球定位系统在全球卫星导航系统中可谓独占鳌头，其仍然十分关注合作问题。比如，《美国法典》就特别提到要推动与外国和国际组织的合作，以便将全球定位系统提升至国际标准并消除全球定位系统在世界范围内适用时的壁垒。面对这样的潮流，“北斗”也不应例外。在未来的立法中，中国可以明确规定与其他国家加强合作，共同致力于统一国际规范和标准的建设，为使用者提供更好的产品和服务，也为自身获得更好的发展机遇。

Understanding China' s Official Motivations and Normative Framework in the Space Sector in the Era of Xi Jinping: More Complex Than It Seems

Christoph Beischl*

1. Shortcomings in the analysis of China's space policy and regulations

The People's Republic of China can be considered one of the world's most advanced space-faring nations in the 21st century, with prosperous activities ranging from application satellites to manned spaceflight. China's space programme had its initial internationally visible success during the Cultural Revolution on 24. 04. 1970 by launching its first and self-manufactured satellite, DongFangHong-1, into orbit on its domestic ChangZheng-1 launcher.① Despite this early achievement, it took until the year 2000 for a general official space policy to be introduced to the public. It was first outlined in a White Paper called "中国的航天" in the Chinese version and "China's Space Activities" (2000 SWP [Space White Paper]) in the English translation, both presented by the "Information Office of the State Council of the

* PhD researcher at University of London, London Institute of Space Policy and Law, Visiting PhD researcher at Beijing Institute of Technology in 2015.

① Lulu Jiang. Military History Today on 24. 04. "DongFangHong-1" Launched Successfully // http: // news. xinhuanet. com/mil/2010 - 04/18/content_ 13377835. htm, [2015 - 10 - 15] .

People's Republic of China" .[①] Subsequently, this document was succeeded by updated SWP versions at the end of 2006 and 2011 titled "China's Space Activities in 2006"[②] (2006 SWP) and "China's Space Activities in 2011"[③] (2011 SWP) . A fourth SWP can be expected around 2016/2017 if this sequence continues. Apart from that, it was also only at the beginning of this century that the Chinese government had drawn up a few systematic and prominent domestic space regulations.

Naturally, it is now common practice for researchers to refer to those policy documents and regulations in their analysis of China's space sector. Reading through them allows to easily extract and list the Chinese government's official areas of interests regarding outer space, to present a basic overview of related domestic and cooperative measures it is willing to take, to generally name its official motivations and principles in the space sector, to highlight important domestic and cooperative events concerning space before 2012, and to identify China's major domestic regulatory provisions in the space sector.[④] However, what is missing in Western studies – with little notable exceptions that are taken into account later – is the attempt to provide an in-depth analysis of the official motivations that drives the Chinese government's space undertakings during the Xi Jinping era as well as of the

---

① Information Office of the State Council of the People's Republic of China. China's Space Activities in 2011 // http: //www. cnsa. gov. cn/n615708/n620168/n750545/52025. html, [2015 -08 -22] .

② Information Office of the State Council of the People's Republic of China. China's Space Activities in 2006 // http: //www. gov. cn/zwgk/2006 -10/12/content_ 410824. htm, [2015 -08 -22] .

③ Information Office of the State Council of the People's Republic of China. China's Space Activities in 2011// http: //www. gov. cn/gzdt/2011 -12/29/content_ 2033030. htm, [2015 -06 -01] .

④ For example: Roger Handberg and Zhen Li. Chinese Space Policy. A Study in Domestic and International Politics. Routledge, 2007: 160 - 167. Brian Harvey. China in Space. The Great Leap Forward. Springer, Praxis Publishing, 2013: 350 - 354. Kevin Pollpeter and others. China Dream, Space Dream. China's Progress in Space Technologies and Implications for the United States (Report prepared for the US - China Economic and Security Review Commission 2015) // http: //origin. www. uscc. gov/sites/default/files/ Research/China% 20Dream% 20Space% 20Dream_ Report. pdf, [2015 - 05 - 12]: 2 - 7. Marco Aliberti. When China Goes to the Moon. Springer, 2015: 31 -43.

present official normative framework – comprised of formal and informal principles and regulations – that delimits and guides the potential measures the Chinese government may be ready to take to achieve its objectives in the space sector, especially with regard to entering international space cooperation.

These analytical shortcomings may enhance the risk for misunderstandings, wrong conclusions, and imperfect decisions and reactions of international institutions, states, companies, and scientific institutions in dealing with China in the space sector. As a consequence, they can seriously hamper the potential for international space cooperation with Chinese participation and reduce the chances to successfully solve important international space law issues, e. g. those related to sub-orbital flights, space resources, and space settlement. For example, China and one or more foreign partners might be ready to cooperate due to common interests in outer space, e. g. to jointly conduct remote sensing of the East Asian region, but ultimately they don't enter into such a collaboration, because they misinterpret other's intention. In another case, a potential partner might propose a good cooperative undertaking to China. Yet, the project never has any chance to see light or will unnecessarily consume a lot of time for revision, because of the way it has been (initially) constructed has been in violation of China's official normative framework in the space sector. Or, another state could perceive a space-related measure or standpoint by the Chinese government in the international arena, particularly with regard to dual-use technology and the peaceful use of outer space, in the wrong way by neglecting some of China's long-standing official principles guiding its space endeavours. This can trigger a spiral of negative reactions on both sides that narrows the chance to find common ground.

Of course, one short article cannot present and discuss every single detail of all the official Chinese policies and regulations that have some relation to the space sector. Furthermore, this paper cannot guarantee that the relevant Chinese actors really follow each element of the government's publicly announced motivations and normative framework at every instance. Such an evaluation has to be done within a much greater study. Nevertheless, when giving the Chinese government the benefit of the doubt that it actually applies (at least part of) its official space policies and regulations, the following extended content analysis of the Chinese government's current major official policy documents and regulations with a particular view of its motivations and normative framework in the space sector can serve as a first stepping stone to limit the effect of shortcomings mentioned above and to improve the potential for successful interstate space cooperation with Chinese participation. It also allows to present some common analytical pitfalls when conducting related research.

In this overall context, this article aims to answer the following two research questions:

1. "What are China's official motivations in the space sector?"

2. "What makes up China's official normative framework in the space sector, especially concerning international space cooperation?"

2. China's official motivations in the space sector

Presumably one of the best analysis by Western researchers that tries to evaluate the general scope of the Chinese government's current main motivations in the space sector is part of a report to the U. S. -China Economic and Security Review Commission in 2015 by Kevin Pollpeter, Eric Anderson, Jordan Wilson, and Fan Yang. Drawing on official publications as well as statements by Chinese politicians, Chinese military personnel, and researchers inside and outside the country, and by connecting the dots between ill-defined political concepts, they identify a reasonable political narrative the Chinese government seemingly pursues within its space-related undertakings. In short, they hold that China's space activities are meant to support the objective of rendering the nation once again into one of the world's most modern, wealthy, powerful and influential countries, with the USA as the ultimate benchmark. ① Due to their sound groundwork, this article does well in following their evaluation. Yet, it can be argued that by going one step further and including some more official documents and statements an even higher level of clarity of the Chinese government's official motivations in the space sector is possible.

Before commencing with this analysis, a first analytical pitfall has to be avoided. It has to be taken account of the fact that the political vocabulary used in the official Chinese documents is often different compared to the political wording in the Western world. There are three reasons for this: First, propaganda has not such a negative connotation in China as it has in the West. Second, Socialist or Communist expressions still exist. Third, and as the next paragraphs showcase, there is a smorgasbord of long-standing historic, artificial and sometimes even artistic Chinese expressions that, inter alia, actually comprise very specific sets of principles or summarise a political concept. This can make it a quite complicated analytical journey for Westerners before they can fully grasp at what Chinese policies and regulations are directed.

In general, this article partially agrees with Pollpeter et al that the 2011 SWP, published on 29 December 2011 and covering the government's space policy for the next five years (2012 – 2016), ② as well as its predecessors incorporate "[...] nominal statements of policy but are primarily geared towards China's technological accomplishments and goals and not to how the government and military use or plan to use space, nor to the organizations that are charged with carrying out space policy

① Kevin Pollpeter and others. China Dream, Space Dream. China's Progress in Space Technologies and Implications for the United States (Report prepared for the US-China Economic and Security Review Commission 2015) // http: //origin. www. uscc. gov/sites/default/files/Research/China% 20Dream% 20Space% 20Dream _ Report. pdf, [2015 – 05 – 12]: n 5, 1 – 7.

② Information Office of the State Council of the People's Republic of China. China's Space Activities in 2011: n 4.

and how they are funded. "① However, it is also fact that they remain authoritative and the publicly most visible documents of the Chinese government on its activities in the space sector,② with continuously overlapping statements on the purposes of China's space endeavours in each of their first chapters. ③ Therefore, the currently active 2011 SWP can be safely considered an excellent starting point to assess China's official space-related motivations.

At this point, another analytical pitfall has to be taken care of. There is a notable difference between the original Chinese and the translated English document provided by the Chinese government. When the Chinese version uses "航天事业", the English one primarily refers to "space industry" . As a look into the reliable Oxford Chinese-English Dictionary proves and as has been confirmed to the author by several Chinese researchers, the primary purport of "事业" is either a national level "undertaking" or a public-oriented "institution" . "Industry" does definitely not entail these meanings. The result can be a misguided analytical focus on the space industry instead of space activities. ④ At the same time, not all references to

---

① Kevin Pollpeter and others. China Dream, Space Dream. China's Progress in Space Technologies and Implications for the United States (Report prepared for the US-China Economic and Security Review Commission 2015) // http: //origin. www. uscc. gov/sites/default/files/Research/China% 20Dream% 20Space% 20Dream _ Report. pdf, [2015 -05 -12]: n 5, 2.

② Shouping Li. The Role of International Law in Chinese Space Law and Its Relevance to Pacific Rim Space Law and Activities // Journal of Space Law, 2009, (35): 539, 544.

③ Ch. I in each of the three SWPs: Information Office of the State Council of the People's Republic of China. China's Space Activities: n 2. Information Office of the State Council of the People's Republic of China. China's Space Activities in 2006: n 3. Information Office of the State Council of the People's Republic of China. China's Space Activities in 2011: n 4.

④ An example is Moltz who cites the English version of the 2006 SWP to commence the analysis of China's commercial space field and industry. Yet, the Chinese version reads "事业" or "undertakings" . Overall, his results do not lose much of their relevance, because, as other parts of the SWPs clearly indicate, China is interested in developing its space industry to achieve its objectives in the space sector. However, a "space industry" focus is much more limited than an analysis of "space undertakings" . James Clay Moltz. Asia's Space Race. National Motivations, Regional Rivalries, and International Risks. Columbia University Press, 2012: 99.

"industry" in the SWPs are affected. Its Chinese counterparts "产业" or "工业" have been correctly translated. To catch most of the original meaning and since the English SWP versions are titled "China's Space Activities", the terms "space undertakings" and "space activities" are applied in this paper whenever one of the three original Chinese SWP versions reads "航天事业".

Besides that, another translation issue involves the Chinese phrase "综合国力". It has been translated as "national comprehensive strength" in the 2011 SWP and "comprehensive national strength" in the 2000 and 2006 SWP.① This is not a problem per se, but nowadays the majority of the Western academic world commonly refers to the phrase in their work as "comprehensive national power" (CNP).② For the sake of unity, this paper follows their lead.

With due regard to these issues, the current official motivations behind China's space activities as presented in the 2011 SWP have to be read as follows (and similarly in the 2000 and 2006 SWPs):

> The purposes of China's space [… undertakings] are: to explore outer space and to enhance understanding of the Earth and the cosmos; to utilize outer space for peaceful purposes, promote

---

① See the English titles of the three SWPs and each of their Ch. I: Information Office of the State Council of the People's Republic of China. China's Space Activities: n 2. Information Office of the State Council of the People's Republic of China. China's Space Activities in 2006: n 3. Information Office of the State Council of the People's Republic of China. China's Space Activities in 2011: n 4.

② Dean Cheng. China's Space Program and Comprehensive National Power. The University of Nottingham. 2014 - 10 - 28 // https://blogs.nottingham.ac.uk/chinapolicyinstitute/2014/10/28/chinas-space-program-promotes-comprehensive-national-power, [2015 - 10 - 20]. Kevin Pollpeter and others. China Dream, Space Dream. China's Progress in Space Technologies and Implications for the United States (Report prepared for the US - China Economic and Security Review Commission 2015) // http://origin.www.uscc.gov/sites/default/files/Research/China%20Dream%20Space%20Dream_Report.pdf, [2015 - 05 - 12]: n 5, 5 - 6. Wuttikorn Chuwattananurak. China's Political Stability and Comprehensive National Power: A Case Study of the Conflict in Xinjiang // Journal of US - China Public Administration, 2014, (11): 721 - 726. Robert C Hardin. Space Policy in Developing Countries. The Search for Security and Development on the Final Frontier. Routledge, 2013: 79.

> human civilization and social progress, and to benefit the whole of mankind; to meet the demands of economic development, scientific and technological development, national security and social progress; and to improve the scientific and cultural knowledge of the Chinese people, protect China's national rights and interests, and build up its [… comprehensive national power].
>
> China's space [… undertakings are] subject to and serve [...] the national overall development strategy [...].①

The first half introduces broad idealistic and internationally oriented motivations, echoing other states' policy statements on space exploration② as well as elements of the Preamble and Art. I of the "Treaty on Principles Governing the Activities of States in the Exploration and Use of Outer Space, including the Moon and Other Celestial Bodie" (commonly called: Outer Space Treaty; OST)③. There is no real analytical problem here. Withal, it is hard to imagine that any state can have a problem with China claiming to follow them within its space activities.

More interesting and complex is the second half due to its Sino-centricity. Based on this part, the major motivational factors of the Chinese government concerning outer space are the pursuit of its main development strategy, whereas economic, social, cultural, security and scientific and technological developments appear to be particularly relevant, the safeguard of national interests and rights, and the enhancement of China's CNP. As Pollpeter et al have indicated, this second set of

---

① Information Office of the State Council of the People's Republic of China. China's Space Activities in 2011: n 4.

② As Handberg and Li argue with regard to the 2000 SWP: "... the exploration theme has been in all such general statements from a variety of states." Handberg and Li: n 5, 163.

③ Treaty on Principles Governing the Activities of States in the Exploration and Use of Outer Space, including the Moon and Other Celestial Bodies (adopted 19 December 1966, opened for signature 27 January 1967, entered into force 10 October 1967) 610 UNTS 205 (Outer Space Treaty).

motivations can only be fully understood by integrating further policy documents and statements into the analysis. By extending the aforementioned authors' work, the specific Chinese interpretation of the terms "national overall development strategy", CNP, and "national rights and interest" are unlocked in the following paragraphs. In addition, their interconnection is revealed.

2.1 "National interests"

China's national core interests, which – as this author holds – also incorporate what can be accepted as basic national rights of a state in the international arena, have been for the first time officially described within a White Paper of the Chinese government from 2011 called "China's Peaceful Development". They encompass: "[1] state sovereignty, [2] national security, [3] territorial integrity and [4] national reunification [with Taiwan], [5] China's political system established by the Constitution, which indirectly enshrines the continuous leadership of the CPC in its Preamble,① and [6] overall social stability, and [7] the basic safeguards for ensuring sustainable economic and social development."②

Their formulation commenced around 2005 and, even though their final publication has taken several years, they did not appear out of the blue. Instead, they can be considered a more coherent summary of the previous amalgam of the

---

① "Under the leadership of the Communist Party of China and the guidance of Marxism-Leninism, Mao Zedong Thought, Deng Xiaoping Theory and the important thought of Three Represents, the Chinese people of all nationalities will continue to adhere to the people's democratic dictatorship and the socialist road, persevere in reform and opening to the outside world, steadily improve socialist institutions, develop the socialist market economy, develop socialist democracy, improve the socialist legal system and work hard and self-reliantly to modernize the country's industry, agriculture, national defence and science and technology step by step and promote the coordinated development of the material, political and spiritual civilizations, to turn China into a socialist country that is prosperous, powerful, democratic and culturally advanced." // Constitution of the People's Republic of China // http://www.npc.gov.cn/englishnpc/Constitution/node_2825.htm, [2015-02-04].

② Information Office of the State Council of the People's Republic of China. China's Peaceful Development: Ch. III // http://www.china.org.cn/government/whitepaper/node_7126562.htm, [2015-05-31].

Chinese government 's positions in international politics. For example, former Foreign Minister and current State Councilor Yang Jiechi stated in 2010: "It has always been China 's diplomatic policy to defend its sovereignty, security and development interests, while promoting world peace and development. " A consequence is that an analysis can even quite safely refer to these national core interests in evaluating the developments of space activities in the 21st century predating the "China's Peaceful Development" White Paper of 2011.

When using those core interests for the assessment of China's space activities, it should be further taken into account that they have two audiences: First, to the outside world they clarify the Chinese government's standpoints during its new rise in the international arena. Second, addressed to the domestic audience they help to release public pressure from the government by prominently highlighting that it is willing to safeguard China's national interests in an ever changing international political environment. Consequently, there will be no real leeway expected from the Chinese side with regard to cooperative space undertakings or other states' reactions against China's space activities if one or more of these interests are in play. ① As will become obvious later on, the interest on upholding the basic safeguards for ensuring sustainable economic and social development is particularly important to achieve the so-called "China Dream" (中国梦) .

① China's Declaration of Key Interests Misinterpreted // http: //www. china. org. cn/world/2013 - 08/26/content_ 29824049. htm, 2013 - 08 - 26, [2015 - 06 - 26] . The citation can be also found there; For a great analysis of the conception of the "core interests" of China see Swaine's analysis. He argues that their ultimate formulation is based on previous stances in international politics: "It is not entirely clear what prompted official Chinese sources to begin employing the term 'core interests' to such a degree and in this manner. Of course, the defense or protection of China's national security, the PRC system or regime, and Chinese sovereignty and territorial integrity, as well as the protection and advancement of China's economy and society, has been a staple of PRC foreign policy for decades. Indeed, they are basic to any nation's definition of its national interests. " Michael D Swaine. China's Assertive Behavior Part. One: On "Core Interests" // China Leadership Monitor , 2011, (34): 1.

Concerning the reference to "national security" as a core national interest, it has to be noted that it encompasses the military security of China through space capabilities. Hu Jintao, the former General Secretary of the Communist Party of China (CPC), announced in his "Report to the 18th CPC National Congres" for the first time in such a report that space security represents a major issue for China's national defence. ① Since his political successor Xi Jinping is considered a major co-drafter of Hu's report, this military-related policy objective can be regarded as still active. ②Evidence of this are similar references to the connection of national security, military security and space capabilities in one of China's newest White Papers coined "China's Military Strategy" from May 2015 (2015 MWP [Military White Paper]). ③

2. 2 "Overall national development strategy" and CNP

Pollpeter and et al have shown that an in-depth discussion of the "China Dream" concept offers the best insight into the scope of the two terms "national overall development strategy" and CNP. ④ The comprehensive analysis of CNP puts the national economic, cultural, social, security, scientific and technological development in context with this strategy.

2. 2. 1 "China Dream" and "great national rejuvenation"

The "China Dream" concept initially appeared during a speech of President Xi Jinping in November 2012 and has been popularised as the major political vision of

① Jintao Hu. Firmly March On The Path Of Socialism With Chinese Characteristics And Strive To Complete The Building Of A Moderately Prosperous Society In All Respects. Report to the Eighteenth National Congress of the Communist Party of China. 2012 - 11 - 08: Ch. IX // http: //www. china. org. cn/china/18th_ cpc_ congress/2012 - 11/16/content_ 27137540. htm, 20 [2015 - 06 - 04].

② Discussion with specialist of the Chinese space sector in 2015 during the author's research visit to China.

③ The State Council Information Office of the People's Republic of China. China's Military Strategy: Ch. IV // http: //eng. mod. gov. cn/Database/WhitePapers/2014. htm, 2015 - 05, [2015 - 10 - 23].

④ Kevin Pollpeter and others. China Dream, Space Dream. China's Progress in Space Technologies and Implications for the United States (Report prepared for the US - China Economic and Security Review Commission 2015) // http: //origin. www. uscc. gov/sites/default/files/Research/China% 20Dream% 20Space% 20Dream_ Report. pdf, [2015 - 05 - 12]: n 5, 3 - 7.

the Chinese government ever since. ① In a nutshell, Xi describes it broadly as "the great rejuvenation of the Chinese nation" (中华民族伟大复兴). ② Without any existing single definition of the concept, the context in which Xi has introduced it during a museum exhibition as well as due to his political ambitions for the Chinese nation allow to argue that this rejuvenation is aimed at ultimately overcoming the historical aberrations of large parts of the 19th and 20th century in China and to lift the nation back into its previous rank of a prosperous and one of the strongest and most influential powers in the world. The closest Xi comes to introducing a measurement unit or end goal for the progress of the "China Dream" and the "great national rejuvenation" is by stating that it is the government's primary objective to establish a "moderately prosperous [Chinese] society in all respects" by 2021, the 100th anniversary of the CPC. Coming of the 100th anniversary of the founding of the People's Republic of China in 2049, China shall finally be "an affluent, strong, civilized and harmonious socialist modern country [⋯], and the dream of great renewal of the Chinese nation will inevitably be accomplished." For example, these two centenary objectives have been again echoed in the 2015 MWP. ③ As it is with most of China's policy objectives, they do not constitute completely new policy components of the Xi era. The White Paper on China's Peaceful Development explains that they have their roots in the government's decades-long three-step

① Background: Connotations of Chinese Dream // http://www.chinadaily.com.cn/china/2014npcandcppcc/2014-03/05/content_17324203.htm, 2015-05-05, [2015-05-27].

② Xi Pledges. Great Renewal of Chinese Nation // http://news.xinhuanet.com/english/china/2012-11/29/c_132008231.htm, 2012-11-29, [2015-05-27].

③ The State Council Information Office of the People's Republic of China: Preface and Ch. II, n 27.

modernisation strategy. ①

This narrative is supported by the content of the government's "National Medium- and Long-Term Programme for Science and Technology Development (2006 – 2020)". It is a core policy document on China's science and technology development that explicitly and implicitly refers to the development of space-related technology and science and their application as important measures to achieve the programme's objectives. These objectives capture major parts of the "China Dream" concept and China's national interests. They are introduced in the document as to foster China's economic and social development and to strengthen its national security with the goal to create a "materially well-off society" (小康社会), achieve the great rejuvenation of the Chinese nation, continue the successful Socialist modernisation, and to make China a world leader in science and technology by the middle of the 21st century. Concerning the implicit elements, it is reasonable to assume that space capabilities are part of, e. g., the programme's promotion of China's disaster management capacity. Space-related projects that are prominently mentioned are a high resolution Earth observation system, manned space flight, and a Moon probe. They make up three out of sixteen ongoing national megaprojects. ②

It would be careless to ignore these elements for a sustainable analysis of

① Ch. II in the 2011 White Paper on China's Peaceful Development: "Following the introduction of the policies of reform and opening-up to the outside world in the late 1970s, China adopted and implemented a three-step strategy for achieving modernization. The first step was to double the GNP of 1980 and ensure people's basic living needs. The second step was to redouble the output of 1980 and achieve initial prosperity by the end of the 20th century. The goals of these two steps have been met. The third step aims to make the per capita GNP reach the level of that of the medium-developed countries, bring about general prosperity, basically realize modernization and build China into a rich, strong, democratic, civilized, harmonious and modern socialist country by the 100th anniversary of the People's Republic of China in the mid-21st century." Information Office of the State Council of the People's Republic of China. China's Peaceful Development: n 23.

② See especially National Medium-and Long-Term Programme for Science and Technology Development Outline (2006 – 2020): Ch. II, IV, and X // http://www.most.gov.cn/mostinfo/xinxifenlei/gjkjgh/200811/t20081129_65774.htm, 2006-02-09, [2015-05-25].

Chinese space activities or while drawing up proposals for international space cooperation with Chinese participation that are hoped to bear fruit.

2. 2. 2 CNP

As has been presented before, all three SWPs name the improvement of CNP as a motivation for pursuing their space activities. But a closer look shows that CNP ultimately is a means to an end. It is a prerequisite to successfully achieve China's "great national rejuvenation".

This conclusion is based on the analysis of various existing descriptions of CNP provided by Pollpeter et al as well as Chuwattananurak. They make it reasonable to interpret CNP as a multidimensional national power model that comprises a state's hard and soft power capabilities throughout all policy fields – inter alia the economic, social, cultural, military, scientific, and technological power status of a country – that can be used in the international arena for one's advantage. A result of these vague descriptions and definitions is that it is difficult to determine the actual CNP of a state, let alone to operationalise it.

The content of the "Space Dream" concept, another phrase prominently used in context of China's high profile space activities, bolsters this argument about space undertakings supporting CNP which then fosters the development towards the "China Dream" and "great national rejuvenation". Even though the term "Space Dream" also lacks a coherent definition, President Xi Jinping's various statements during the last years allow to connect some dots. For example, at one occasion he stated that "the development of space activities and the build up of a strong space-faring nation is our unremitting pursuit of the space dream". ① At another event he determined

① Xiaoguang Huo. Xi Jinping: Develop Space Activities Build up a Powerful Space-Faring Nation For the Realisation of the Space Dream Compose a New Glorious Chapter // http://news.xinhuanet.com/mil/2013-06/11/c_116117817.htm, 2013-06-11, [2015-06-04].

that "the space dream is an important part of the strong country dream". ① Finally, Xi reportedly claimed that "the dream of space flight […] is an important component of realizing the Chinese people's mighty dream of national rejuvenation." ②

Further analysis of selected policy documents and official statements reveals that the modernisation and advancement of China's integrated civil and military space science and technology and their related applications appear to be highly relevant measures for the enhancement of China's CNP. First, there is a focus on space technology and application development as well as manned spaceflight and deep space exploration in all three SWP. ③Second, the Chinese government's "National Medium- and Long-Term Programme for Science and Technology Development (2006 – 2020)" refers to satellite technology and manned space flights as factors that have previously improved China's CNP as well as its international status. Third, the same document dubs civil and militarily interconnected projects that have the potential to foster China's CNP as one of the selection criteria for the country's current major technological development projects. As introduced before, they now comprise, inter alia, a high resolution Earth observation system, manned space flight, and a Moon probe. ④Fourth, throughout the Chinese government's 12th Five-Year National

---

① Jingjing Deng. Xi Jinping Cordially Communicates with Shenzhou X Astronauts // http: //www.chinadaily.com.cn/dfpd/2013shenshi/2013 – 06/24/content_ 16653305.htm, 2013 – 06 – 24, [2015 – 05 – 31] .

② Kevin Pollpeter and others. China Dream, Space Dream. China's Progress in Space Technologies and Implications for the United States (Report prepared for the US – China Economic and Security Review Commission 2015) // http: //origin.www.uscc.gov/sites/default/files/Research/China% 20Dream% 20Space% 20Dream_ Report.pdf, [2015 – 05 – 12]: (n 5) 7.

③ Information Office of the State Council of the People's Republic of China. China's Space Activities: Ch. II and III, n 2. Information Office of the State Council of the People's Republic of China. China's Space Activities in 2006: Ch. III and IV, n 3. Information Office of the State Council of the People's Republic of China. China's Space Activities in 2011: n 4.

④ The State Council of the People's Republic of China : n 35, 9, 32 – 33.

Economic and Social Development Programme①, which has been active from 2011 – 2015, specific development goals concerning satellites as well as spaceflight have been promoted as important issues to support China's economic and social progress. In its Part 15, the Programme also reiterates the importance of civil-military integration. Fifth, "[...] aerospace infrastructure construction to develop satellites and related industries [...]" has become a part of China's emerging space industry policy. ② Finally, the discussion of specific technology-related statements of Xi and Chinese researchers by Pollpeter et al supports this conclusion. ③

A consequence of this focus on civil-military integration is that capabilities and results of international collaboration on civil space-related scientific and technological projects with Chinese participation might be also used for China's military development. Yet, this cannot be interpreted as that China only aims to improve its military. It has to be understood as part of China's overall development drive in all areas. Or in other words, integrated civil and military development is more of a division of labour to comprehensively and quickly strengthen China's CNP. As the next section explains, this does not warrant an immediate warning against an aggressive militarisation of space by China.

3. China's normative framework in the space sector

The question on the current official normative framework within which the Chinese government conducts its space undertakings, particularly its international cooperation, cannot be answered in a few word. The framework is made up of several

---

① The official name changed from "Plan" to "Programme" with the 11th version in 2006.

② The US-China Business Council. China's Strategic Emerging Industries: Policy, Implementation, Challenges, & Recommendations (Report by The US-China Business Council 2013) // https://www.uschina.org/sites/default/files/sei-report.pdf, [2015 – 10 – 27].

③ Kevin Pollpeter and others. China Dream, Space Dream. China's Progress in Space Technologies and Implications for the United States (Report prepared for the US-China Economic and Security Review Commission 2015) // http://origin.www.uscc.gov/sites/default/files/Research/China%20Dream%20Space%20Dream_Report.pdf, [2015 – 05 – 12]: n 5, 6 – 7.

formal and informal principles and regulations spread stretched over multiple policy documents and regulations.

3. 1 "Principles of Development"

Once again, the SWPs are the best starting point. The currently active 2011 SWP puts forward five general principles, together termed "Principles of Development", that the Chinese government officially follows in the space sector. Bearing in mind the differences between the English and Chinese version, they encompass:

(1) the pragmatic, "comprehensive, coordinated and sustainable development of [space undertakings]" based on preset planning (Principle of Scientific Development). A reason for this might be to avoid unrealistic space endeavours and long delays that could hurt China's "great national rejuvenation" and national interests.

(2) the use of its own actual capabilities as far as possible (Independent Development). Through this, China seems to attempt to uphold its independence and Self-reliance in the space sector. All the various science and technology programmes might be the evidence of it.

(3) "[the adherence] to the use of outer space for peaceful purposes, and [… the opposition to] weaponization or any arms race in outer space. The country develops and utilizes space resources in a prudent manner and takes effective measures to protect the space environment, ensuring that its space activities benefit the whole of mankind." (Peaceful Development). It might be directed towards creating and maintaining a favourable and China-friendly international atmosphere and a secure space environment while pursuing its space-related development objectives. Measures to protect the space environment by the Chinese government seem to at least incorporate measures against space debris. A set of related domestic regulations and policies has been put forward, inter alia to implement international debris mitigation guidelines. China is also a member of the Inter-Agency Space

Debris Coordination Committee. [①]

(4) the strengthening of the country's space-related independent innovation system and industrial base, including technological leap-frogging through special S&T projects (Innovative Development). By doing so, the Chinese government is presumably able to improve the nation's capabilities and to motivate its industry to undertake more complex space activities in the future by itself. Examples for special projects could be the three aforementioned space-related megaprojects. Overall, this principle appears closely related to the "Principle of Independent Development" and China's various science and technology development programmes.

(5) international cooperation in the space sector if it is "on the basis of equality and mutual benefit, peaceful utilization and common development", with a view of supporting the advancement of humanity's space undertakings (Open Development). As will explained below, it is strongly connected with a specific space-related UN declaration from 1996. In general, this fifth principle shall be in coherence with the "Principle of Independent Development" and China's opening up policy. [②]

3.2 Peaceful use of outer space

At this point, some further analysis is necessary to fully grasp the meaning of the "Principle of Peaceful Development" in the 2011 SWP. As the aforementioned civil-military integration in the development of space technology already indicates, it would be an analytical error to derive from this principle's reference to the peaceful

---

① This footnote solely refers to space debris measures. Li: n 9, 545 - 547. Information Office of the State Council of the People's Republic of China. China's Space Activities in 2011: Ch. V, n 4. Zizheng Gong. Activities of Space Debris Mitigation and Protection in China (Presentation of China Academy of Space Technology (CAST) member at Beijing Space Sustainability Conference, 13 - 14 October 2011, Beihang University, China) // http://swfound.org/media/50864/gong_ mitigationchina.pdf, [2015 - 10 - 31]. See especially slides 24 - 37 and 45 - 48.

② Information Office of the State Council of the People's Republic of China. China's Space Activities in 2011: Ch. I, n 4. Due to the variations between the English translation and the original Chinese version of the document, "space industry" had to be changed into "space activity" or "space undertaking".

use of outer space as well as the opposition to space weaponisation and any space arms race that the Chinese government has no military intentions with regard to the space sector. It can be best understood by dissecting the meaning of "peaceful" in the Chinese context and the degree of conviction behind China's opposition to space weaponisation and a space arms race.

"Peaceful" in the Chinese sense is directed towards a "non-aggressive" or "defensive" position of China in outer space. As former President Hu Jintao mentioned in his "Report to the 18th CPC National Congress", "China pursues a national defense policy that is defensive in nature. Our endeavors to strengthen national defense aim to safeguard China's sovereignty, security and territorial integrity and ensure its peaceful development."① This has again been repeated in the 2015 MWP. In there, the concept of "active defence" has been promoted. It is described as "adherence to the principles of defense, self-defense and post-emptive strike; and adherence to the stance that 'We will not attack unless we are attacked, but we will surely counterattack if attacked.'"② Besides that, China also ratified the OST that calls for the peaceful use of outer space and limits the weaponisation of outer space with its Art. IV,③ together with Russia put forward the "Treaty on the Prevention of the Placement of Weapons in Outer Space, the Threat or Use of Force Against Outer Space Objects" (PPWT) in the UN Conference on Disarmament (UNCD),④ as well as imposed the anti-belligerent "Path of Peaceful

① Hu. Ch. IX, n 25.

② The State Council Information Office of the People's Republic of China: Ch. III, n 27.

③ Art. IV OST: Outer Space Treaty: n 21.

④ China Calls for Treaty on Space Weapons // http://news.xinhuanet.com/english/china/2014-06/11/c_133400108.htm, [2015-06-23]. For the newest draft treaty version from 2014 see: Letter Dated 10 June 2014 from the Permanent Representative of the Russian Federation and the Permanent Representative of China to the Conference on Disarmament Addressed to the Acting Secretary General of the Conference Transmitting the Updated Russian and Chinese Texts of the Draft Treaty on Prevention of the Placement of Weapons in Outer Space and of the Threat or Use of Force against Outer Space Objects (PPWT) Introduced by the Russian Federation and China, CD/1985 (12.06.2014): 2-6 // http://daccess-dds-ny.un.org/doc/UNDOC/GEN/G14/050/66/PDF/G1405066.pdf? OpenElement, accessed 30 October 2015.

Development" and "Principles of Development" (to be explained later on) onto itself. As a last example, the answer of the China's Ministry of Foreign Affairs spokesperson in the aftermath of the controversial ASAT test activity of 2007 was that this event was not directed against any country, China has not rejected its opposition against space weaponisation and an outer space arms race, and informed several foreign governments, including those of the US and Japan, before the test. ① This is not to say that other countries have not perceived it and other similar activities as well as the general development of Chinese counterspace technology in a different light. ② A popular related term, which the Chinese government rejects as wrong, is the "China Threat Theory". ③

In recent time, the conviction behind the opposition to space weaponisation and any space arms race seem to have softened. As Pollpeter identifies in one of his writings, the previously strong statements for international regulations against space weaponisation by the Chinese government have been weekend since its White Paper on "China's National Defense in 2006". ④ At another occasion he argues that the Chinese government's position "[…] does not prohibit "use of force" or the "threat

① Foreign Ministry Spokesperson Liu Jianchao's Regular Press Conference on 23 January, 2007" (Embassy of the People's Republic of China in the United States of America, 24 January 2007) // http: // www. china – embassy. org/eng/fyrth/t291388. htm, accessed 23 October 2015.

② Shirley Kan. China's Anti-Satellite Weapon Test (Congressional Research Service Report for Congress: RS22652 2007) // http: //fpc. state. gov/documents/organization/84322. pdf, accessed 20 January 2015. Pollpeter and others: n 5, 15 – 18, 107 – 112. Brian Weeden. Anti-Satellite Tests in Space – The Case of China // http: //swfound. org/media/115643/china_ asat_ fact_ sheet_ may2015. pdf, 2015 – 05 – 18, [2015 – 10 – 23]. Mike Gruss. U. S. State Department: China Tested Anti-Satellite Weapon // http: // spacenews. com/41413us – state – department – china – tested – anti – satellite – weapon/, 2014 – 07 – 28, [2015 – 10 – 29]

③ Tao Zhang. China Responds to the Hype of Its Anti-Satellite Weapons (China Military Online, 26 February 2015) // http: //english. chinamil. com. cn/news – channels/china – military – news/2015 – 02/26/ content_ 6368193. htm, [2015 – 10 – 29].

④ Kevin Pollpeter. Motives and Implications Behind China's ASAT Test // China Brief, 2007, 7 (2) // http://www. jamestown. org/single/? tx_ ttnews% 5Btt_ news% 5D = 32420&no_ cache = 1, [2015 – 10 – 23].

of force" against objects in space during armed conflict.① Moreover, the newest PPWT version of 2014 does, besides some other shortcomings, not exclude ground based ASAT weapons and does not restrict the right of self-defence with space-based weapons through Art. 51 of the UN Charter.② The 2015 MWP supports this narrative, because in it the Chinese government holds that "[...] the first signs of weaponization of outer space have appeared. China has all long advocated the peaceful use of outer space, opposed the weaponization of and arms race in outer space, and taken an active part in international space cooperation. China will keep abreast of the dynamics of outer space, deal with security threats and challenges in that domain, and secure its space assets to serve its national economic and social development, and maintain outer space security."③ In other words: If other states continue with their development towards space weaponisation, China will not unilaterally drop out but participate. Learning from its experience in the 19th century, the Chinese leadership clearly does not want to fall behind perceived military developments again.

In sum, China's official "Principle of Peaceful Development" is directed towards "non-aggression" and "defence", but the government gained a more assertive notion over the last years. The official opposition against space warfare and

① Kevin Pollpeter and others. China Dream, Space Dream. China's Progress in Space Technologies and Implications for the United States (Report prepared for the US-China Economic and Security Review Commission 2015) // http://origin.www.uscc.gov/sites/default/files/Research/China%20Dream%20Space%20Dream_Report.pdf, [2015-05-12]: n 5, 19.

② Michael Listner and Rajeswari Pillai Rajagopalan. The 2014 PPWT: A New Draft but with the Same and Different Problems // http://www.thespacereview.com/article/2575/1, 2014-08-11, [2015-10-23]. See①: n 5, 19. For the draft see: "Letter Dated 10 June 2014 from the Permanent Representative of the Russian Federation and the Permanent Representative of China to the Conference on Disarmament Addressed to the Acting Secretary General of the Conference Transmitting the Updated Russian and Chinese Texts of the Draft Treaty on Prevention of the Placement of Weapons in Outer Space and of the Threat or Use of Force against Outer Space Objects (PPWT) Introduced by the Russian Federation and China, CD/1985, 2014-06-12: n 52.

③ The State Council Information Office of the People's Republic of China: Ch. IV, n 27.

a space race does not entail that China will not invest in its own counterspace capabilities and forever abandon such activities. If space weaponisation becomes reality, China will join in.

Another set of official principles that underlines the non-aggressive interpretation of the peaceful use of outer space is China's self-imposed "Path of Peaceful Development". This path has its roots in the Chinese government propagating to the outside world since the beginning of the 21st century that China's rise is peaceful, whereas the wording gradually changed from "peaceful rise" to "peaceful development". It was in 2011 that China finally published a White Paper in 2011 called "China's Peaceful Development" to explain in a more coherent manner what the world can ultimately except from a reemerging powerful Chinese nation and to reassure the other states that China has no sinister hegemonic aspiration or hidden offensive military agenda. The main element of this White Paper was that the government put forward several development principles under the term "Path of Peaceful Development" that shall officially guide China new ascent. Its definition goes as follows:

> China should develop itself through upholding world peace and contribute to world peace through its own development. It should achieve development with its own efforts and by carrying out reform and innovation; at the same time, it should open itself to the outside and learn from other countries. It should seek mutual benefit and common development with other countries in keeping with the trend of economic globalization, and it should work together with other countries to build a harmonious world of durable peace and common prosperity. This is a path of scientific,

independent, open, peaceful, cooperative and common development. ①

In the area of national legislation, there are two military-related domestic regulations in China that are particularly relevant for its peaceful international cooperation in the space sector. First, there are the "Regulations of the People's Republic of China on Administration of Arms Export" (Regulations on Arms Export). They were jointly promulgated by the State Council and the Central Military Commission (CMC) in 1997 and have undergone their last revision by the same institutions in 2002. In their Art. 4 and 13, they lay down the groundwork for a state-managed unified licensing system for arms export. Art. 5 introduces three principles to be followed in China's arms export: support the self-defence capability of the recipient country, not interfere in its internal affairs, as well as not jeopardise the peace, security and stability of the region concerned. ② Those regulations have

① Information Office of the State Council of the People's Republic of China. China's Peaceful Development: n 23. For the citation see Ch. I; Inter alia, Xi reiterates China's peaceful development path in a speech in 2014. Jinping Xi. Carry Forward the Five Principles of Peaceful Coexistence To Build a Better World Through Win-Win Cooperation // http://www.fmprc.gov.cn/mfa_eng/zxxx_662805/t1170143.shtml, 2014-07-01, [2015-07-04]. The 2015 MWP also refers to the "Path of Peaceful Development" as a continued set of principles guiding China's rise. See The State Council Information Office of the People's Republic of China: Preface, n 27. Xi Jinping Delivers Important Speech in Germany, Stressing China Will Unswervingly Adhere to the Path of Peaceful Development // http://www.fmprc.gov.cn/mfa_eng/topics_665678/xjpzxcxdsjhaqhfbfwhlfgdgblshlhgjkezzzbomzb_666590/t1143914.shtml, 2014-03-29, [2015-10-29]. Under the last link see especially: Xi Jinping said, China has set the goal for its future development, which is to realize the Chinese Dream of the great rejuvenation of the Chinese nation. There are two basic conditions that will enable China to focus on construction, namely a harmonious and stable domestic environment as well as a peaceful and stable international environment. Only by adhering to the path of peaceful development and by working with other countries to maintain world peace, can China realize its own goal and make a greater contribution to the world. Peace, development, cooperation and win-win results mark the trend of the world today. China does not subscribe to the outdated logic that a country will inevitably seek hegemony when it grows strong. Only the path of peaceful development is feasible."

② For an unofficial English translation see: Regulations of the People"s Republic of China on Administration of Arms Export // http://www.npc.gov.cn/englishnpc/Law/2007-12/14/content_1384262.htm, [2015-01-26].

been complemented by a "Military Products Export Control List" that has been drafted by the "Commission for Science, Technology and Industry for National Defence" (COSTIND) and the "People's Liberation Army General Armaments Department" (often: PLA GAD or GAD). ①The relevance of those regulations for the space sector steams from its connection with the "Regulations of the People's Republic of China on Export Control of Missiles and Missile-related Items and Technologies" (Regulations on Export Control of Missiles).

The Regulations on Export Control of Missiles have been promulgated by the State Council in 2002, together with an Annex titled "The Missiles and Missile-related Items and Technologies Export Control List". Art. 5 of those regulations states that all items under Part I of the attached export control list-encompassing "[...] missiles and other delivery systems (including ballistic missiles, cruise missiles, rockets and unmanned air vehicles) as well as their specially designed items and technologies [...]" (Annex paragraph I subparagraph 1) -and all items listed under Part II covering missile-related items and technologies that have a military purpose are automatically subject to the Regulations on Arms Export. Only the remaining missile-related items and technologies of Part II of the list are ultimately subject to the provisions of the Regulations on Export Control of Missiles. ② The motivations for drafting these "Regulations on Export Control of Missiles" are presented in their Art. 1 and 3: the safeguard of state security, the protection of

① The list has been mentioned here: Yun Zhao, "Regulation of Space Activities in the People"s Republic of China // Ram S Jakhu, ed. National Regulation of Space Activities. Springer. 2010: 264. The author of this study has not been able to retrieve an English version of the list.

② For an unofficial English translation see: Regulations of the People's Republic of China on Export Control of Missiles and Missile-Related Items and Technologies // http://www.npc.gov.cn/englishnpc/Law/2007-12/14/content_1384258.htm, [2015-01-26]. In particular circumstances, Art. 16 and 17 of the Regulations further allow for an export control of items not mentioned in the list. Annex Part I Item 1 specifies that the missiles, rockets and vehicles falling under the provisions have to be capable of "deliver [ing] at least a 500 kg payload to a range of at least 300 km [...]".

social and public interests, and the prevention of proliferation of delivery systems for weapons of mass destruction. Based on these norms, Chinese institutions cannot just enter every form of launcher and space vehicle technology cooperation.

3. 3 International cooperation

Even though norms guiding China's international space cooperation have been already included in the previous sections, there are some more that need to be additionally factored in. The full scope of the "Principle of Open Development" and its reference to the elements of equality, mutual benefit, peaceful utilisation and common development is far more complex than it seems.

Officially, there is no international cooperation without following the "Five Principles of Peaceful Coexistence", first developed in 1954. As President Xi has made it clear in a speech in honour of the 60th anniversary of those principles in 2014, they are still active and central to the government. As such, the "Principle of Open Development" cannot be thought without them. Overall, these five principles encompass "[1] mutual respect for sovereignty and territorial integrity, [2] mutual non-aggression, [3] non-interference in each other's internal affairs, [4] equality and mutual benefit, and [5] peaceful coexistence". ①

Another highly influential document is the "Declaration on International Cooperation in the Exploration and Use of Outer Space for the Benefit and in the Interest of All States, Taking into Particular Account the Needs of Developing Countries"② (SB Declaration) adopted by the UN General Assembly on 13

① Xi's Speech at "Five Principles of Peaceful Coexistence" Anniversary // http://www.china.org.cn/world/2014-07/07/content_32876905.htm, 2014-07-07, [2015-05-25]. For further information on the history of the Principles see: China's Initiation of the Five Principles of Peaceful Co-Existence // http://www.fmprc.gov.cn/mfa_eng/ziliao_665539/3602_665543/3604_665547/t18053.shtml, [2015-05-25].

② UNGA Res. 51/122, Declaration on International Cooperation in the Exploration and Use of Outer Space for the Benefit and in the Interest of All States, Taking into Particular Account the Needs of Developing Countries, 13 December 1996.

December 1996 without a vote. Based on the 2011 SWP, the Chinese government adheres to it in its international space collaborations. ① The SB Declaration gives a better indication of the character of "equality", "mutual benefit" and "common development" and names some important areas of cooperation. In sum, it holds:

Cooperative activities shall adhere to international law and, citing parts of Art. I OST, " [...] benefit and [be] in the interest of all States, irrespective of their degree of economic, social or scientific and technological development, and [...] be the province of all mankind." In any case, international cooperation should be based on effective and appropriate modes and free decisions, but contracts have to be still fair, reasonable and within the legitimate rights and interests of the contracting parties. The latter might be particularly important to China due to its history with unequal treaties in the 19th and 20th century. As the name of the declaration already states, a major element is to pay special regard to the needs of developing countries. More advanced states in the space sector " [...] should contribute to promoting and fostering international cooperation on an equitable and mutually acceptable basis [...]" with less advanced states in the field. Important objectives of international cooperation are the development of space science, technology, and applications as well as of appropriate space capabilities in the partnering countries, and the exchange of knowledge and technology under mutually acceptable conditions. Apart from that, UNCOPUOS " [...] should be strengthened [...] as a forum for the exchange of information on national and international activities in the field of international [space] cooperation [⋯]" and the states' participation in the UN

① Information Office of the State Council of the People's Republic of China. China's Space Activities in 2011: Ch. V, n 4. For an excellent analysis of the Declaration see: Stephan Hobe and others. The 1996 Declaration on International Cooperation in the Exploration and Use of Outer Space for the Benefit and in the Interest of All States, Taking into Particular Account the Needs of Developing Countries (SB Declaration) // Stephan Hobe, Bernhard Schmidt-Tedd Kai-Uwe Schrogl, eds. Cologne Commentary on Space Law, Vol. III. Carl Heymanns, 2015.

Programme on Space Applications and other international cooperations in the space sector should be improved.

An important element to consider at this point is that the Chinese government regularly refers to its country as a developing state, e. g. in its 2011 "China's Peaceful Development" White Paper. ① Putting its nation into this category and by emphasising the SB Declaration, China might try to have its needs taken under special consideration within international space cooperations. It would make an interesting and potentially useful analysis to evaluate how serious China really takes this in its actual cooperative politics. But until then, the official references to the SB Declaration and the self-description as a developing country should be heeded while assessing China's current international cooperations or proposing international collaborations with Chinese participation.

The elements of "mutual benefit" but also "equality" and "common development" as part of China's international cooperation have been further elaborated by at least two other principles.

First, President Xi has prescribed that China follows a "win-win" strategy in international relations. ② Current State Councilor and former Minister of Foreign Affairs Yang Jiechi explains its meaning in the Chinese sense in an article in Qiushi, the flagship theory magazine of the CPC, as "[...] to abandon the zero-sum mentality, accommodate the other's interests while seeking one's own, promote common development while developing oneself, and continue to deepen the pattern of shared interests."③

① Information Office of the State Council of the People's Republic of China. China's Peaceful Development: Ch. IV, n 23.

② Xi: n 60.

③ See Ch. II of Yang Jiechi's article presented in: Hui Lu. Signed Article: Innovations in China's Diplomatic Theory and Practice under New Conditions // http: //news. xinhuanet. com/english/bilingual/2013-08/16/c_ 132636034. 2013-08-16, [2015-06-04].

Second and as one of the newest related developments, an additional principle termed "正确的义利观" has been put forward. Unfortunately, there is no suitable English translation so far and this paper also fails to provide one. But an English translation offered by an officially authorised government online portal labels it "A more balanced approach to upholding principles and pursuing interests". This does not immediately reflect the full meaning behind this phrase, because a more literal translation could, for example, read "proper observance of justice and interests/profits". On the one hand, the reference to "principles" (or maybe "justice") stands for the vision to leave no partner out and to cooperate on the basis of equality. The aim has not to be on short-term but long-term perspectives, on common development, and on the rapid progress of developing countries. On the other hand, when talking about "interests" (or maybe "profits"), China officially imposed the duty onto itself to support poor countries within its own (space) capabilities, whereas this can go as far as that "[i] n some cases, [China …] even puts principles ["justice"] above interests ["profits"] and sacrifices its interests ["profits"] for principles ["justice"], instead of calculating gains."① The latter brings an internationally unique element into China's normative framework in the space sector. Because even a limited form of altruism in international politics is usually a rare thing.

Before another analysis has determined if the Chinese decision-makers really abides by those two additional principles in the space sector, the "win-win" strategy and "正确的义利观" need to be taken into consideration for the analysis of China's international space undertakings and to present sustainable proposals for

① A good summary of this "正确的义利观" principle as well as the citation can be found here: 正确的义利观 [A More Balanced Approach to Upholding Principles and Pursuing Interests] // http://www.china.org.cn/china/china_key_words/2014-11/18/content_34085512.htm, 2014-11-18, [2015-07-04]. Examples for this approach are mentioned in: Information Office of the State Council of the People's Republic of China. China's Space Activities in 2011: Ch. II, n 69.

space cooperation to the Chinese government.

3. 4 International and domestic space regulations

All of China's domestic and international space undertakings are currently bound by several civil space-related international and domestic regulations.

With regard to the scope of international space legislation, not every detail relevant for China's normative framework in the space sector needs to be featured in this paper. There already exists ample expert literature on it. ① The following shall suffice: China has to adhere to the provisions of the UN Charter and four UN space-related treaties and agreements. ② Renouncing the previous signature and ratification for the Chinese state by the Republic of China (Taiwan), the People's Republic of China acceded to the OST on 30 December 1983. Its provisions also apply to the special administrative regions Hong Kong (01. 07. 1997) and Macao (20. 12. 1999) after their return under China's sovereignty. ③ Subsequently, China acceded to the "Convention on Registration of Objects Launched into Outer Space"④ (commonly abbreviated as: Registration Convention) on 12 December 1988, and a few days later to the "Agreement on the Rescue of Astronauts, the Return of Astronauts and

① For example, see the following three excellent commentary volumes on Space Law: Stephan Hobe, Bernhard Schmidt-Tedd, Kai-Uwe Schrogl, eds. Cologne Commentary on Space Law, Vols I - III. Carl Heymanns, 2009/2013/2015.

② Juqian Li. Progressing Towards New National Space Law: Current Legal Status and Recent Developments in Chinese Space Law and Its Relevance to Pacific Rim Space Law and Activities // Journal of Space Law, 2009, (35): 439, 455, 460 - 461. A copy of all relevant documents referred to afterwards can be found in here: United Nations Office for Outer Space Affairs. United Nations Treaties and Principles On Outer Space, Related General Assembly Resolutions and Other Documents (ST/SPACE/61/Rev1) // http://www.unoosa.org/pdf/publications/ST_SPACE_061Rev01E.pdf, [2015 - 10 - 31].

③ See the English translations of the declaration attached to the instrument of accession to the OST by China and the two notes of the Chinese ambassador to the US Secretary of State, as presented here: United Nations Office for Disarmament Affairs. China: Accession to Outer Space Treaty // http://disarmament.un.org/treaties/a/outer_space/china/acc/washington, [2015 - 02 - 03].

④ Convention on Registration of Objects Launched into Outer Space (adopted 12 November 1974, opened for signature 14 January 1975, entered into force 15 September 1976) 1023 UNTS 15 (Registration Convention).

the Return of Objects Launched into Outer Space"① (Rescue and Return Agreement) as well as the "Convention on the International Liability for Damage Caused by Space Objects"② (Liability Convention), both on 19 December 1988. So far, China has not joined the "Treaty on Principles Governing the Activities of States in the Exploration and Use of Outer Space, including the Moon and Other Celestial Bodies"③ (Moon Agreement). ④ Apart from this formal agreements, China has voted for several space-related UN General Assembly resolutions. The presumably most important one for China, the SB Declaration, has been already examined. Even though they are not legally binding, they represent an international understanding on specific norms that countries, including China, should follow in their space activities. ⑤

Furthermore, Chinese entities have entered a great set of bi-and multilateral agreements with other states or international institutions concerning specific issues in the space sector. The most prominent one is maybe the "Convention of the Asia-Pacific Space Cooperation Organisation" (APSCO). Since all of those usually only concern the respective partners and due to the fact that a fully-fledged analysis of

---

① Agreement on the Rescue of Astronauts, the Return of Astronauts and the Return of Objects Launched into Outer Space (adopted 19 December 1967, opened for signature 22 April 1968, entered into force 3 December 1968) 672 UNTS 119 (Rescue Agreement).

② Convention on the International Liability for Damage Caused by Space Objects (adopted 29 November 1971, opened for signature 29 March 1972, entered into force 1 September 1972) 961 UNTS 187 (Liability Convention).

③ Agreement Governing the Activities of States on the Moon and Other Celestial Bodies (adopted 5 December 1979, opened for signature 18 December 1979, entered into force 11 July 1984) 1363 UNTS 3 (Moon Agreement).

④ For the dates mentioned here see: United Nations Office for Outer Space Affairs. Treaty Signatures // http: //www. unoosa. org/oosatdb/showTreatySignatures. do, [2015 - 03 - 23].

⑤ Li. n 72, 456. On p. 459 - 461, he also provides his view on how international regulations bind China based on its own legal system.

each of them would burst the limits of this paper, they will not be assessed here. ① Nevertheless, a researcher or decision-maker interested in a specific area of cooperation should search for the relevant agreements.

Regardless of China's long-term space programme, there neither is a reference to the space sector in the Constitution of the People's Republic of China, nor is there a coherent national Chinese space law. But within China's multi-level hierarchical order based on its Constitution and the so-called "Legislation Law of the People's Republic of China", there are two major systematic domestic regulations at the level of ministerial rules (the lowest national regulatory level) that need to be analysed as part of the general normative framework governing China's space undertakings. All the other domestic regulations with some relation to the space sector, e. g. on satellite signals or standards for aerospace products, which are spread out through several government institutions due to a historically grown administrative decree system, are too specific to be introduced here. Any researcher that needs to incorporate them in his issue-specific analysis be warned: It is an arduous task, even for Chinese academics and professionals, to collect and connect them. ②

The "Measures for the Administration of Registration of Objects Launched into Outer Space" (Measures for Registration of Space Objects) have been promulgated by COSTIND③ and the Ministry of Foreign Affairs on 8 February 2001. Based on

① Convention of the Asia-Pacific Space Cooperation Organization (APSCO) // http://www.apsco.int/apscon/apSCO - AD/imapic/201261315125947542.pdf, [2015 - 05 - 13]. Li: n 9, 550 - 552. Examples for China's bi- and multilateral space activities can be found in: information Office of the State Council of the People's Republic of China. China's Space Activities in 2011: Ch. V, n 4.

② Yongliang Qi. A Study of Aerospace Legislation of China // Journal of Space Law, 2007, (33): 405, 405 - 408. Li: n 72, 442, 444 - 446. Li: n 9, 541, 546 - 549.

③ With the abolishment of COSTIND and the transfer of most of its responsibilities and duties to the "State Administration for Science, Technology and Industry for National Defence" (SASTIND), SASTIND now takes care of the respective provisions of the rule. Li: n 72, 447. SASTIND is what he refers to in Footnote 28 as BUSTIND, which is his own translation of the Chinese term.

their Art. 3, they regulate the national registration […] of all the space objects launched in the territory of China, and the space objects jointly launched abroad by China and other States. The term "launching State" means a State which launches or procures the launching of a space object, and a State from whose territory or facility a space object is launched." In this context, these Measures fulfil a demand of the UN Registration Convention.① However, it should be noted that the Chinese space object definition in Art. 2 of those Measures does exclude sounding rockets and ballistic missiles that only cross outer space for a short period of time, thus being less restrictive as the Registration Convention.② The reason might be to allow for an easier and more flexible dual-use of space launchers, as desired by China's leadership in its official space policy.

The "Interim Measures on the Administration of Licensing the Project of Launching Civil Space Objects" (Measures on Licensing Civil Launches) promulgated by COSTIND③ on 21 November 2002 prescribe the administrative process for the licensing of civil space objects that are "[...] launch [ed ...] from the territory of China into outer space for non-military purpose, and […] launch [ed] […] from outside of the territory of China while the spacecraft is owned by, or the ownership of the spacecraft has been transferred on-orbit to, the persons, natural or juridical, or the organizations of the People's Republic of China." The motivation to do so is described in Art. 1 of those Measures as "[…] promoting the sound development of the civil space industry, maintaining national

① See the unofficial translation of "Measures for the Administration of Registration of Objects Launched into Outer Space (promulgated by Order No. 6 of the Commission of Science, Technology, and Industry for National Defense and the Ministry of Foreign Affairs of the People's Republic of China, 8 February 2001)" in Faculty of International Law of China University of Political Science and Law and National Center for Remote Sensing, Air, and Space Law at the University of Mississippi. Chinese Law: Registration, Launching and Licensing Space Objects // Journal of Space Law, 2007, (33): 437, 437 - 441.

② Li: n 72, 447 - 450.

③ Responsibilities and duties now transferred to SASTIND.

security and the public interests, and fulfilling the obligations of China as a contracting State to the international outer space conventions. "① The latter is a reference to Art. VI OST based on which a state shall authorise and supervise the space activities of its non-governmental entities. ②

4. Outlook

This paper hopes to have achieved two results by answering the questions on (1) what are the official motivations that drive the Chinese government's space undertakings during the Xi Jinping era as well as (2) what is the present official normative framework that delimits and guides the potential measures the Chinese government may be ready to take to pursue its objectives in the space sector:

First, researcher and decision-makers are now aware and more sensible about the fact that China's motivations and normative framework in the space sector are far more complex than they initially appear. A quick look into the 2011 SWP will definitely not suffice. Instead, a plethora of different policies, statements, and regulations have to be taken into account.

Second, future studies on the Chinese space sector will integrate more thorough analysis of official Chinese space policies and regulations to minimise harmful misunderstandings in the space sector and future proposals for international cooperation will try to be better adjusted to Chinese official policies and regulations to allow for their quick and straightforward implementation. It presumably would greatly enhance the number and sophistication of international space undertakings.

---

① See the unofficial English translations of "Interim Measures on the Administration of Licensing the Project of Launching Civil Space Objects (promulgated by Order No. 12 of the Commission of Science, Technology, and Industry for National Defense of the People's Republic of China, 21 November 2002, effective 21 December 2002)" in Faculty of International Law of China University of Political Science and Law and National Center for Remote Sensing, Air, and Space Law at the University of Mississippi (n 84) 442 – 457 For the citation see Art. 2 of the Interim Measures.

② Li: n 9, 552.

国际文件

第69届联合国大会决议：和平利用外层空间的国际合作

（联合国文件 A/RES/69/85）

大会，

回顾其1996年12月13日第51/122号、1999年12月6日第54/68号、2004年10月20日第59/2号、2006年12月14日第61/110和第61/111号、2007年12月17日第62/101号、2007年12月22日第62/217号、2010年12月10日第65/97号、2011年4月7日第65/271号、2011年12月9日第66/71号、2012年12月18日第67/113号、2013年12月5日第68/50号、2013年12月11日第68/74和68/75号决议，

强调使人类得以探索宇宙的空间科学技术及其应用方面的发展已取得的巨大进步，以及过去50年来在空间探索活动方面取得的卓越成就，包括加深对行星系及太阳和地球本身的认识，还强调在利用空间科学技术造福全人类和制定规范空间活动的国际法律制度方面取得的巨大进步，并确认在此方面，和平利用外层空间委员会及其附属机构在秘书处外层空间事务厅协助下，为促进空间活动方面的国际合作提供了独特的全球平台，

深信推动和扩大为和平目的探索和利用属于全人类的外层空间并继续努力使所有国家都从中受益符合人类共同利益，深信在该领域开展国际合作的重要性，联合国应继续作为这种合作的协调中心，

重申国际合作对于法治发展的重要性，包括空间法有关规范及其在推动为和平目的探索和利用外层空间方面国际合作所起的重要作用，重申必须尽

可能广泛加入各项促进和平利用外层空间的国际条约，以应对不断出现的新挑战，特别是发展中国家面临的挑战，

严重关切外层空间军备竞赛的可能性，并铭记《关于各国探索和利用包括月球和其他天体在内外层空间活动所应遵守原则的条约》[①] 第4条的重要性，

确认所有国家特别是拥有强大空间能力的国家，都应为防止外层空间军备竞赛作出积极贡献，以期推动和加强为和平目的探索和利用外层空间方面的国际合作，

深为关切空间环境的脆弱性和外层空间活动长期可持续性所面临的挑战，尤其是空间碎片的撞击，这是一个事关所有国家的问题，

注意到在和平空间探索和应用方面的发展以及在各种国家空间项目和合作空间项目方面取得的进展，并指出进一步建立法律框架以加强外空方面国际合作的重要性，

深信空间科学技术及其应用，诸如卫星通信、地球观测系统和卫星导航技术，为切实可行地长期解决可持续发展问题提供了不可或缺的工具，可更有效地帮助努力促进世界所有国家和区域的发展，为此强调指出，有必要利用空间技术的惠益促进《联合国千年宣言》[②] 的执行和监测，并为2015年后发展议程的进程作出贡献，

严重关切灾害造成毁灭性影响，[③]

希望所有国家均能更多地获得和利用天基服务和地理空间信息，促进灾害管理方面的能力建设并加强这方面的机制，尤其是在发展中国家，以期加强灾害管理和应急方面的全球一级国际协调与合作，

坚信空间科学技术及其应用在远程医疗、远程教育、灾害管理、环境保护、自然资源管理和气候监测等领域的应用，有助于实现联合国讨论经济、

① 联合国．条约汇编，610（8843）．

② 第55/2号决议．

③ “灾害”一词是指自然或技术灾害。

社会和文化发展，特别是消除贫穷所涉各方面问题的各次全球会议的目标，

深为关切传染病特别是埃博拉病毒疾病对人类生命、社会和发展的严重破坏性影响，敦促国际社会尤其是科研学术机构着手研究远程流行病学在流行病监测、防备和应对活动方面的作用，

在这方面回顾指出，2012 年 6 月 20 日至 22 日在巴西里约热内卢举行的联合国可持续发展大会确认，空间科学技术在促进可持续发展方面可发挥重大作用，①

审议了和平利用外层空间委员会第 57 届会议工作报告，

1. 核可和平利用外层空间委员会第 57 届会议工作报告；②

2. 同意委员会第 58 届会议审议其 57 届会议建议的实质性项目，③ 同时考虑到所有国家特别是发展中国家关切的问题；

3. 注意到委员会法律小组委员会第 53 届会议继续开展大会第 68/75 号决议为其规定的工作；④

4. 同意法律小组委员会第 54 届会议按照委员会的建议审议实质性项目并重新召集工作组，⑤ 同时考虑到所有国家特别是发展中国家关切的问题；

5. 敦促尚未成为外层空间利用问题国际条约⑥缔约国的国家考虑依其国内法批准或加入这些条约，并将这些条约纳入本国立法；

6. 满意地注意到外层空间事务厅完成了外空法大纲，这可鼓励各国国内的进一步研究；

---

① 第 66/288 号决议，附件：274 段.

② 大会正式记录，第 69 届会议，补编第 20 号（A/69/20）.

③ 同上：393 段。

④ 同上：第二. C 章. A/AC. 105/1067.

⑤ 大会正式记录，第 69 届会议，补编第 20 号（A/69/20）：283 段，284 段.

⑥ 关于各国探索和利用包括月球和其他天体在内外层空间活动所应遵守原则的条约 // 联合国. 条约汇编，610（8843）. 关于援救航天员，送回航天员及送回射入外空之物体之协定 // 联合国. 条约汇编，672（9574）. 外空物体所造成损害之国际责任公约 // 联合国. 条约汇编，961（13810）. 关于登记射入外层空间物体的公约 // 联合国. 条约汇编，1023（15020）. 指导各国在月球和其他天体上活动的协定 // 联合国. 条约汇编，1363（23002）.

7. 注意到委员会科学和技术小组委员会第51届会议继续开展大会第68/75号决议为其规定的工作；①

8. 同意科学和技术小组委员会第52届会议按照委员会的建议审议实质性项目并重新召集工作组，② 同时考虑到所有国家特别是发展中国家关切的问题；

9. 指出必须分享关于发现、监测和物理定性可能造成危害的近地天体的信息，以确保所有国家尤其是在预测和减缓近地天体撞击影响方面能力有限的发展中国家认识到潜在威胁，强调需要开展能力建设，以期在发生近地天体撞击事件时能有效地紧急应对和管理灾害，并在此方面回顾科学和技术小组委员会第50届会议和委员会第56届会议核可的关于对近地天体撞击威胁做出国际反应的建议；③

10. 满意地注意到将向小组委员会第52届会议报告为落实对近地天体撞击威胁做出国际反应的建议而设立国际小行星警报网和航天飞行规划咨询组的进展情况；

11. 赞赏地注意到一些国家已经通过国内机制，并按照机构间空间碎片协调委员会《空间碎片减缓指南》和大会第62/217号决议核可的和平利用外层空间委员会《空间碎片减缓准则》，④ 自愿采取减少空间碎片措施；邀请其他国家通过相关国内机制实施和平利用外层空间委员会的《空间碎片减缓准则》；

12. 认为各国必须更加关注空间物体特别是核动力源物体与空间碎片碰撞的问题及空间碎片所涉其他方面问题，呼吁各国继续研究这个问题，开发更完善技术来监测空间碎片，汇编和传播关于空间碎片的数据，并认为应尽可能向科学和技术小组委员会提供这方面的资料，还同意需要通过国际合作推

---

① 同②：第二．B章．A/AC. 105/1065.

② 同②：209段，210段．

③ 大会正式记录，第68届会议，补编第20号（A/68/20）：144段．A/AC. 105/1038：198段，附件3.

④ 大会正式记录，第62届会议，补编第20号（A/62/20）：117段，118段，附件．

广适当且负担得起的战略，以尽量减少空间碎片对未来航天飞行的影响；

13. 敦促所有国家特别是拥有强大空间能力的国家，为防止外层空间军备竞赛作出积极贡献，以此作为推动为和平目的探索和利用外层空间方面国际合作的必要条件；

14. 请委员会继续优先审议如何保持外层空间用于和平目的，并就此向大会第70届会议报告，并同意委员会在审议此事项时不妨继续考虑如何促进区域内和区域间合作，同时考虑空间技术可在执行联合国可持续发展大会各项建议方面发挥的作用；

15. 欣见委员会第57届会议一致认为，应在其题为“维持外层空间用于和平目的的方法和途径”的议程项目下，从更广的视角审议有助于确保安全而有责任地开展空间活动的空间安全保障及相关事项，审议如何以务实且无损其他政府间论坛任务规定的方式确定有可能为委员会提供新导向的有效工具；满意地注意到，据此并遵照第68/50号决议，委员会商定在2015年第58届会议上审议外层空间活动透明度和建立信任措施问题政府专家组报告①所载的建议，以确定哪些建议可在实际可行的限度内变通适用且有助于确保空间业务安全以及一般外层空间活动的长期可持续性；②

16. 确认外层空间事务厅在促进能力建设、以期利用空间科学技术及其应用造福所有国家尤其是发展中国家方面所具有的中心作用，敦促所有会员国向支助联合国和平利用外层空间方案信托基金捐款，以便加强外层空间事务厅在优先专题领域提供技术和法律咨询服务的能力；

17. 赞同空间技术应用专家向委员会提议并得到委员会核可的2015年联合国空间应用方案；③

18. 满意地注意到在联合国灾害管理与应急反应天基信息平台（联合国天基信息平台）框架内并在其区域支助办公室网络的宝贵贡献下所取得的重大

① A/68/189.

② 大会正式记录，第69届会议，补编第20号（A/69/20）：372段，373段.

③ 同上：81段. A/AC. 105/1062.

进展及为 30 多个会员国提供的咨询帮助，鼓励会员国自愿向该方案提供必要的额外资源，以确保其成功和及时地响应不断增加的支助需求；

19. 又满意地注意到全球导航卫星系统国际委员会在作为该国际委员会执行秘书处的外空事务厅支持下在实现全球和区域天基定位、导航和定时系统的兼容性和互操作性方面，以及在推广使用全球导航卫星系统和将其纳入各国特别是发展中国家基础设施方面不断取得进展，并赞赏地注意到国际委员会于 2014 年 11 月 10 日至 14 日在布拉格举行了第 9 次会议；

20. 赞赏地注意到附属于联合国的各个区域空间科学技术教育中心，即分别设在摩洛哥和尼日利亚的法语和英语非洲区域空间科技教育中心、设在印度的亚洲及太平洋空间科技教育中心、分设在巴西和墨西哥的拉丁美洲和加勒比区域空间科技教育中心以及设在约旦的西亚空间科技教育中心，在 2014 年继续落实各自的教育方案，鼓励各个区域中心继续推动妇女更多参与这些教育方案，并同意各个区域中心应继续向和平利用外层空间委员会提交活动报告；

21. 满意地注意到在北京航空航天大学新建一个亚太区域空间科技教育中心的工作取得进展；

22. 强调空间活动领域的区域内和区域间合作对于加强和平利用外层空间、协助各国发展空间能力以及推动实现《联合国千年宣言》各项目标至关重要，为此请相关区域组织及其专家组提供必要援助，以便各国落实区域会议的各项建议，并在这方面指出妇女平等参与所有科技领域的重要性；

23. 确认在这方面各类会议和其他机制在加强各国间区域和国际合作方面的重要作用，例如空间科学和技术促进可持续发展问题非洲领导人会议、亚太区域空间机构论坛、美洲空间会议以及亚太空间合作组织，这一进程不应被打断；

24. 强调有必要增进空间技术及其应用所产生的惠益，推动空间活动的有序增长，包括加强区域和国家一级的可持续空间数据基础设施及建设减轻灾害影响的抗灾能力，使其有利于所有国家特别是发展中国家的持续经济增长和可持续发展；

25. 重申应在联合国关于经济、社会和文化发展及有关领域的各个主要会议和首脑会议上促进空间技术及其应用所产生的惠益，确认在制定和实施政策和行动方案时，包括在努力实现这些会议和首脑会议的目标以及在执行《联合国千年宣言》和促进2015年后发展议程的进程时，应宣传空间科学技术及其应用对于全球、区域、国家和地区可持续发展进程的至关重要性；

26. 鼓励会员国为此而推动将相关的空间科学技术应用和天基地理空间数据使用问题纳入这些会议、首脑会议和进程；

27. 鼓励外空事务厅酌情并在现有资源范围内积极参与这些会议、首脑会议和进程，包括将于2015年举行的世界减少灾害风险大会和2015年后发展议程首脑会议；

28. 敦促外层空间活动机构间会议（联合国空间会议）在外空事务厅领导下继续研究空间科学技术及其应用如何推动《联合国千年宣言》的实施及2015年后发展议程的进程，鼓励联合国系统各实体酌情参与联合国空间会议的协调工作；

29. 注意到按照委员会第46届会议根据关于委员会及其附属机构工作方法的措施，① 就委员会及其附属机构主席团未来构成的措施达成的协议，② 亚太国家组、东欧国家组、拉丁美洲和加勒比国家组以及西欧和其他国家组已分别提名2016—2017年科学和技术小组委员会主席、委员会第一副主席、法律小组委员会主席和委员会主席职位的人选；③

30. 敦促非洲国家组在委员会下届会议前提出2016—2017年委员会第二副主席/报告员职位的人选；

31. 同意在非洲国家组提出人选后，委员会及其附属机构应在其各自的

---

① 大会正式记录，第52届会议，补编第20号（A/52/20）：附件1．大会正式记录，第58届会议，补编第20号（A/58/20）：附件2，附录3．

② 大会正式记录，第58届会议，补编第20号（A/58/20）：附件2第5－9段．

③ 大会正式记录，第69届会议，补编第20号（A/69/20）：381－382段．2014年9月15日和10月7日外空事务厅给委员会成员国的正式函件。

2016 年届会上选举为 2016—2017 年提名的主席团成员；

32. 决定卢森堡为委员会成员；①

33. 核可委员会关于给予非洲环境遥感协会常驻观察员地位的决定；②

34. 鼓励各区域组推动属于本区域组的委员会成员国积极参与委员会及其附属机构的工作。

2014 年 12 月 5 日

第 64 次全体会议

① 大会正式记录，第 69 届会议，补编第 20 号（A/69/20）：385 段.

② 同上：387 段.

第69届联合国大会决议：外层空间活动中的透明度和建立信任措施

（联合国文件 A/RES/69/38）

大会，

回顾其2005年12月8日第60/66号、2006年12月6日第61/75号、2007年12月5日第62/43号、2008年12月2日第63/68号、2009年12月2日第64/49号、2010年12月8日第65/68号、2013年12月5日第68/50号、2011年12月2日第66/517号决议，

又回顾秘书长1993年10月15日提交大会第48届会议的报告，其附件载有政府专家关于在外层空间适用建立信任措施的研究报告，①

重申所有国家有权根据国际法开发和利用外层空间，

又重申防止外层空间军备竞赛有利于维持国际和平与安全，并且是推动和加强为和平目的探索和利用外层空间方面国际合作的必要条件，

在这方面回顾其1990年12月4日第45/55B号和1993年12月16日第48/74B号决议，其中除其他外，确认增强透明度的必要性并认可建立信任措施的重要性，以此作为强化防止外层空间军备竞赛目标的手段，

注意到裁军谈判会议就这一问题开展的建设性辩论和会员国表达的意见，

又注意到中国和俄罗斯联邦在裁军谈判会议上提出了《防止在外空放置

① A/48/305. Corr. 1.

武器、对外空物体使用或威胁使用武力条约》草案,[①] 并于2014年提交了其更新版本,[②]

还注意到2004年以来，有几个国家[③]推出了不最先在外层空间放置武器的政策，

注意到欧洲联盟提交了不具法律约束力的《外空活动国际行为准则》草案，

确认和平利用外层空间委员会及其科学和技术小组委员会和法律小组委员会开展的工作，对促进外层空间活动的长期可持续性作出了重大贡献，

注意到已按照第61/75号决议第1段、第62/43号决议第2段、第63/68号决议第2段和第64/49号决议第2段向秘书长提出关于外层空间的国际透明度和建立信任措施的具体建议的会员国作出的贡献，

欣见秘书长在公平地域分配基础上召集政府专家组在2012年和2013年就外层空间的透明度和建立信任措施进行研究工作，

1. 强调秘书长转交大会于2013年12月5日审议的外层空间活动中的透明度和建立信任措施问题政府专家组报告的说明[④]至关重要；

2. 鼓励会员国继续通过相关国家机制在符合其国家利益的情况下，尽最大可能自愿审查和执行报告所载拟议透明度和建立信任措施；

3. 决定为进一步推进外层空间活动中的透明度和建立信任措施，将报告所载建议提交和平利用外层空间委员会、裁军审议委员会和裁军谈判会议酌情审议；

4. 请根据第68/50号决议向其分发外层空间的透明度和建立信任措施政府专家组报告的相关实体和组织酌情协助有效执行报告所载结论和建议；

5. 鼓励联合国系统相关实体和组织酌情就报告所载建议的相关事项进行

---

① CD/1839.

② CD/1985.

③ 阿根廷、亚美尼亚、白俄罗斯、巴西、古巴、印度尼西亚、哈萨克斯坦、吉尔吉斯斯坦、俄罗斯、斯里兰卡和塔吉克斯坦。

④ A/68/189.

协调；

6. 决定在现有资源范围内召开一次裁军和国际安全委员会（第一委员会）及特别政治和非殖民化委员会（第四委员会）联合特别会议，以应对空间安全和可持续性方面的可能挑战，并决定在大会第70届会议临时议程题为“全面彻底裁军”的项目下列入题为“第一委员会和第四委员会关于空间安全和可持续性方面的可能挑战的联合特别会议”的分项；

7. 又决定在大会第70届会议临时议程题为“全面彻底裁军”的项目下列入题为“外层空间活动中的透明度和建立信任措施”的分项。

第69届联合国大会决议：不首先在外层空间放置武器

（联合国文件 A/RES/69/32）

大会，

确认全人类在为和平用途探索和利用外层空间方面具有共同利益，

严重关切可能爆发外层空间军备竞赛，并铭记《关于各国探索与利用包括月球和其他天体在内外层空间活动的原则条约》第3条和第4条的重要性，

意识到防止外层空间的军备竞赛可使国际和平与安全避免一个严重危险，

重申应研究进一步的措施，寻求达成防止外层空间军备竞赛的协定，

强调严格遵守关于和平利用外层空间的现有法律制度至关重要，

重申适用于外层空间的法律制度本身不能保证防止外层空间的军备竞赛，而且需要巩固和加强该制度，在这方面欢迎中华人民共和国和俄罗斯联邦在2008年裁军谈判会议上提出《防止在外空放置武器、对外空物体使用或威胁使用武力条约》草案并在2014年提交更新版本，

考虑到外层空间活动中的透明度和建立信任措施是上述条约草案的重要组成部分，

回顾其以往各项决议，包括1990年12月4日第45/55B号和1993年12月16日第48/74B号决议，其中除其他外，确认透明度和建立信任措施作为有助于确保实现防止外层空间军备竞赛目标的手段至为重要，

注意到若干国家关于不首先在外层空间放置武器的政治声明的重要性，

1. 重申防止外层空间军备竞赛目标的重要性和紧迫性，并重申各国愿意

促进实现这一共同目标；

2. 重申裁军谈判会议作为唯一多边谈判论坛在酌情缔结一项或多项全面防止外层空间军备竞赛的多边协定谈判中应发挥主要作用；

3. 敦促以中华人民共和国和俄罗斯联邦在裁军谈判会议题为“防止外层空间的军备竞赛”的议程项目下提交的关于《防止在外空放置武器、对外空物体使用或威胁使用武力条约》更新草案三为基础，早日开始实质性工作；

4. 强调指出虽然尚未达成此种协定，但可采取其他措施，促进确保不在外层空间放置武器；

5. 鼓励所有国家特别是航天国家考虑是否可能酌情作出不首先在外层空间放置武器的政治承诺；

6. 决定在大会第70届会议临时议程中列入题为“不首先在外层空间放置武器”的项目。

第69届联合国大会决议：防止外层空间的军备竞赛

（联合国文件 A/RES/69/31）

大会，

确认全人类在为和平用途探索和利用外层空间方面具有共同利益，

重申所有国家的意愿，认为对外层空间包括月球和其他天体的探索和利用应为和平用途而进行，并应造福和有利于所有国家，不论其经济或科学发展程度如何，

又重申《关于各国探索与利用包括月球和其他天体在内外层空间活动的原则条约》第3条和第4条的规定，

回顾所有国家在国际关系包括在空间活动中都有义务遵守《联合国宪章》有关不使用武力或威胁使用武力的规定，

重申大会第10届特别会议《最后文件（2）》第80段，其中指出，为了防止外层空间的军备竞赛，应本着上述条约的精神，采取进一步措施，并进行适当的国际谈判，

回顾其以往关于这一问题的各项决议，并表示注意到向大会第10届特别会议和各届常会提出的提案以及向联合国各主管机关和裁军谈判会议提出的建议，

确认防止外层空间的军备竞赛可使国际和平与安全免于严重危险，

强调严格遵守与外层空间有关的包括双边协定在内的现有军备限制和裁军协定以及现有法律制度至关重要，

考虑到广泛参加适用于外层空间的法律制度有助于提高其效力，

注意到防止外层空间军备竞赛特设委员会，考虑到自1985年设立以来所作的努力，并为了设法提高工作质量，继续审查和确定与防止外层空间军备竞赛有关的各种问题、现有协定和提案以及今后的倡议，而这些工作有助于更好地了解若干问题和更明确地认识各种立场，

又注意到裁军谈判会议中原则上没有人反对重新设立特设委员会，但须重新审查裁军谈判会议1992年2月13日的决定所载任务规定，

强调在防止外层空间军备竞赛方面双边和多边努力是相辅相成的，希望这些努力能尽快产生具体成果，

深信在探索有效和可核查的双边和多边协定时应审查防止外层空间军备竞赛，包括外层空间武器化的其他措施，

强调由于外层空间的使用日增，国际社会更加需要提高透明度和提供更完备的资料，在这方面回顾其以往的各项决议，特别是1990年12月4日第45/55B号、1992年12月9日第47/51号和1993年12月16日第48/74A号决议，其中除其他外，重申建立信任措施作为有助于确保实现防止外层空间军备竞赛目标的手段至为重要，

意识到军事领域建立信任和安全措施的益处，

确认谈判缔结一项或多项防止外层空间军备竞赛的国际协定仍然是裁军谈判会议的优先任务，而有关建立信任措施的各项具体建议可以构成这种协定的组成部分，

满意地注意到在2009年、2010年、2011年、2012年、2013年和2014年裁军谈判会议上，就防止外层空间军备竞赛进行了建设性、有条理和有重点的辩论，

注意到中国和俄罗斯于2008年在裁军谈判会议介绍了《防止在外空部署武器以及防止威胁使用或使用武力攻击外空物体的条约》草案，并于2014年提交了最新版本，

表示注意到裁军谈判会议决定在其2009年会议上设立一个工作组，就与

防止外层空间军备竞赛有关的所有问题进行实质性和无限制的讨论，

1. 重申防止外层空间军备竞赛的重要性和紧迫性，而所有国家也愿意按照《关于各国探索和利用包括月球和其他天体在内外层空间活动所应遵守原则的条约》的规定为此共同目标作出贡献；

2. 再次确认如防止外层空间军备竞赛特设委员会的报告所指出的，适用于外层空间的法律制度本身不能保证防止外层空间的军备竞赛，但这一制度在防止外层空间军备竞赛方面发挥着重要作用，需要加以巩固和加强并提高其效力，同时必须严格遵守现有的双边和多边协定；

3. 强调有必要采取包括适当有效核查规定的进一步措施以防止外层空间的军备竞赛；

4. 促请所有国家特别是拥有强大航天能力的国家，对和平利用外层空间和防止外层空间军备竞赛的目标作出积极贡献，并为了维护国际和平与安全和促进国际合作，不要采取违背这一目标和现有有关条约的行动；

5. 重申作为唯一多边裁军谈判论坛的裁军谈判会议在酌情缔结一项或多项全面防止外层空间军备竞赛的多边协定的谈判中应发挥主要作用；

6. 邀请裁军谈判会议在其 2015 年会议期间尽早在题为“防止外层空间的军备竞赛”的议程项目下设立一个工作组；

7. 确认在这方面为加强和平利用外层空间的透明度、信任和安全而拟订措施的意见已日趋一致；

8. 敦促从事外层空间活动的国家以及有意从事这种活动的国家，将有关这个问题的任何双边和多边谈判的进展情况随时通知裁军谈判会议，以利会议的进行；

9. 决定将题为“防止外层空间的军备竞赛”的项目列入大会第 70 届会议临时议程。

第69届联合国大会文件：第57届和平利用外层空间委员会的报告

（联合国文件 A/69/20）

第一章　导言

1. 和平利用外层空间委员会于2014年6月11日至20日在维也纳举行了第57届会议。委员会主席团成员如下：

主席：阿瑟丁·奥塞迪克（Azzedine Oussedik，阿尔及利亚）

第一副主席：迭戈·斯泰西·莫雷诺（Diego Stacey Moreno，厄瓜多尔）

第二副主席兼报告员：萨米尔·穆罕默德·拉乌夫（Samir Mohammed Raouf，伊拉克）

一、附属机构的会议

2. 和平利用外层空间委员会科学和技术小组委员会已于2014年2月10日至21日在维也纳举行了第51届会议，由埃欧德·博斯（Elöd Both，匈牙利）担任主席。小组委员会的报告已提交委员会（A/AC. 105/1065）。

3. 和平利用外层空间委员会法律小组委员会已于2014年3月24日至4月4日在维也纳举行了第53届会议，由凯—乌韦·施罗格（Kai – Uwe Schrogl，德国）担任主席。小组委员会的报告已提交委员会（A/AC. 105/1067）。

二、通过议程

4. 委员会在开幕会议上通过了以下议程：

(1) 会议开幕；

(2) 通过议程；

(3) 选举主席团成员；

(4) 主席致辞；

(5) 一般性交换意见；

(6) 维持外层空间用于和平目的的方法和途径；

(7) 科学和技术小组委员会第51届会议的报告；

(8) 法律小组委员会第53届会议的报告；

(9) 空间与可持续发展；

(10) 空间技术的附带利益：现状审查；

(11) 空间与水；

(12) 空间与气候变化；

(13) 空间技术在联合国系统内的使用；

(14) 委员会今后的任务；

(15) 其他事项；

(16) 委员会提交大会的报告。

三、选举主席团成员

5. 委员会6月11日第675次会议选举阿瑟丁·奥塞迪克（Azzedine Oussedik，阿尔及利亚）为委员会主席，迭戈·斯泰西·莫雷诺（Diego Stacey Moreno，厄瓜多尔）为第一副主席，任期均为两年。选举萨米尔·穆罕默德·拉乌夫（Samir Mohammed Raouf，伊拉克）和马新民（中国）分别当选为2014年和2015年的第二副主席兼报告员。

6. 委员会第675次会议还对选举埃欧德·博斯（Elöd Both，匈牙利）为科学和技术小组委员会主席、凯—乌韦·施罗格（Kai - Uwe Schrogl，德国）为法律小组委员会主席予以核可，从这两个小组委员会2014年的届会起算，任期两年。

四、成员

7. 根据大会第1472 A（XIV）号、第1721 E（XVI）号、第3182（XXVIII）号、第32/196 B号、第35/16号、第49/33号、第56/51号、第57/116号、第59/116号、第62/217号、第65/97号、第66/71号和第68/75号决议以及第45/315号、第67/412号和第67/528号决定，和平利用外层空间委员会由下列76个国家组成：阿尔巴尼亚、阿尔及利亚、阿根廷、亚美尼亚、澳大利亚、奥地利、阿塞拜疆、比利时、白俄罗斯、贝宁、玻利维亚、巴西、保加利亚、布基纳法索、喀麦隆、加拿大、乍得、智利、中国、哥伦比亚、哥斯达黎加、古巴、捷克、厄瓜多尔、埃及、法国、德国、加纳、希腊、匈牙利、印度、印度尼西亚、伊朗、伊拉克、意大利、日本、约旦、哈萨克斯坦、肯尼亚、黎巴嫩、利比亚、马来西亚、墨西哥、蒙古国、摩洛哥、荷兰、尼加拉瓜、尼日尔、尼日利亚、巴基斯坦、秘鲁、菲律宾、波兰、葡萄牙、韩国、罗马尼亚、俄罗斯、沙特阿拉伯、塞内加尔、塞拉利昂、斯洛伐克、南非、西班牙、苏丹、瑞典、瑞士、叙利亚、泰国、突尼斯、土耳其、乌克兰、英国、美国、乌拉圭、委内瑞拉和越南。

五、出席情况

8. 委员会下列63个成员国派代表出席了本届会议：阿尔及利亚、阿根廷、亚美尼亚、奥地利、阿塞拜疆、白俄罗斯、比利时、玻利维亚、巴西、布基纳法索、加拿大、智利、中国、哥伦比亚、哥斯达黎加、古巴、捷克、厄瓜多尔、埃及、法国、德国、希腊、匈牙利、印度、印度尼西亚、伊朗、伊拉克、意大利、日本、约旦、哈萨克斯坦、肯尼亚、黎巴嫩、利比亚、马来西亚、墨西哥、摩洛哥、荷兰、尼加拉瓜、尼日利亚、巴基斯坦、菲律宾、波兰、葡萄牙、韩国、罗马尼亚、俄罗斯、沙特阿拉伯、斯洛伐克、南非、西班牙、苏丹、瑞士、叙利亚、泰国、突尼斯、土耳其、乌克兰、英国、美国、乌拉圭、委内瑞拉和越南。

9. 在6月11日第675次会议上，委员会决定根据请求邀请科特迪瓦、多米尼加、萨尔瓦多、以色列、卢森堡、阿曼、巴拿马和阿拉伯联合酋长国以及罗马教廷派观察员出席第57届会议并酌情在会议上发言，但有一项谅解，即这样做不影响今后提出的同样性质的请求，也不涉及委员会关于地位问题的任何决定。

10. 在这次会议上，委员会决定根据请求邀请马耳他主权军事教团派观察员出席本届会议并酌情在会议上发言，但有一项谅解，即这样做不影响今后提出的同样性质的请求，也不涉及委员会关于地位问题的任何决定。

11. 在这次会议上，委员会还决定根据请求邀请欧盟派观察员出席本届会议并酌情在会议上发言，但有一项谅解，即这样做不影响今后提出的同样性质的请求，也不涉及委员会关于地位问题的任何决定。

12. 亚洲及太平洋经济社会委员会、西亚经济社会委员会、秘书处（维也纳）裁军事务办事处和国际电信联盟分别派观察员出席了本届会议。

13. 在委员会享有常驻观察员地位的下列政府间组织派观察员出席了本届会议：亚洲太平洋空间合作组织、欧洲南半球天文研究组织、欧洲空间局、欧洲通信卫星组织、伊斯兰空间科学和技术网络、国际空间通信组织和北非国家遥感区域中心。

14. 在委员会享有常驻观察员地位的下列非政府组织也派观察员出席了本届会议：空间探索者协会、欧洲国际空间年组织、欧洲空间政策研究所、国际宇航科学院、国际宇航联合会、国际空间法学会、国际摄影测量和遥感学会、苏丹本·阿卜杜勒·阿齐兹王储国际水奖机构、世界安全基金会、空间新一代咨询理事会、世界空间周协会。

15. 在第675次会议上，委员会决定根据请求邀请非洲环境遥感协会派观察员出席第57届会议并酌情在会议上发言，但有一项谅解，即这样做不影响今后提出的同样性质的请求，也不涉及委员会关于地位问题的任何决定。

16. 出席会议的委员会成员国、非委员会成员国、联合国实体和其他组织的代表名单载于 A/AC. 105/2014/INF/1 号文件。

六、一般性发言

17. 在一般性交换意见期间，委员会下列成员国代表作了发言：阿尔及利亚、阿根廷、奥地利、巴西、加拿大、智利、中国、哥伦比亚、古巴、厄瓜多尔、法国、德国、印度、印度尼西亚、伊朗、伊拉克、意大利、日本、哈萨克斯坦、肯尼亚、马来西亚、巴基斯坦、波兰、葡萄牙、韩国、罗马尼亚、俄罗斯、沙特阿拉伯、南非、叙利亚、泰国、突尼斯、乌克兰、美国和委内瑞拉。摩洛哥代表（代表非洲国家组）和尼加拉瓜代表（代表拉丁美洲和加勒比国家组）发言，希腊代表和欧盟观察员一道代表欧盟发言。卢森堡的观察员也作了发言。非洲环境遥感协会、亚洲太平洋空间合作组织、北非国家遥感区域中心、国际宇航科学院、国际宇航联合会、伊斯兰空间科学和技术网络、欧空局、欧洲通信卫星组织、空间新一代咨询理事会、世界安全基金会、世界空间周协会的观察员也作了发言。

18. 在第 675 次会议上主席发言，他重点介绍了委员会及其小组委员会作为一个全球性独有平台在增进努力加强空间工具促进可持续发展以迎接人类面临的挑战方面所发挥的作用。他强调，需要加强空间活动领域和能力建设方面的区域合作和区域间合作，并需要确保委员会同参与 2015 年后发展议程和制定可持续发展目标的其他政府间机构更密切地协调。他还提请注意空间科学和技术促进可持续发展非洲领导人会议在建立区域合作框架方面发挥的作用，该框架促进非洲各国所掌握的人力和物质资源的交互作用，以解决这些国家对空间工具的各种使用方法适当与否的关切，并应对在非洲经济、社会和文化发展方面的共同挑战。

19. 在第 675 次会议上秘书处外层空间事务厅主任发言，她回顾了外层空间事务厅上一年开展的工作，包括外联活动以及与联合国各实体、国际政府间组织和非政府组织的合作与协调。她还重点介绍了外层空间事务厅目前的财政状况，并强调，要圆满执行外层空间事务厅的工作方案，必须具备财务资源和其他资源。她解释说，由于全世界正在针对2015年后形成新的可持续发展目标并制定全球发展议程，可凭借这一独一无二的机会，在全球范围动员支助和承诺，以加强天基技术和信息在促进实现2015年后发展议程各项目标和指标方面的作用。

20. 在第678次会议上，委员会邀请联合国毒品和犯罪问题办公室执行主任兼联合国维也纳办事处总干事尤里·费多托夫讲话。他强调说，随着全球社会迈向2015年发展议程，这正是将和平利用外层空间的整体治理纳入国际社会的可持续发展全球承诺的好时候。他还强调，越来越多地需要确保将空间数据基础设施视为实现各项发展目标的一种手段。

21. 委员会欢迎阿瑟丁·奥塞迪克（Azzedine Oussedik，阿尔及利亚）当选为主席，迭戈·斯泰西·莫雷诺（Diego Stacey Moreno，厄瓜多尔）当选为第一副主席，萨米尔·穆罕默德·拉乌夫（Samir S. Mohammed Raouf，伊拉克）和马新民（中国）分别当选为2014年和2015年期间委员会第二副主席兼报告员。

22. 委员会对离任的主席靖崛川（Yasushi Horikawa，日本）、第一副主席菲利佩·杜阿尔特·桑托斯（Filipe Duarte Santos，葡萄牙）、第二副主席兼报告员彼特·沃兰斯基（Piotr Wolanski，波兰）在任期间的出色工作和成绩表示感谢。

23. 委员会欢迎西蒙内塔·皮颇（Simonetta Di Pippo）担任外层空间事务厅主任。

24. 委员会赞赏并感谢外层空间事务厅前任主任马兹兰·奥斯曼（Mazlan Othman）对委员会工作的奉献。

25. 委员会欢迎白俄罗斯和加纳成为和平利用外层空间委员会的新成员，并欢迎伊斯兰空间科学和技术网络成为委员会新的常驻观察员。

26. 委员会祝贺美国“阿波罗－11”号飞行任务45周年，在这次任务中，人类首次登上月球。

27. 委员会还纪念欧洲空间合作50周年。

28. 委员会赞赏地注意到，意大利代表团组办了题为“意大利与空间：载人航天飞行活动在促进地球可持续发展方面的前景、机会和惠益”的特别讨论小组，由乔吉·波西菲克（Giorgio Pacifici，意大利）主持。讨论小组成员有：菲利普·福米卡大使（Filippo Formica，意大利）、西蒙内塔·皮颇（Simonetta Di Pippo，外层空间事务厅主任），以及意大利航天员萨曼莎·克里斯托弗雷蒂（Samantha Cristoforetti，欧空局）和卢卡·帕尔米塔偌（Luca Parmitano，欧空局）。卢卡·帕尔米塔偌是在美国休斯顿通过卫星视频参加讨论的。

29. 委员会赞赏地欢迎委员会本届会议期间在维也纳国际中心举办的展览。阿尔及利亚和南非在6月11日至20日联合主办展览介绍各自国家的空间活动。俄罗斯联邦在6月11日至20日举办了关于全球轨道导航卫星系统（格罗纳斯）的展览。

30. 委员会还欣见波兰捐赠的BRITE星座中的Lem卫星模型和哥白尼画像，以及中国捐赠的实物大小的“玉兔”月球车模型，这些展品将陈列在维也纳国际中心的联合国外层空间事务厅常设展区。此外，委员会还欣见中国在展示“玉兔”月球车模型的同时举办的探月工程展览。

31. 委员会听取了下列专题介绍：

（1）“泰国和东南亚国家联盟（东盟）空间工业业务的未来”，由泰国代表介绍；

（2）“卢森堡的空间活动和规范框架：与申请加入和平利用外层空间委员会有关的概要介绍”，由卢森堡代表介绍；

（3）“中国的空间政策、法规和国际合作”，由中国代表介绍；

（4）“中国空间站与国际合作”，由中国代表介绍；

（5）“载人航天飞行的未来：纪念阿波罗号并展望火星”，由美国代表介绍；

（6）“对国际空间站的‘日本式’贡献”，由日本代表介绍；

（7）“两期中美洲自然灾害预防和反应能力建设讲习班的成果”，由世界安全基金会观察员介绍；

（8）“2014 年空间新一代联合论坛：报告和重点活动”，由空间新一代咨询理事会观察员介绍。

32. 委员会赞赏地注意到，2013 年 9 月 23 日至 27 日在北京举行的第 64 届国际宇航联大会圆满结束。委员会满意地注意到，第 65 届大会将由加拿大航空和空间学会主办，于 2014 年 9 月 29 日至 10 月 3 日在多伦多举行。

33. 委员会满意地注意到，国际空间探索论坛已于 2014 年 1 月在华盛顿举行，由美国与国际宇航科学院合作主办，许多国家出席了这次论坛。

七、通过委员会报告

34. 委员会审议了各议程项目后，在 2014 年 6 月 20 日第 689 次会议上通过了提交大会的报告，其中载有下述建议和决定。

第二章　建议和决定

一、维持外层空间用于和平目的的方法和途径

35. 根据大会第 68/75 号决议第 21 段，委员会继续作为优先事项审议维持外层空间用于和平目的的方法和途径，包括审议增进区域合作和区域间合作的途径，以及空间技术在执行 2012 年 6 月 20 日至 22 日在巴西里约热内卢举行的联合国可持续发展大会各项建议方面可能发挥的作用。

36. 智利、埃及、意大利、印度尼西亚、日本、墨西哥、巴基斯坦、韩国、俄罗斯、美国和委内瑞拉的代表在该项目下发言。在一般性交换意见期间，其他成员国、摩洛哥代表（代表非洲国家组）以及尼加拉瓜代表（代表拉丁美洲和加勒比国家组）也都就该项目发言。

37. 委员会听取了在该项目下所作的下列专题介绍：

（1）“2014 年空间安全指数”，由加拿大代表介绍；

（2）“亚洲太平洋区域空间机构论坛未来十年在亚洲太平洋区域的活动”，由日本代表介绍；

（3）“欧洲空间合作五十年”，由欧空局观察员介绍。

38. 一些代表团强调了以下原则：所有国家，无论其科学、技术和经济发展水平如何，均可平等而不受歧视地进入外层空间，条件均等；不通过主权要求、使用、占领或任何其他手段，将外层空间包括月球和其他天体据为己有；不将外层空间军事化，仅为在地球上改善生活条件和增进和平利用外层空间；开展区域合作以促进大会和其他国际论坛所确定的空间活动。

39. 一些代表团认为，为进一步实现推动和平利用外层空间的目的，应当坚持《关于各国探索和利用包括月球和其他天体在内外层空间活动所应遵守原则的条约》第 4 条所体现的原则。

40. 有意见认为，关于必须维持外层空间用于和平目的，委员会应当发挥关键作用，传播关于和平利用外层空间的信息，促进和平利用外层空间，在巩固和完善可确保完全为和平目的不歧视地利用外层空间的道德原则和法律文书方面继续作出贡献。

41. 一些代表团认为，有必要通过制定和实施透明度措施和建立信任措施，确保增进外层空间的安全。

42. 有意见认为，委员会在这一优先议程项目下的工作潜力得不到信任是自己造成的，委员会的工作应当不仅仅止于不断重申忠于外层空间的和平。

43. 有意见认为，委员会应当着手审议在假设情形下按照《联合国宪章》行使适用于外层空间的自卫权利的法律依据和方式；应当联系外层空间活动对《联合国宪章》第 2 条和第 51 条进行透彻分析和解释，因为外层空间活动的维持安全制度很复杂，而且可能存在利益冲突，导致产生极端的局面；这一工作在逻辑上涉及负责任地开展空间活动，将有助于各国达成谅解和结成伙伴关系，建立和维持一个适应性很强的规范制度，适当减轻或避免可能造成外层空间冲突的情形和问题。

44. 有意见认为，如果科学和技术小组委员会按照确保外层空间活动长期可持续性的概念和准则达成了空间运作安全方面的安排，应当借此确立一些条件，使务实的条例占主要地位。在这方面，还有意见认为，对外层空间自卫权的所有方面进行审议，将有助于各国对外层空间安全的当前现实以及这一领域未来发展的源头、性质和前景的认识和理解达到更高的水平。

45. 有意见认为，在处理该议程项目下的事项时，委员会应当采取循序渐进的办法，从审议争议较小的技术问题着手，而不是一开始就审议长期存在的政治性过强的问题，如外层空间裁军。

46. 一些代表团认为，外层空间方面的现行法律制度不足以防范在外层空间部署武器或处理与空间环境有关的问题，必须进一步制定国际空间法，以保持外层空间用于和平目的。这些代表团认为，为了确保和平利用外层空间并防止外层空间军事化，有必要制定具有约束力的国际法律文书。

47. 有意见认为，具有法律约束力的预防外层空间军备竞赛条约的制定工作不应妨碍正在进行的关于外层空间活动国际行为规范的讨论。

48. 有意见认为，为了保持空间活动的和平性质并防止在外层空间部署武器，委员会必须加强与联合国系统其他机构和机制（如大会第一委员会和裁军谈判会议）之间的合作与协调。

49. 有意见认为，委员会完全是为了推动和平利用外层空间方面的国际合作而成立的，裁军问题在其他论坛（例如大会第一委员会和裁军谈判会议）处理更为适合。表达上述意见的代表团还认为，委员会不必对在外层空间部署武器的问题采取任何行动，而且并不缺乏可以讨论裁军问题的适当的多边机制。

50. 委员会满意地注意到大会通过了 2013 年 12 月 5 日第 68/50 号决议，以及外层空间活动透明度和建立信任措施政府专家组报告（A/68/189）。

51. 委员会注意到，大会在第 68/50 号决议中鼓励联合国系统相关实体和组织酌情就政府专家组报告所载建议的相关事项进行协调。

52. 委员会注意到，中国和俄罗斯联邦已于 2014 年 6 月 10 日向裁军谈判会议提交了《防止在外空放置武器、对外空物体使用或威胁使用武力条约》的最新草案。

53. 有意见认为，裁军谈判会议的工作应当得到委员会的全力支助。

54. 一些代表团向委员会通报了继续制定外空活动国际行为准则的工作，这些代表团表示，该项工作是以公开、透明而包容广泛的方式进行的，因而使所有感兴趣的会员国有机会参与这一进程并交流意见。这些代表团还告知委员会，已于2014年5月27日和28日在卢森堡举行了第三次不限成员名额的磋商。

55. 一些代表团认为，关于外空活动国际行为准则的磋商应在联合国框架内进行。

56. 一些代表团认为，在国际空间法律和政策领域的新举措不应损害现行法律制度所依据的基本原则，而应丰富和进一步改进这些原则。

57. 一些代表团认为，维持外层空间用于和平目的的最佳方法是加强国际合作，特别是在空间资产的安全和保障方面。

58. 一些代表团认为，委员会在推进空间合作方面发挥了突出的作用，为各国交流信息提供了一个不可多得的论坛，按照委员会的任务授权，有很多切实的机会加强国际合作。

59. 委员会一致认为，委员会通过在科学、技术和法律等领域的工作，通过促进国际对话并促进交流与外层空间探索和利用有关的各种议题方面的信息，对于增进透明度和在各国之间建立信任以及确保维持外层空间用于和平目的，都发挥着极其重要的作用。

60. 委员会强调指出，在空间活动领域进行国际、区域内和区域间的合作与协调，对于加强外层空间的和平利用以及协助各国发展空间能力，都是至关重要的。

61. 委员会赞赏地注意到在国际、区域和区域间各级由多种行动方进行的许多国际合作努力的持续发展情况，这些行动方包括国家、国际政府间组织和非政府组织。

62. 小组委员会赞赏地注意到，由加纳政府主办的第五届空间科学和技术促进可持续发展非洲领导人会议已于2013年12月3日至5日在阿克拉举行，并注意到这次会议的各种成果。委员会还赞赏地注意到外层空间事务厅对组办这次会议所提供的支助和作出的贡献。

63. 委员会回顾2010年11月15日至19日在墨西哥帕丘卡举行的第六次美洲空间会议通过的《帕丘卡宣言》，这次会议制定了未来近期的区域空间政策，除其他外还设立了一个空间专家咨询小组。委员会注意到，第六次美洲空间会议临时秘书处正在继续执行《帕丘卡宣言》。

64. 委员会满意地注意到，2013年12月3日至6日在河内举行了亚洲太平洋区域空间机构论坛第20届会议，其主题为“源自空间的价值：亚洲太平洋二十年的经验”。委员会还注意到，该论坛第21届会议将于2014年12月2日至5日在东京举行。

65. 小组委员会满意地注意到，亚太空间合作组织理事会第七次会议于2013年7月5日在北京举行，会上核准了许多新项目，审议了早先核准的各项目的进展情况，并商定于2014年举行下一次会议。

66. 委员会注意到双边和多边协定在促进实现共同的空间探索目标以及推动合作性和互补性的空间探索任务方面发挥的重要作用。

67. 委员会建议，2015年第58届会议应当继续优先审议关于维持外层空间用于和平目的的方法和途径的项目。

二、科学和技术小组委员会第51届会议报告

68. 委员会赞赏地注意到科学和技术小组委员会第51届会议的报告（A/AC. 105/1065），其中载有小组委员会根据大会第68/75号决议对议程项目进行审议的结果。

69. 委员会对埃欧德·博斯（Elöd Both，匈牙利）在小组委员会第51届会议期间的出色领导表示赞赏。

70. 奥地利、巴西、加拿大、中国、捷克、德国、意大利、日本、巴基斯

坦、韩国、俄罗斯、美国和委内瑞拉的代表在该项目下发言。智利代表也代表拉丁美洲和加勒比国家组发言。在一般性交换意见期间，其他成员国也就该项目发言。

71. 委员会听取了下列专题介绍：

（1）“OPS - SAT：欧洲空间局的先进超小型卫星飞行任务”，由奥地利代表介绍；

（2）“中国的月球探测工程”，由中国代表介绍；

（3）“智利卫星 Fasat - C 对智利发展的贡献”，由智利代表介绍；

（4）“德国航空航天中心对全球挑战的贡献，侧重于人道主义方面的应用”，由德国代表介绍；

（5）“作为现代多学科数据中心向在空间科学领域经验丰富国家和新兴国家提供支助的意大利空间局科学数据中心”，由意大利代表介绍；

（6）“通过高级对地观测卫星 2 号（大地 - 2 号卫星，ALOS - 2）进行全球监测的新时代”，由日本代表介绍；

（7）“韩国的空间危害防备计划”，由韩国代表介绍。

（一）联合国空间应用方案

1. 联合国空间应用方案的活动

72. 委员会注意到小组委员会在“联合国空间应用方案”这一项目下进行的讨论，讨论情况见小组委员会报告（A/AC. 105/1065：33 - 56 段）。

73. 委员会注意到，该方案的优先领域有：①环境监测；②自然资源管理；③用于远程教育和远程医疗应用的卫星通信；④降低灾害风险；⑤对全球导航卫星系统的利用；⑥基础空间科学举措；⑦空间法；⑧气候变化；⑨基础空间技术举措；⑩载人航天技术举措。

74. 委员会注意到该方案在 2013 年开展的活动，见小组委员会报告（A/AC. 105/1065：40 - 45 段）和空间应用专家报告（A/AC. 105/1062：附件 1）。

75. 委员会对外层空间事务厅开展该方案各项活动的方式表示赞赏。委员会还对赞助这些活动的政府以及政府间组织和非政府组织表示感谢。

76. 委员会满意地注意到，如小组委员会报告（A/AC. 105/1065：46 段）所述，2014 年方案活动的执行工作正在取得进一步进展。

77. 委员会还满意地注意到，外层空间事务厅正在帮助发展中国家和转型期经济体国家参加在该方案下开展的活动并从中受益。

78. 委员会关切地注意到执行方案可动用的财政资源有限，呼吁各国和各组织继续通过自愿捐款为方案提供支助。

79. 委员会注意到会议室文件《基础空间技术举措：2013—2014 年活动与 2015 年及其后的计划》(A/AC. 105/2014/CRP. 6) 和《载人航天技术举措：2011—2013 年的活动与 2014 年及其后的计划》(A/AC. 105/2013/CRP. 16)。

A. 联合国空间应用方案的会议、培训班和讲习班

80. 委员会核可计划在 2014 年余下时间内举办的讲习班、培训班、专题讨论会和专家会议，并感谢奥地利、加拿大、中国、厄瓜多尔、墨西哥、摩洛哥以及意大利里雅斯特的阿卜杜勒·萨拉姆理论物理国际中心、亚太空间合作组织、宇航联合会和全球导航卫星系统国际委员会（导航卫星委员会）共同发起和主办了这些活动（A/AC. 105/1062：附件 2）。委员会注意到，联合国—俄罗斯联邦全球导航卫星系统应用讲习班改在 2014 年 5 月至 2015 年 5 月举办。

81. 委员会核可拟在 2015 年为发展中国家举办的有关以下方面的讲习班、培训班、专题讨论会和专家会议的活动安排：环境监测、自然资源管理、全球健康、全球导航卫星系统、基础空间科学、基础空间技术、气候变化、载人航天技术和空间活动的社会经济惠益。

B. 深入培训的长期研究金名额

82. 委员会感谢意大利政府通过都灵理工大学和马里奥·博埃拉（Mario Boella）高级研究院并与加利莱奥·费拉里斯国家机电研究所协作，继续为全球导航卫星系统和相关应用领域的研究生学习提供研究金。

83. 委员会感谢日本政府通过九州技术研究所根据联合国—日本超小型卫星技术长期研究金方案而继续提供 4 个博士学位和 2 个硕士学位的研究金。

84. 委员会感谢德国政府与应用空间技术和微重力中心及德国航空航天中心合作推出了一个新的研究方案，让一个研究小组有机会在德国不来梅落塔自行开展微重力实验。

85. 委员会赞赏地注意到，作为该方案载人航天技术举措的一部分，已经成功启动了零重力仪器项目。该项目特别有助于在发展中国家开展微重力教育和研究方面的能力建设。

86. 委员会指出，应当通过长期研究金给在空间科技、应用及法律的所有领域开展深入教育提供更多机会，并促请各会员国在本国相关院所提供这类机会。

C. **技术咨询服务**

87. 委员会赞赏地注意到，如空间应用专家报告（A/AC. 105/1062：38－46 段）所述，在联合国空间应用方案下为支持促进空间应用区域合作的活动和项目提供了技术咨询服务。

D. 联合国附属各区域空间科学和技术教育中心

88. 委员会满意地注意到，联合国空间应用方案继续重视、促进和鼓励在区域和全球各级与会员国开展合作以支持联合国附属各区域空间科学和技术教育中心。空间应用专家报告（A/AC. 105/1062：附件 3）列出了 2012—2014 年该方案支助的各区域中心的主要活动。

89. 委员会注意到，在委员会本届会议的间隙，联合国附属各区域空间科学和技术教育中心的董事于 2014 年 6 月 13 日举行了一次会议。委员会注意到，在这次会议上董事们商定将加强各区域中心之间以及各区域中心和空间应用方案之间的沟通。委员会还注意到，各区域中心欢迎新近拟订的关于全球导航卫星系统和空间法的教程，并且表示很有兴趣协助拟订与基础空间技术有关的新教程。

90. 委员会赞赏地注意到，联合国附属各区域空间科学和技术教育中心的东道国遵照其作为东道国所持义务，正继续为这些中心提供财政和实物支助。

91. 委员会关切地注意到，有些区域中心所可动用的财政资源有限，呼吁这些中心所在区域的会员国和组织通过财政和实物捐助支持这些中心的活动。

92. 委员会欣见在北京航空航天大学新建一个区域空间科学和技术教育中心的工作取得了进展，此前于2013年9月在外层空间事务厅协助下对北京航空航天大学进行的评价考察得出了积极的结论。

2. 国际搜索和救援卫星系统

93. 委员会满意地注意到，国际搜索和救援卫星系统（搜救卫星系统）现有41个成员国和2个组织参与，还有一些国家和组织表示有兴趣与该方案建立联系。委员会赞赏地注意到，目前已经可以通过空间段和地面段提供覆盖全球的紧急信标，空间段由加拿大、法国、印度、俄罗斯和美国及欧洲气象卫星应用组织提供的6颗极轨道卫星和6颗对地静止卫星构成，地面段则由另外26个国家联合贡献而成。委员会还注意到，国际搜救卫星系统自1982年投入运行以来，已在10400次搜救活动中帮助营救了至少37000人，2013年，该系统发出的预警数据在世界各地的741次搜救活动中帮助拯救了1900人的生命。

94. 委员会还注意到，仍在继续探索使用中地轨道卫星以期改进由卫星辅助的国际搜救行动。委员会欣见对全球定位系统卫星进行测试以提高信标利用中地轨道卫星的能力。

95. 委员会进一步指出，美国协同其他国家使用全球定位系统和由合作国家运营的类似系统，于2013年1月启动了中地轨道搜索和救援系统开发和评价阶段的工作。开发和评价阶段的工作将帮助确定该系统作业准备状态的特点，如果符合事先界定的标准，则将允许新的中地轨道搜救（MEOSAR）系统投入运行。

（二）在联合国可持续发展大会和2015年后发展议程背景下以空间技术促进社会经济发展

96. 委员会注意到小组委员会在“在联合国可持续发展大会和2015年后发展议程背景下以空间技术促进社会经济发展”这一项目下进行的讨论，讨论情况见小组委员会报告（A/AC.105/1065：57－67段）。

97. 委员会核可小组委员会及其全体工作组就该议程项目提出的建议和作出的决定（A/AC. 105/1065：67 段，附件 1 第 3－6 段）。

98. 委员会回顾，大会第 68/75 号决议重申，应当继续特别是提请联合国促进经济、社会和文化发展及有关领域各次主要会议和首脑会议注意空间技术及其应用的惠益，并且应当推动利用空间技术以努力实现这些会议和首脑会议的各项目标，包括执行《联合国千年宣言》和为 2015 年后发展议程进程作出贡献。

99. 委员会认识到空间科学和技术及其在远程保健和远程流行病学上的应用所发挥的有效作用，核可科学和技术小组委员会第 51 届会议关于建立一个空间与全球健康专项专家组以审议将空间技术用于公共健康相关问题的建议（A/AC. 105/1065：附件 1 第 6 段）。委员会商定，该小组应当在加拿大领导下，向小组委员会全体工作组介绍其工作方法和工作方案，包括具体的时间表，供其在小组委员会 2015 年下一届会议审议。委员会注意到，专家组将由加拿大公共卫生署的帕斯卡尔·米歇尔（Pascal Michel）博士牵头，该专项专家组将不需要秘书处提供任何服务。

100. 委员会就此注意到，联合国—宇航联合会关于空间技术的社会经济惠益的讲习班将于 2014 年 9 月 26 日至 28 日在加拿大多伦多举行，该期讲习班将以全球健康和海事应用为重点。

（三）关于用卫星遥感地球的事项，包括对发展中国家的应用和对地球环境的监测

101. 委员会注意到小组委员会在“关于用卫星遥感地球的事项，包括对发展中国家的应用和对地球环境的监测”这一项目下进行的讨论，讨论情况见小组委员会报告（A/AC. 105/1065：68－80 段）。

102. 在讨论中，各代表团审查了关于遥感的国别方案和合作方案。会上举例说明了力求特别在以下领域促进社会经济发展和可持续发展的国别、双边、区域和国际方案：农业和渔业；气候变化监测；灾害管理；水文学和干旱监测；生态系统和自然资源管理；空气和水质量监测；对生物多样性资源、

沿海地区、土地使用、荒地和湿地的测绘；冰层覆盖层监测；海洋学；农村发展与城市规划；安全和公共健康。

103. 委员会注意到各区域组织和举措在促进利用遥感技术方面的区域合作中发挥的重要作用，其中包括：亚太空间机构区域论坛及其亚洲哨兵项目和空间应用改善环境方案。

104. 委员会注意到持续发射地球观测卫星的次数和利用此类卫星进行的创新研究以及可用于开发全球性综合地球系统高级模型的数据。

105. 委员会满意地注意到，有越来越多的发展中国家在积极发展和部署自己的遥感卫星系统，并利用天基数据推进社会经济发展，委员会强调需要继续增强发展中国家利用遥感技术的能力。

（四）空间碎片

106. 委员会注意到小组委员会在“空间碎片”这一项目下进行的讨论，讨论情况见小组委员会报告（A/AC. 105/1065：81－104段）。

107. 委员会核可了小组委员会关于该项目的决定和建议（A/AC. 105/1065：86段，101－104段）。

108. 委员会赞赏地注意到，一些国家已经在按照委员会的《空间碎片减缓准则》和（或）机构间空间碎片协调委员会（空间碎片协委会）的《空间碎片减缓指南》实施空间碎片减缓措施，还有一些国家已经根据这些准则制定了本国的空间碎片减缓标准。委员会还注意到，其他一些国家正在将空间碎片协委会的指南和《欧洲空间碎片减缓行为准则》用作本国空间活动监管框架的参照基准。委员会进一步注意到，其他一些国家已在欧空局的空间态势认知方案框架内合作处理空间碎片问题。

109. 委员会促请尚未考虑自愿实施委员会《空间碎片减缓准则》和（或）空间碎片协委会《空间碎片减缓指南》的国家考虑自愿实施。

110. 委员会注意到，加拿大、捷克和德国拟订的各国和各国际组织采纳的空间碎片减缓标准汇编将有助于丰富关于空间碎片减缓标准和该领域监管框架的知识。

111. 委员会注意到欧盟建立了支持空间监视和跟踪资产联网及其运行的空间监视和跟踪支助框架。

112. 委员会满意地注意到，各国为减轻空间碎片的影响而着力开展研究。

113. 一些代表团认为，应当加强国家努力和国际努力以减少空间碎片的产生和增加。

114. 一些代表团认为，应当以不妨碍发展中国家发展空间能力的方式处理空间碎片问题。

115. 一些代表团吁请小组委员会继续通盘审议空间碎片减缓问题，特别是更多关注在外层空间携带核动力源的平台所造成的碎片问题、空间物体与空间碎片及其衍生物的碰撞、如何改进空间碎片监测技术和协作网络。

116. 一些代表团认为，科学和技术小组委员会及法律小组委员会应当合作制订与空间碎片有关的具有法律约束力的规则。

117. 一些代表团认为，减缓空间碎片和限制空间碎片的产生应当列入小组委员会工作的优先事项。

118. 一些代表团认为，会员国就以下方面交流信息不无益处：减少空间碎片的产生和增加并减缓其影响的措施，空间物体数据的收集、共享和传播以及再入大气层的通知。

119. 一些代表团认为，在减缓空间碎片方面，需要处理与信息和沟通有关的以下问题：确立关于信息交流的共同国际惯例及单一的空间碎片减缓中心；拟订得到普遍公认的关于所有已知空间物体的国际数据库和得到普遍接受的碰撞风险计算标准；加强发射实体和空间碎片监测实体在发射阶段的合作。

120. 一些代表团认为，各国特别是对空间碎片情况负有主要责任的国家以及有能力采取减缓空间碎片行动的国家，应当广泛宣传为减少空间碎片的生成而采取的行动。

121. 有意见认为，各国特别是对空间碎片情况负有主要责任的国家应当通过提供交会评估风险分析和空间态势感知系统，协助新近具有空间能力的国家执行空间碎片减缓准则或标准。

122. 有意见认为，各国特别是对空间碎片情况负有主要责任的国家应当向发展中国家提供帮助，给予科学和技术支持，包括以合理费用转让相关技术。

123. 有意见认为，应当对委员会《空间碎片减缓准则》加以完善，以消除其内容中存在的可能会让国家延续其致使空间碎片生成做法的任何歧义。

124. 有意见认为，拥有空间物体的国家应当对这些天体加以密切跟踪和持续监测。

（五）借助空间系统的灾害管理支助

125. 委员会注意到小组委员会在“借助空间系统的灾害管理支助”这一项目下进行的讨论，讨论情况见小组委员会报告（A/AC. 105/1065：105－125 段）。

126. 委员会收到以下会议室文件：《2014 年 2 月 13 日和 14 日的联合国灾害管理与应急反应天基信息平台区域支助办事处联络网第五次会议的报告》（A/AC. 105/2014/CRP. 10），《联合国灾害管理与应急反应天基信息平台区域支助办事处联络网 2014 年和 2015 年工作计划》（A/AC. 105/2014/CRP. 11）。委员会获悉，各区域支助办事处加强了协调并对联合国灾害管理和应急反应天基信息平台（天基信息平台）的活动方案作出了贡献。

127. 委员会听取了外层空间事务厅天基信息平台方案协调员所做的说明，满意地注意到会员国提供了自愿捐款，包括中国和德国再次承诺 2015 年提供现金捐助，委员会鼓励会员国在自愿基础上向天基信息平台提供财政支持等所有必要支持。委员会赞赏地注意到，该方案还获益于奥地利、中国和德国提供的助理专家和专家的服务。

128. 委员会满意地注意到会员国正在进行的有助于增加提供和利用天基解决办法支助灾害管理并对天基信息平台方案予以支持的相关活动，其中包括：亚洲哨兵项目和通过亚洲减灾中心对各项紧急观测请求加以协调；欧洲地球观测方案（哥白尼）紧急测绘服务；《在发生自然和技术灾害时协调使用空间设施的合作宪章》(又称《空间与重大灾害问题国际宪章》)。

129. 委员会注意到，在天基信息平台方案下提供的信息和服务对减轻自然灾害造成的后果正在作出宝贵贡献，委员会吁请各成员国继续支持该方案。

130. 委员会满意地注意到对推广天基数据和产品促进可持续发展所持的高级别承诺，该承诺是多米尼加共和国总统达尼洛·梅迪纳于 2014 年 4 月在墨西哥举行的加勒比亚国家协会第六届峰会的发言中作出的，该发言经由外层空间事务厅的一段视频而提供给委员会。

(六) 全球导航卫星系统最近的发展

131. 委员会注意到小组委员会在“全球导航卫星系统最近的发展”这一项目下进行的讨论，讨论情况见小组委员会的报告(A/AC. 105/1065；126 - 148 段)。

132. 委员会赞赏地注意到，在鼓励全球和区域性天基定位、导航和授时系统实现兼容性和互操作性以及在尤其顾及发展中国家利益情况下为促进可持续发展而更好利用全球导航卫星系统各项性能等方面，在联合国主导下于 2005 年设立的导航卫星委员会继续取得重大进展。

133. 委员会感谢外层空间事务厅作为导航卫星委员会及其供应商论坛执行秘书处所继续提供的支持，并感谢其组办以科学和工业各领域导航卫星系统相关技术应用能力建设为重点的讲习班和培训班，包括有关电离层空间天气效应及其对定位影响的主题。

134. 委员会赞赏地注意到，导航卫星委员会第 8 次会议和供应商论坛第 11 次会议于 2013 年 11 月 9 日至 14 日在阿拉伯联合酋长国迪拜举行；供应商论坛第 12 次会议于 2014 年 6 月 10 日在维也纳举行，导航卫星委员会第 9 次会议将于 2014 年 11 月 10 日至 14 在布拉格举行。委员会还注意到，美国表示有兴趣在 2015 年主办导航卫星委员会的第 10 次会议。

135. 委员会注意到，中国、印度、日本、俄罗斯、美国和欧盟定期会晤，讨论如何可以加强全球导航卫星系统供应商之间的互操作性及如何可以改进向全球用户群提供的服务。

136. 委员会注意到俄罗斯联邦就在全球导航卫星系统领域开展合作而继续开展的活动，包括在全球导航卫星系统供应商之间继续开展合作与协调，以实现对人人有利的互操作性。

137. 委员会还注意到，委员会本届会议期间，外层空间事务厅的空间展区展出了俄罗斯全球导航卫星系统的展品，并且计划延长该展品的展出时间。

138. 委员会注意到，欧洲关于第一流全球导航卫星系统举措的伽利略方案力图提供受非军事控制的高精准有保障全球定位服务。

139. 委员会还注意到，欧盟通过了2014—2020年期欧洲全球导航卫星系统方案的新条例。此外还注意到，为欧洲静地卫星导航重叠服务（EGNOS）携带L－波幅有效载荷的卫星Astra 5B已经成功发射，并计划于2014年发射四颗卫星。

140. 委员会注意到，伽利略卫星导航系统将能改进多项服务，例如车载精确导航、道路运输有效管理、搜索和救援服务、银行安全交易以及可靠的电力供应。还注意到，2013年5月14日，在马德里开设了一个全球导航卫星系统服务中心，可借此向用户定期通报伽利略星座的状态。

141. 委员会注意到，"北斗"卫星导航系统已被广泛应用于交通、旅游、教育、培训及系统监测和评价，新一代导航卫星计划于2015年推出。

142. 委员会注意到，印度区域导航卫星系统（IRNSS）星座是一种正在开发的独立系统，用于提供有关印度区域的方位信息，该星座第一颗卫星IRNSS－1A和第二颗卫星IRNSS－1B已被准确地放入预定轨道。还注意到，已经在全国各地15个地点建立了导航参数生成和传输所需的地面站。委员会又注意到，计划在2015年至2016年完成由七颗卫星组成的整个星座。

（七）空间天气

143. 委员会注意到小组委员会在"空间天气"的项目下进行的讨论，讨论情况见小组委员会报告（A/AC.105/1065：149－157段）。

144. 委员会注意到，关于空间天气的项目使委员会成员国和具有委员会常驻观察员地位的国际组织能够就与空间天气科学和研究有关的国别、区域和国际活动交流看法，以此增进在该领域的国际合作。

145. 委员会满意地注意到，在科学和技术小组委员会第51届会议间隙举行了关于改进下一个十年空间天气预报的专家会议，该专家会议汇集了目前工作在空天天气研究方面的来自21个国家的42名国际科学家，以讨论改进下一个十年期间“空间天气”预报的途径。

146. 委员会核可科学和技术小组委员会第51届会议的建议，即借鉴外层空间活动长期可持续性工作组关于空间天气的C专家组的最佳做法，在科学和技术小组委员会关于空间天气的议程项目下成立一个配备一名报告员的专家组，其工作方案将由2015年第52届会议审议（A/AC. 105/1065：附件1第10段）。委员会注意到，在加拿大领导下，将把新设立的专家组的工作方案提交给2015年小组委员会的下一届会议。据指出，该专家组的目标是，审视世界各地的相关技术、信息和观测系统，并就今后的研究领域等提出相关建议。委员会还注意到，专家组将不需要秘书处提供任何服务。

147. 委员会注意到，设在日本九州大学的空间天气科学和教育国际中心继续支持空间天气研究（包括关于磁数据采集系统磁强计全球网络的运作）及空间天气教育（包括磁数据采集系统能力建设学校落实工作）。还注意到，国际空间天气科学和教育中心继续出版《国际空间天气举措时事通讯》。

148. 委员会欣见即将于2015年3月举办联合国—日本关于由国际空间天气举措各工具产生的科学和数据产品的讲习班，该讲习班将由国际空间天气科学和教育中心代表日本政府主办。

149. 委员会注意到，日本国立信息通信技术研究所作为国际空间环境服务机构的区域预警中心，继续传播有关空间天气的信息。委员会还注意到，日本国立信息通信技术研究所建立了一个地面观测网，即东南亚低纬度电离层网络（SEALION），以监测和预报赤道电离层的扰动情况。

150. 委员会注意到，设在东京的亚洲大西洋空间天气联盟自2011年以来在亚洲大西洋地区开展协作活动，该联盟由来自13个国家的26个机构组成。

151. 委员会注意到，中国建立了空间环境监测网和空间天气预报系统，以便提供关于空间天气重大灾害性事件的预警和确保空间资产安全的服务。

（八）近地天体

152. 委员会注意到小组委员会在“近地天体”的项目下进行的讨论，讨论情况见小组委员会的报告（A/AC. 105/1065：158－173 段）。

153. 委员会注意到在其第 68/75 号决议中，大会满意地欢迎 A/AC. 105/1038 号文件附件 3 第 11－14 段所载关于国际应对近地天体撞击威胁的建议。

154. 小组委员会回顾，在其第 50 届会议上近地天体工作组提出了以下建议：

（1）应当聚集已尽可能履行各项必要职能的各机构以设立一个国际小行星预警网络（小行星预警网），该网络将接受范围广泛的多个组织的贡献；

（2）应当由设有空间机构的联合国会员国建立一个空间飞行任务规划咨询小组（飞行规划咨询组）。

155. 委员会指出，近地天体行动小组应当协助建立小行星预警网和飞行规划咨询组。小行星预警网和飞行规划咨询组一旦建立，应每年向小组委员会报告其工作情况。

156. 委员会注意到，行动小组 2014 年 6 月 11 日在委员会第 57 届会议间隙开会，规划设立小行星预警网方面的未来工作并为拟在 2014 年 6 月 12 日和 13 日举行的飞行规划咨询组的第二次会议做好准备。

157. 委员会获悉，小行星预警网临时指导委员会的第一次会议由美国坎布里奇的小行星中心主办，于 2014 年 1 月 13 日和 14 日举行。在这次会议上，确立了临时指导委员会的核心成员（A/AC. 105/1065：171 段）。临时指导委员会成员还承认，需要吸收能够对小行星预警网所作努力作出贡献的其他组织，鼓励更多参与该网络。

158. 委员会还获悉，在其 2014 年 6 月 11 日的会议期间，已将参加小行星预警网的意向书草稿分发给行动小组的成员，并随函附请各机构向小行星预警网临时指导委员会表明其参加该预警网工作的意图。

159. 委员会又获悉，行动小组与美国国家航空航天局（美国航天局）和世界安全基金会协作，将于2014年9月9日和10日在美国科罗拉多州的布鲁姆菲尔德组办一期关于近地天体撞击危险沟通战略的讲习班。

160. 委员会获悉，欧空局2014年2月6日和7日在德国达姆施塔特的欧洲空间行动中心主持举行了飞行规划咨询组的第一次会议（A/AC. 105/1065：172段）。该次会议注意到，飞行规划咨询组的主要目的是为国际应对近地天体威胁做准备。该小组应当包括各航天国的代表，为空间飞行任务回应活动制订启动和执行框架、时限和备选方案。

161. 委员会还获悉，在委员会第57届会议间隙于2014年6月12日和13日举行的飞行规划咨询组第二次会议已经取得下列成果：

（1）会议最后审定了飞行规划咨询组职权范围的草稿，并商定了在成员组织法律专家确认后将被视为定稿的文本；

（2）法国国家空间研究中心、德国航空航天中心、欧空局、日本宇宙航空研究开发机构、英国空间局和美国航天局作了同行星防御有关的当前活动的专题介绍；

（3）飞行规划咨询组的临时主席已经收到信函，确认参加飞行规划咨询组并提名代表团成员和代表团团长担任飞行规划咨询组指导委员会成员。预计将收到更多确认函；

（4）正式一致选举欧空局担任飞行规划咨询组今后两年的主席；

（5）会上强调了需要保持透明和开放式沟通。因此在飞行规划咨询组的会议上决定接受在行星防御专题相关领域拥有专长的观察员；

（6）会上确定了任务清单草稿并将由此拟订一份工作计划文件。会议商定将指派任务负责人协调任务所涉活动和编写报告。有些成员已经自愿担任任务负责人；

（7）会议还商定，飞行规划咨询组指导委员会的下一次会议将在科学和技术小组委员会第52届会议的间隙举行。飞行规划咨询组的下一次全体会议将于2015年4月9日和10日在意大利弗拉斯卡蒂举行，2015年行星防御会议将紧随其后举行。

(九)在外层空间使用核动力源

162. 委员会注意到小组委员会在“在外层空间使用核动力源”这一项目下进行的讨论,讨论情况见小组委员会报告(A/AC. 105/1065:174 - 187段)。

163. 委员会核可小组委员会以及重新召集的由萨姆·哈比森(Sam A. Harbison,英国)担任主席的外层空间使用核动力源问题工作组的决定和建议(A/AC. 105/1065:187 段、附件 2 第 9 段)。

164. 委员会注意到外层空间使用核动力源问题工作组根据其已经延长的多年期工作计划而开展的工作。

165. 有意见认为,核动力源工作组应当结合小组委员会外层空间活动长期可持续性工作组的工作开展工作。

166. 有意见认为,鼓励各国实施《核动力源应用安全框架》应当始终是小组委员会的一个高度优先事项。

167. 一些代表团认为,为了确保安全使用核动力源,在这一领域拥有已验证能力的空间行动方应当公开其为确保使用核动力源的空间物体的安全而采取的措施的信息和专门技能。

168. 一些代表团认为,只有国家才有义务参与对在外层空间使用核动力源的监管过程,而不论其社会、经济、科学或技术发展水平如何,这件事关系到整个人类。这些代表团认为,各国政府对政府组织和非政府组织进行的涉及在外层空间使用核动力源的国家活动承担国际责任,这些活动必须对全人类有益无害。

169. 一些代表团认为,对于在地球轨道使用核动力源的问题应当多加考虑,以便解决在轨核动力源物体可能发生碰撞的问题,还应更多考虑这些物体意外重返地球大气层的问题。这些代表团认为,应当通过适当战略、长期规划、监管和推广有约束力的标准以及《外层空间核动力源应用安全框架》,更多注意这一事项。

（十）外层空间活动的长期可持续性

170. 委员会注意到小组委员会在“外层空间活动的长期可持续性”这一项目下进行的讨论，讨论情况见小组委员会报告（A/AC. 105/1065：188－222 段）。

171. 委员会核可小组委员会以及重新召集的由彼得·马丁内兹（Peter Martinez，南非）担任主席的外层空间活动长期可持续性工作组的建议和决定（A/AC. 105/1065：222 段，附件 3 第 12、17、20 段）。

172. 委员会收到了下列文件：“外层空间活动中的透明度和建立信任措施”大会决议（A/RES/68/50 号）；外层空间活动中的透明度和建立信任措施问题政府专家组的报告（A/68/189）；俄罗斯联邦提交的工作文件《外层空间活动长期可持续性（在联合国主持下设立一个统一的近地空间监测信息中心的构想基本要素和该主题事项最令人关注的几个方面）》（A/AC. 105/L. 290）；此前已提供给出席科学和技术小组委员会第 51 届会议各代表团的关于工作组报告草稿的提议和准则草案初稿（A/AC. 105/C. 1/L. 339）；工作组主席关于合并外层空间活动长期可持续性准则草案的提议（A/AC. 105/2014/CRP. 5）；对关于报告的提议和由巴基斯坦提交的 A/AC. 105/C. 1/L. 339 号文件所载准则草案的拟议修订（A/AC. 105/2014/CRP. 12）；B 专家组的工作报告（A/AC. 105/2014/CRP. 14）；委内瑞拉提交的对合并准则草案的提议的拟议修订（A/AC. 105/2014/CRP. 16）；荷兰提交的对合并准则草案的提议的拟议修订的评述意见（A/AC. 105/2014/CRP. 22）。

173. 委员会欣见工作组内部在该议程项目下取得的进展，回顾 A、C 和 D 专家组在科学和技术小组委员会第 51 届会议上最后审定了其工作报告。

174. 委员会还回顾 B 专家组在本届会议间隙举行的会议并且赞赏地注意到其工作报告如今已最后审定。

175. 委员会感谢四个专家组的联合主席以及与会所有专家的辛勤工作。

176. 委员会注意到，根据其第 56 届会议达成的一致意见，工作组主席已经向法律小组委员会第 53 届会议通报了工作组在小组委员会第 51 届会议举行之前和举行期间所取得的进展情况。

177. 委员会赞赏地注意到工作组主席关于合并准则草案的提议，这些准则草案是根据科学和技术小组委员会的商定意见编拟的。

178. 委员会注意到，工作组在委员会本届会议期间举行了配有口译服务的会议。

179. 委员会还注意到，主席在本届会议期间与相关代表团举行了非正式协商，在这些协商期间，各代表团对工作组主席关于合并准则草案的提议提出了修订建议，有些代表团还提出了关于新准则的提议。在主席的非正式文件中已将所有这些提议提供给工作组，以此作为辅助工具，协助各代表团考虑进一步拟订这套准则草案。

180. 委员会注意到，根据工作组在科学和技术小组委员会第51届会议上达成的一致意见，工作组讨论了外层空间活动透明度和建议信任措施政府专家组报告所载结论（A/68/189），以期确定该报告所载建议与工作组进行中工作之间的相互联系。委员会又注意到，这类相互联系包括有关外层空间活动的信息交流和通知、空间物体的登记、有关外层空间自然危害预报的信息交流以及能力建设方面的国际合作，工作组目前的准则草案述及这些专题的某些方面。

181. 一些代表团认为，工作组主席关于合并准则草案的提议是朝着给工作组编拟准则草案而迈出的重要一步。

182. 一些代表团认为，虽然工作组主席关于合并准则草案的提议是朝着正确方向迈出的一步，但仍有必要客观分析既有成果，为解决尚在现有准则范围之外的问题，仍必须展开进一步讨论并作出具有建设性的努力。

183. 委员会注意到A/AC. 105/L. 290号文件所载俄罗斯联邦的工作文件，其中列入了关于在联合国主持下设立一个统一的近地空间监测信息中心的建议。

184. 有意见认为，拟议建立的由联合国主持（可能由外层空间事务厅主办）的近地天体监测统一信息中心可能有能力使共享外层空间情况的信息并尽可能提供对外层空间情况的最全面的总体认识这一任务完成得质量更高。这种信息平台在逻辑上将大大促进外层空间活动中建立信任，并有助于实现维护共同的空间环境的目的。

185. 有意见认为，外层空间事务厅可考虑与有兴趣的成员国指定的专家举行闭会期间非正式磋商，讨论初步而非正式地确定组建将由外层空间事务厅主办的联合国信息平台的现有和潜在选择办法的相关问题，该信息平台最终可协助各国努力确保有效切实地实施外层空间长期可持续性准则。通过国家对于外层空间活动长期可持续性问题的讨论所构建的这种平台的概念，将会在实践中被证明是有效的。

186. 有意见认为，在给国际发射和空间物体分配国际名称上尚没有国际商定的程序，外层空间事务厅可以就逐步建立国际名称新的国际分配制度而组织相关协商。

187. 一些代表团认为，有必要给审议新的拟议准则留出更多时间，以便深化对拟议准则所载概念和要素的理解。

188. 一些代表团认为，工作组的工作方法确定了将在固定时限内利用专家组可实现的明确目标，已经证明是推动其工作取得进展的有效而高效的方式。

189. 一些代表团认为，对专家组的工作给予了过多的重视，应当在工作组层面展开配有口译服务的讨论。

190. 一些代表团认为，这套准则应当适当反映新兴航天国家和发展中国家的利益。

191. 一些代表团认为，这套准则草案无论如何都不能对新的空间行动方的空间方案制造障碍，虽然承认确保空间活动可持续性作为一个永久目标的重要性，但空间方案刚刚形成的国家无法承受成熟的航天国家自20世纪50年代就开始的活动所造成的负担。

192. 一些代表团认为，这套准则应当包含对小卫星及其运营方的相关指导。

193. 一些代表团认为，必须加强与外层空间活动中的透明度和建立信任措施政府专家组所开展的工作的联系。

194. 有意见认为，对准则措辞的精简和简化不应造成其实质内容对有关外层空间活动长期可持续性的实际问题无法再提供任何务实解决办法。

195. 有意见认为，对在外层空间使用核动力源的考虑还应顾及其对安全而可持续地利用外层空间的影响。外层空间活动长期可持续性工作组与外层空间使用核动力源问题工作组应当展开互动。

196. 有意见认为，这套准则草案的若干原则已经反映在其他国际文书中，工作组在其讨论中应当考虑到这一点。

197. 有意见认为，法律小组委员会也应当考虑外层空间活动长期可持续性的某些要素，例如减缓空间碎片和主动清除空间碎片。

198. 有意见认为，虽然这套准则在性质上应当是自愿的，但决定加以实施的国家也可颁布国内空间立法，以确保非政府组织遵行这些准则。

199. 考虑到在这套关于外层空间活动长期可持续性的准则草案方面的工作现状，委员会一致认为，明智的做法是，各成员国认真尝试完成这项工作，将准则草案准备好供委员会核准，并于 2016 年提交大会通过。委员会商定了最后完成工作组报告和这套准则的工作方案，内容如下：

（1）大力鼓励打算提交关于重要的新内容的建议、关于对现有准则结构进行改动的建议和（或）其他准则草案的成员国，到 2015 年 2 月科学和技术小组委员会第 52 届会议开始时（最好在会议开始之前）提交这些建议。

（2）在 2015 年科学和技术小组委员会第 52 届会议上，工作组将审议工作组报告草案修订版和经过更新的准则草案以及对准则的其他建议，但有一项谅解，即在该届会议期间工作组应当尽可能在会议结束前合并准则草案案文。这期间也顾及需要适当审议针对现有准则提交的任何重要的新内容和（或）其他准则草案。工作组将尽最大努力合并准则案文和报告，在完成上述合并后，应在该届会议期间证明能够充分按照本工作计划行事，无须对工作计划做任何修改；

（3）2015年和平利用外层空间委员会第58届会议将是对现有准则提出重要新内容和（或）提出其他准则草案的最后期限。工作组将审议工作组报告修订版和经过更新的准则草案以及对准则的其他建议；

（4）在2016年科学和技术小组委员会第53届会议上，工作组将审议工作组报告草案和经过更新的准则，以便果断按照最后定稿程序行事。

（5）在2016年委员会第59届会议上，委员会将：①如有必要，处理工作组报告和整套准则中任何悬而未决的问题；②审议并商定以何种形式向大会提交准则；③审议在外层空间活动长期可持续性方面今后讨论的议题。

200. 委员会注意到，工作组主席鼓励成员国在向科学和技术小组委员会第52届会议和委员会第58届会议派遣代表团时，派出有能力在进一步改进这套准则方面向自己的代表团提供支助和建议的专家。

201. 委员会注意到，根据工作组在科学和技术小组委员会第51届会议上达成的一致意见，工作组主席将为2015年的科学和小组委员会第52届会议编拟一份工作组报告草稿以及准则修订草案，其中将纳入委员会第57届会议之前和期间所收到的意见和资料，该报告将在第52届会议召开以前以联合国六种正式语言提供给各代表团。

202. 委员会商定，在拟订工作组报告草稿和各项修订准则时，主席将同由四个专家组的联合主席和以属于联合国六种正式语言的母语发言者组成的笔译和术语参考小组进行协商，目的是发现并解决与准则草案的笔译和术语的使用专门有关的问题。

（十一）在不妨碍国际电信联盟作用的情况下，审查地球静止轨道的物理性质和技术特征及其利用和应用，包括在空间通信领域的利用和应用、与空间通信发展有关的其他问题，特别考虑到发展中国家的需要和利益

203. 委员会注意到小组委员会在“在不妨碍国际电信联盟作用的情况下，审查地球静止轨道的物理性质和技术特征及其利用和应用，包括在空间通信领域的利用和应用、与空间通信发展有关的其他问题，特别考虑到发展

中国家的需要和利益”这一项目下的讨论，讨论情况见小组委员会报告（A/AC. 105/1065：223－230段）。

204. 委员会注意到俄罗斯联邦的专题介绍，题为“单入干扰的判据值对地球静止卫星轨道资源使用效率的效应”。

205. 一些代表团表示认为，地球静止轨道是一种有限的自然资源，存在饱和的风险，从而威胁到这一环境内空间活动的可持续性；对这类轨道应当加以合理利用；所有国家，无论其目前的技术能力如何，都应当有机会在公平条件下利用地球静止轨道，同时特别考虑到发展中国家的需要以及某些国家的地理位置。这些代表团还认为，重要的是应当按照国际法、根据国际电信联盟的各项决定、在联合国相关条约确立的法律框架内使用地球静止轨道。

206. 一些代表团表示认为，地球静止轨道为收发通信和信息提供了独有的潜能，尤其可协助发展中国家实施社会方案和教育项目及提供医疗协助。

（十二）科学和技术小组委员会第52届会议临时议程草案

207. 委员会注意到小组委员会在“科学和技术小组委员会第52届会议临时议程草案”这一项目下进行的讨论，讨论情况见小组委员会报告（A/AC. 105/1065：231－234段）。

208. 委员会核可小组委员会及其全体工作组关于该项目的建议和决定（A/AC. 105/1065：233－234段，附件1第8－10段）。

209. 在小组委员会第51届会议审议的基础上，委员会一致认为，小组委员会第52届会议应当审议下列项目：

（1）一般性交换意见和介绍所提交的国家活动报告；

（2）联合国空间应用方案；

（3）在联合国可持续发展大会和2015年后发展议程框架下的空间技术促进社会经济发展；

（4）关于用卫星遥感地球的事项，包括对发展中国家的应用和对地球环境的监测；

（5）空间碎片；

（6）借助空间系统的灾害管理支助；

（7）全球导航卫星系统最近的发展；

（8）空间天气；

（9）近地天体；

（10）在外层空间使用核动力源。2015 年工作反映在工作组已延长的多年期工作计划（A/AC. 105/1065：187 段，附件 2 第 9 段）；

（11）外层空间活动的长期可持续性。2015 年工作反映在已延长的多年期工作计划（A/AC. 105/1065：199（b）段，199（c）段）；

（12）在不妨碍国际电信联盟的作用的情况下，审查地球静止轨道的物理性质和技术特征及其利用和应用，包括在空间通信领域的利用和应用，以及与空间通信发展有关的其他问题，特别考虑到发展中国家的需要和利益（单项讨论议题或项目）；

（13）科学和技术小组委员会第 53 届会议的临时议程草案，包括确定拟作为单独讨论的议题（项目）或根据多年期工作计划而加以处理的议题。

210. 委员会商定，全体工作组、外层空间使用核动力源问题工作组和外层空间活动长期可持续性工作组应当在科学和技术小组委员会第 52 届会议上再次召集会议。

211. 委员会商定，按照 2007 年小组委员会第 44 届会议达成的一致意见（A/AC. 105/890：附件 1 第 24 段），空间研究委员会在 2015 年组办的专题讨论会的议题应当是“宇宙测量：利用现代天文学洞窥宇宙的过去”。

三、法律小组委员会第 53 届会议的报告

212. 委员会赞赏地注意到法律小组委员会第 53 届会议的报告（A/AC. 105/1067），其中载有小组委员会根据大会第 68/75 号决议对议程项目进行审议的结果。

213. 委员会对凯—乌韦・施罗格（Kai – Uwe Schrogl，德国）在小组委员会第 53 届会议期间的出色领导表示赞赏。

214. 奥地利、巴西、加拿大、中国、捷克、德国、意大利、日本、墨西哥、韩国、俄罗斯、南非、美国和委内瑞拉的代表在该项目下发言。智利代表（代表拉丁美洲和加勒比国家组）也在该项目下发言。在一般性交换意见过程中，其他一些成员国的代表以及摩洛哥代表（代表非洲国家组）也就该项目发言。

215. 在该项目下，委员会听取了中国代表所作的题为“中国空间法研究”的专题介绍。

216. 一些代表团提请注意，有必要加强科学和技术小组委员会与法律小组委员会之间的互动，以使空间法的逐步发展与该领域科学技术的主要发展情况同步。他们还表示认为，在科学和技术小组委员会下设立的各工作组取得的成果应当正式提交法律小组委员会以供分析。

（一）国际政府间组织和非政府组织与空间法有关的活动情况

217. 委员会注意到小组委员会在“国际政府间组织和非政府组织与空间法有关的活动情况”这一项目下开展的讨论，讨论情况见小组委员会报告（A/AC.105/1067：33－45段）。

218. 委员会注意到国际政府间组织和非政府组织的重要作用及其对努力推动空间法发展所作的贡献，并核可小组委员会的建议，即再次邀请这类组织向小组委员会第54届会议报告其与空间法有关的活动。

219. 委员会注意到，按照小组委员会的决定，国际统一私法协会（统法协会）观察员向小组委员会通报了有关《移动设备国际利益公约关于空间资产特有事项的议定书》的最新进展（A/AC.105/1067：43段）。

（二）联合国五项外层空间条约的现状和适用情况

220. 委员会注意到小组委员会在“联合国五项外层空间条约的现状和适用情况”这一项目下展开的讨论，讨论情况见小组委员会报告（A/AC.105/1067：46－67段）。

221. 委员会核可了小组委员会及其重新召集的由简—弗朗索斯·马扬斯（Jean-François Mayence，比利时）主持的联合国五项外层空间条约的现状和适用情况工作组的决定和建议（A/AC. 105/1067：48 段，附件 1 第 7、9、10、15、16 段）。

222. 委员会满意地注意到，欧洲通信卫星组织已经宣布接受《关于登记射入外层空间物体的公约》所规定的各项权利和义务。

223. 一些代表团认为，委员会应当对这五项条约进行审查、更新和修改，以便加强外层空间活动的指导原则，尤其是那些保证和平利用外层空间、加强国际合作和使空间技术为人类所利用以及加强国家在政府实体和非政府实体所开展的空间活动中的责任的原则。

224. 一些代表团认为，联合国各项外层空间条约构成了一个牢固的法律结构，是支持扩大空间活动规模并加强在和平利用外层空间上的国际合作的关键所在。这些代表团欣见这些条约得到进一步遵守，并且希望尚未批准或加入这些条约的国家考虑加入。

225. 有意见认为，法律小组委员会的工作应以强化现有外层空间条约的有效性为核心，实现以下主要目标：一是努力推动外层空间条约的普遍接受和遵守；二是强化各项外层空间条约的实施；三是加强各国空间法能力建设。

226. 有意见认为，应当拟订一项普遍全面的外层空间公约，以便给现有的问题寻找解决办法，从而使外层空间方面的国际法律机制能够往更高层面上发展。

227. 有意见认为，普遍全面的外层空间公约将起到反作用，因为现有的空间法文书所载的原则已经确立了一个框架，鼓励航天国家和非航天国家利用和探索外层空间。

228. 一些代表团认为，鉴于空间活动迅速增多和新的空间行为方的出现，需要法律小组委员会与科学和技术小组委员会进行更多的协调和协同增效，以促进对现有联合国条约的理解、接受和适用，并加强国家在开展空间活动方面的责任。

229. 有意见认为，在法律小组委员会第 53 届会议上提供的 A/AC. 105/C. 2/2014/CRP. 18 和 Corr. 1 号会议室文件载有对另一成员国空间政策的不准确说法和毫无根据的描述。

（三）与外层空间的定义和划界以及地球静止轨道的性质和利用有关的事项，包括审议在不妨碍国际电信联盟职能的情况下确保合理和公平使用地球静止轨道的方式和方法

230. 委员会注意到小组委员会在“与外层空间的定义和划界以及地球静止轨道的性质和利用有关的事项包括审议在不妨碍国际电信联盟职能的情况下确保合理和公平使用地球静止轨道的方式和方法”这一项目下展开的讨论，讨论情况见小组委员会报告（A/AC. 105/1067：68－85段）。

231. 委员会核可了小组委员会及其重新召集的由约瑟·蒙塞拉特·菲力欧（José Monserrat Filho，巴西）主持的外层空间定义和划界问题工作组提出的建议（A/AC. 105/1067：71段，附件2第15段）。

232. 一些代表团认为，由于缺乏对外层空间的定义和划界，对空间法和航空法的可适用性造成了法律上的不确定性，为了减少国与国之间发生争端的可能性，需要对国家主权以及空气空间和外层空间之间的边界所涉及的事项加以澄清。

233. 有意见认为，在亚轨道飞行的适用法以及外层空间的定义和划界等特别专题中，可进一步反映对习惯法的作用和“软法律”的潜力所作的评估。

234. 一些代表团认为，外层空间定义和划界问题工作组应当对“空间活动”这一术语进行审议，目的是建立共识，即使是初步共识，同时暂时搁置对外层空间进行定义和划界这一任务，以便集中于对空间活动进行定义，因为这是由空间法规范的专题之一。

235. 一些代表团认为，地球静止轨道是一种有限的自然资源，显然有饱和之虞，必须对此加以合理使用并且应当向所有国家开放，而不论其目前的技术能力如何。这将使各国有可能在平等条件下使用地球静止轨道，同时特别铭记发展中国家的需要和利益以及某些国家的地理位置，并考虑到国际电信联盟的程序以及联合国的有关规范和决定。

236. 一些代表团认为，地球静止轨道是外层空间的一部分，各国不得通

过主权要求、以占领或任何其他手段（包括以使用或重复使用的手段）据为己有，而且对它的利用应当受《关于各国探索和利用包括月球和其他天体在内外层空间活动所应遵守原则的条约》以及国际电信联盟《宪章》、《公约》和《无线电条例》的管辖。

237. 有意见认为，各国应当寻求更为合理平衡地利用地球静止轨道的其他方式。

238. 一些代表团认为，各国依据“先到先得”使用地球静止轨道是不可接受的，因此小组委员会应当按照和平利用外层空间和不将其据为己有的原则，逐步建立保障平等利用轨道位置的法律制度，同时考虑到发展中国家的需要和利益。

（四）与和平探索和利用外层空间有关的国家立法

239. 委员会注意到法律小组委员会在“与和平探索和利用外层空间有关的国家立法”这一项目下展开的讨论，讨论情况见小组委员会报告（A/AC. 105/1067：86－99段）。

240. 委员会欣见大会通过了第68/74号决议，内容是就有关和平探索和利用外层空间的国家立法提出的建议。

241. 委员会满意地注意到，各国继续根据联合国各项外层空间条约努力争取发展本国与空间有关的监管框架。

242. 委员会一致认为，就和平探索和利用外层空间的相关国家立法展开一般性信息交流使得各国能够全面了解各国空间法律和条例的现状，并且有助于各国理解在国家层面上就发展与空间有关的国家监管框架所采取的不同做法。

（五）空间法能力建设

243. 委员会注意到小组委员会在“空间法能力建设”这一项目下展开的讨论，讨论情况见小组委员会报告（A/AC. 105/1067：100－120段）。

244. 委员会核可了小组委员会关于该议程项目的建议（A/AC. 105/1067：110、119－120段）。

245. 委员会一致认为，空间法方面的能力建设、培训和教育，对于国家、区域和国际各级尤其是发展中国家努力进一步发展各方面空间科学技术实务并增进了解开展空间活动的法律框架，都是至关重要的。

246. 委员会注意到为使空间法以及联合国空间法讲习班系列和拟订空间法教学大纲之类活动得到更广泛的认识而进行的国家和国际层面的努力，这方面的意见交流在空间法能力建设上发挥着关键作用。

247. 委员会注意到，空间科学和技术促进可持续发展非洲领导人会议于2013 年12 月 3 日至 5 日在阿克拉举行，会议重点关注能力建设、空间碎片所涉法律问题、各国在国际外层空间条约下的义务以及从非洲的视角看与和平探索和利用外层空间有关的国家立法。

248. 委员会赞赏地注意到，外层空间事务厅正在与中国政府、中国国家航天局和亚太空间合作组织一道，筹备拟于 2014 年 11 月 17 日至 21 日在北京举行的第 9 期联合国空间法讲习班。

249. 委员会满意地注意到，空间法教程已经完成，该教程是一个动态的教育工具，便于具有不同专业背景的教育工作者使用。

250. 委员会还欣见可在外层空间事务厅网站上查阅的网上阅读材料汇编，该汇编在找到新材料或补充材料时将随时增补。

251. 委员会赞赏地注意到，加拿大代表麦克吉尔大学航空和空间法研究所提出，可协助联合国附属区域空间科学技术教育中心采用和教授该课程，无需外层空间事务厅提供费用。

（六）审查并视可能修订《关于在外层空间使用核动力源的原则》

252. 委员会注意到小组委员会在“审查并视可能修订《关于在外层空间使用核动力源的原则》”这一项目下进行的讨论，讨论情况见小组委员会报告（A/AC. 105/1067：121 -132 段）。

253. 一些代表团认为，只有国家才有义务从事与在外层空间使用核动力源相关的监管活动并按照相关的国际标准调整国内法律，而不论其社会、经济、科学或技术发展水平如何。这些代表团还认为，各国政府对政府组织和非政府组织进行的涉及在外层空间使用核动力源的本国活动负有国际责任，而且这类活动必须对人类有益无害。

254. 一些代表团吁请法律小组委员会审查《外层空间核动力源应用安全框架》并推广具有约束力的标准，以确保在外层空间开展的任何活动都遵守保护生命和维持和平的原则。

255. 一些代表团认为，科学和技术小组委员会与法律小组委员会之间应当加强协调和互动，以便推动更好地了解、接受并实施相关法律文书，拟订与在外层空间使用核动力源有关的新的法律文书。

（七）与空间碎片减缓措施有关的法律机制方面的一般信息和意见交流，同时考虑到科学和技术小组委员会的工作

256. 委员会注意到小组委员会在“与空间碎片减缓措施有关的法律机制方面的一般信息和意见交流，同时考虑到在科学和技术小组委员会的工作”这一项目下开展的讨论，讨论情况见法律小组委员会报告（A/AC. 105/1067：133－156 段）。

257. 委员会核可了小组委员会报告所载的决定（A/AC. 105/1067：154－156 段）。

258. 委员会注意到空间碎片的数量日益增多，并满意地注意到联合国大会第 62/217 号决议核可了和平利用外层空间委员会的《空间碎片减缓准则》,① 这是在指导所有航天国如何减缓空间碎片问题上迈出的关键一步，并鼓励会员国考虑自愿实施该准则。

259. 委员会满意地注意到，有些国家已经采取措施，在本国立法中颁布相关规定，从而落实国际公认的空间碎片相关准则和标准的实施工作。

260. 委员会收到了加拿大、捷克和德国提交的一份会议室文件，其中载有各国和国际组织采用的空间碎片减缓标准汇编（A/AC. 105/2014/CRP. 13）。

261. 委员会感谢加拿大、捷克和德国编写该汇编，并请秘书处在外层空

① 大会正式记录，第 62 届会议，补编第 20 号（A/62/20）：117 段，118 段，附件.

间事务厅网站上为该汇编开辟专门的网页并加以维护。

262. 委员会一致认为，应当邀请委员会成员国和在委员会拥有常驻观察员地位的国际政府间组织提供或更新其在减缓空间碎片方面采用的任何立法或标准的情况，并使用为此提供的模板。小组委员会还一致认为，应当邀请联合国所有其他会员国为该汇编提供材料，鼓励拥有此类条例或标准的国家提供相关信息。经更新的汇编应提交法律小组委员会 2015 年第 54 届会议。

263. 一些代表团认为，有必要加强科学和技术小组委员会与法律小组委员会之间的互动，以使空间法的逐步发展与空间科学技术的重大进步同步，还认为小组委员会各工作组的工作成果特别是委员会《空间碎片减缓准则》，应当正式送交法律小组委员会进行法律分析，以确定是否符合各项外层空间原则。

264. 一些代表团认为，法律小组委员会应当制定法律机制，处理空间碎片问题，以及与空间碎片发生碰撞和空间碎片重入大气层所造成的后果。

265. 一些代表团认为，应当提高委员会《空间碎片减缓准则》的法律地位，这样可能有助于加强在全球层面上的监管框架。

266. 有意见认为，实践证明，委员会《空间碎片减缓准则》是应对和平探索及利用外层空间方面的重大机遇和挑战的重要国际合作机制。

267. 有意见认为，航天国家应当采取保障措施，控制和防止空间碎片的产生，还应提供可靠的信息，以便能够及时对空间碎片重入大气层所造成的风险进行评估。

268. 有意见认为，法律小组委员会应当审议积极清除空间碎片和进一步制定减缓规范方面的问题。

（八）关于不具法律约束力的联合国外层空间文书的一般信息交流

269. 委员会注意到小组委员会在题为“关于不具法律约束力的联合国外层空间文书的一般信息交流”的项目下进行的讨论，讨论情况见小组委员会报告（A/AC. 105/1067：157 －174 段，192 －197 段）。

270. 委员会核可了小组委员会报告所载的决定（A/AC. 105/1067：169 －

197 段）。

271. 委员会满意地注意到，一些国家已经通过国内法的相关规定，采取措施执行国际公认的准则、原则和标准，因而不具约束力的国际规范已经成为其国内法的组成部分。

272. 一些代表团认为，现有的关于空间活动的不具法律约束力的联合国文书为补充和支持联合国各项外层空间条约发挥了重要作用，作为处理新出现的问题的有效手段，仍然发挥着举足轻重的作用，而且是确保安全而可持续地利用外层空间的依据。

273. 有意见认为，委员会制定的不具法律约束力的原则和技术准则，如委员会《空间碎片减缓准则》和《关于从外层空间遥感地球的原则》，经实践证明是应对和平探索及利用外层空间方面的重大机遇和挑战的重要国际合作机制。

274. 有意见认为，在该项目下的讨论应当侧重于交流各国在空间"软法律"规则方面的信息和经验，并应避免对各国订立和执行此类规则的意愿造成负面影响。表达上述意见的代表团还认为，在起草和执行不具法律约束力的外层空间文书时，应以现有的联合国外层空间条约、原则和宣言为依据，应当充分考虑到发展中国家的需要和利益，不应超出各国当前的空间技术发展能力或空间活动管理水平，也不应试图实行难以执行的标准或要求。

275. 有意见认为，当前缺乏外层空间国际法律文书，不具法律约束力的文书将能够起到重要的补充作用，而且应在委员会所有成员国协商一致的基础上通过此类不具法律约束力的文书，以使此类文书对航天国家和非航天国家均可适用。

（九）审查和平探索及利用外层空间的国际合作机制

276. 委员会注意到法律小组委员会按照其五年期工作计划在"审查和平探索及利用外层空间的国际合作机制"项目下进行的讨论，讨论情况见小组委员会报告（A/AC. 105/1067：175－187 段）。

277. 委员会核可了小组委员会及其审查和平探索及利用外层空间的国际

合作机制工作组的决定和建议，该工作组是小组委员会第53届会议设立的，由青木节子（Setsuko Aoki，日本）担任主席（A/AC.105/1067：177段，附件3第9-10段）。

278. 委员会注意到，对空间活动合作机制的审查将继续帮助各国认识对空间活动合作采取的不同做法，并有助于进一步加强探索及和平利用外层空间方面的国际合作。在这方面，小组委员会回顾，按照工作计划，审议该议程项目的最后一年，即2017年，正好是《外空条约》50周年。

279. 委员会注意到用于空间合作的各种机制的广度和多样性，其中包括具有法律约束力的多边和双边协定；不具法律约束力的安排、原则和技术准则；空间系统运营者借以协调空间系统应用开发以惠及环境、人类安全和福祉及发展的多边协调机制；多种国际和区域论坛。

280. 委员会满意地注意到，在这一新议程项目下就委员会成员国使用的范围广泛的多种国际合作机制交流信息以便确定共同的原则和程序，对成员国审议便利今后就探索及和平利用外层空间展开合作的相关机制具有重要意义。

281. 委员会注意到，工作组拟订的一组问题（A/AC.105/1067：附件3第10段）是工作组用以实现其多年期工作计划中各项目标的工具，鼓励委员会成员国和常驻观察员酌情自愿以这组问题为指导，协助工作组的工作。

（十）法律小组委员会第54届会议临时议程草案

282. 委员会注意到小组委员会在“法律小组委员会第54届会议临时议程草案”这一项目下展开的讨论，讨论情况见小组委员会报告（A/AC.105/1067：191-202段）。

283. 委员会根据法律小组委员会第53届会议的审议情况，商定小组委员会第54届会议应当审议以下实质项目：

常设项目

（1）一般性交换意见；

（2）国际政府间组织和非政府组织与空间法有关的活动情况；

（3）联合国五项外层空间条约的现状和适用情况；

（4）与下列方面有关的事项：①外层空间的定义和划界，②地球静止轨道的性质和利用，包括审议在不妨碍国际电信联盟职能的情况下确保合理和公平使用地球静止轨道的方式和方法；

（5）与和平探索和利用外层空间有关的国家立法；

（6）空间法能力建设。

单项讨论议题（项目）

（7）审查并视可能修订《关于在外层空间使用核动力源的原则》；

（8）与空间碎片减缓措施有关的法律机制方面的一般信息交流，同时考虑到科学和技术小组委员会的工作；

（9）不具法律约束力的联合国各项外层空间文书方面的一般信息交流；

根据工作计划审议的项目

（10）审查和平探索及利用外层空间的国际合作机制。2015 年的工作见法律小组委员会第 51 届会议报告中的多年期工作计划（A/AC. 105/1003：179 段）。

新项目

（11）向和平利用外层空间委员会提出的拟由法律小组委员会第 55 届会议审议的新项目提案。

284. 委员会商定，应当在法律小组委员会第 54 届会议上重新召集联合国五项外层空间条约的现状和适用情况工作组、外层空间定义和划界相关事项工作组、审查和平探索及利用外层空间的国际合作机制工作组。

285. 委员会还商定，小组委员会第 54 届会议应当审查是否需要将联合国五项外层空间条约的现状和适用情况工作组的任务授权期限延长到该届会议之后。

286. 一些代表团认为，A/AC. 105/C. 2/L. 293/Rev. 2 号文件所载的德国提出的更新法律小组委员会议程结构及工作安排的提案，是为简化小组委员会议程结构并更高效地利用小组委员会届会而及时作出的建设性努力。

287. 一些代表团对德国的提案表示欢迎，认为这是向加强法律小组委员会职能并对其注入新活力迈出的第一步，并认为有必要就该提案作进一步磋商，以使法律小组委员会达成协商一致。

288. 一些代表团要求建立必要的论坛，以继续并增加各国在第57届会议和今后届会的辩论，以建立正式对话，从而加强法律小组委员会并对其注入新活力。

289. 一些代表团呼吁精简和改进委员会及其附属机构的工作。这些代表团认为，应当优先审议以加强国际法律框架为目的的实质问题，从而强化法律小组委员会的工作。

290. 有意见认为，法律小组委员会的工作应当集中于努力实现普遍遵守各项外层空间条约，加强这些条约的实施工作，并加强空间法能力建设，小组委员会应以协商一致的方式作出决定。

291. 有意见认为，为了提高法律小组委员会的生产力，应当审查每个议程项目下的工作安排，并确定明确的目标和实现目标的时间。

292. 有意见认为，应当考虑以适当多数而非协商一致的方式通过文书，以进一步制定具有法律约束力的空间法规范。

293. 有意见认为，法律小组委员会的会议时间长度应当保持不变。

294. 委员会商定，邀请国际空间法学会和欧洲空间法中心在小组委员会第54届会议上组办一次空间法专题讨论会。

四、空间与可持续发展

295. 委员会根据大会第68/75号决议审议了题为“空间与可持续发展”的议程项目。

296. 加拿大、埃及、德国、印度、伊朗、日本、墨西哥、巴基斯坦、韩国、罗马尼亚、美国和委内瑞拉的代表在这个项目下发言。在一般性交换意见期间，其他成员国的代表也就此项目发言。

297. 委员会收到题为“在联合国可持续发展大会和2015年后发展议程框架内近期发展的最新动态”的会议室文件（A/AC. 105/2014/CRP. 15）。

298. 委员会听取了下列专题介绍：

（1）“利用印度地球观测资料进行资源保护和可持续发展规划”，由印度代表介绍；

（2）“空间基础设施发展满足社会需求”，由墨西哥代表介绍；

（3）“地球观测数据用于应急管理和态势认知”，由意大利代表介绍。

299. 委员会回顾联合国可持续发展大会题为“我们希望的未来”的成果文件（66/288：附件）第274段，其中可持续发展大会认识到基于空间技术的数据、现场监测和可靠的地球空间信息对可持续发展决策、方案编制和项目运作的重要意义。

300. 委员会注意到空间技术和应用及空间数据和信息对于促进可持续发展的价值，包括在土地和水管理、海洋和沿海生态系统、医疗保健、气候变化、减少灾害风险和应急反应、能源、导航、地震监测、自然资源管理、生物多样性、农业和粮食安全等领域。

301. 在一个关于海洋和沿海生态系统的特别主题下，委员会注意到加拿大进行的一项可行性研究，其中将由一颗微卫星提供沿海水域生态信息用以评估沿海和内陆水域的健康状态；监测灾害危险、废气排放、污水排放和污染事件；评估海洋和沿海生态系统的良好状况；侦测、监测和预测造成危害的藻类密集孳息。

302. 委员会赞扬秘书处不断在政府间级别提供联合国可持续发展大会成果执行情况最新通报和制定2015年后的发展议程，这些资料载于会议室文件A/AC. 105/2013/CRP. 7， A/AC. 105/2014/CRP. 15， A/AC. 105/C. 1/2014/CRP. 21。

303. 委员会鼓励成员国在国内与本国负责这次会议和2015年后发展议程的相关政府间进程的机构和部门联络，以促进在这些进程中纳入空间科学和技术应用的关联作用和使用从空间所得的地球空间数据。

304. 在这方面，委员会认识到空间所得信息和数据对全球、区域、国家和地方上管理可持续性的基本重要性，并强调需要认识到空间对制定政策和行动方案及其后续执行的有益贡献。因此，委员会商定向成员国、联合国主要决策机构以及负责可持续发展和人类自然资源和环境资源使用事宜的国际组织和机构发出一份书面通函，以促进创建空间相关能力的适当分布模式并从体制上将之纳入国际、区域、国家和地方的可持续发展进程。

305. 委员会请外层空间事务厅继续在其能力范围内积极参加联合国系统2015 年后联合国发展议程特别工作组以及与联合国可持续发展大会和 2015 年后发展议程有关的进程的其他机构间机制，以促进将空间相关参考材料和内容纳入联合国秘书处在这些进程中拟订的文件。

306. 委员会核可了科学和技术小组委员会第51 届会议就日本提交的讨论文件所作的建议（A/AC. 105/1065：附件 1 第 3 段），该文件的题目是“‘空间与可持续发展’合作审议机制的拟议工作计划草案：将和平利用外层空间委员会与科学和技术小组委员会联系在一起”（A/AC. 105/C. 1/2014/CRP. 22）。

307. 在这方面，委员会商定，全体工作组将在科学和技术小组委员会第52 届会议上重新审查多年期工作计划下的工作方法。委员会同意请秘书处与日本代表团协商，向小组委员会第 52 届会议提交一份会议室文件，概要说明多年期工作计划下的拟议工作方法，供全体工作组审议，其中鉴于即将提出的可持续发展目标和 2015 年后发展议程的进程，必须考虑到在组约两个并行全球进程的现状以及联合国可持续发展大会成果文件的作用。

308. 有意见认为，2015 年后发展议程进程应与 2015 年后减少灾害风险框架同步，同时制订气候变化协定并计划于 2015 年在巴黎通过，这就开辟了协调统一和归整简化的宝贵机会。

309. 有意见认为，委员会应呼吁对可持续发展负有全球责任的各机关和机构从体制上将外层空间主题植根在相关的结构、程序和责任领域中。表达上述意见的代表团还认为，委员会还应呼吁区域组织发展和加强空间能力，并将之纳入区域可持续发展方面的合作进程；呼吁各国政府和地方当局赋予国家和地方当局以一体化方式协同空间工作的能力；并呼吁国际空间界认识到外层空间“为民所用和为民所系”的新特征定位。

310. 委员会满意地注意到，秘书处在其网站上专门建立了一个关于“空间与发展”的页面，其中刊载了与利用空间技术促进可持续发展有关的文件。

311. 委员会注意到，国际空间站继续在全世界的教育和向教育界的普及方面发挥着作用。

312. 委员会满意地注意到，在区域一级开展了大量普及活动，通过在空间科学和技术应用促进可持续发展方面的教育和培训进行能力建设。委员会赞赏地注意到联合国所属各区域空间科学和技术教育中心在与空间有关的教育方面发挥的作用。

313. 委员会注意到各国介绍了本国开展的相关行动和方案，其目标在于使社会更多地了解和认识以空间科学和技术的应用满足发展需要。

314. 委员会注意到，世界各地开展的一些与空间有关的会议、竞赛、展览、专题讨论会和研讨会将教育工作者和学生联系在一起，并为他们提供了培训和教育机会。

315. 委员会注意到，日本政府已请各代表团为定于 2015 年 3 月 14 日至 18 日在日本仙台举行的世界减灾会议作出贡献，以增进天基应用在减轻人民和基础设施的脆弱性方面的作用。

五、空间技术的附带利益：现状审查

316. 委员会按照大会第 68/75 号决议审议了题为“空间技术的附带利益：现状审查”的议程项目。

317. 加拿大、布基纳法索、德国、意大利、日本、墨西哥、俄罗斯联邦和美国的代表在该项目下发言。欧洲国际空间年组织的观察员也在该项目下发言。

318. 在该项目下，委员会听取了布基纳法索代表所作的专题介绍，题为“介绍布基纳法索的全球导航卫星系统连续运行参考站网络”。

319. 委员会注意到，各国介绍了本国在空间技术附带利益方面的做法，通过这些做法，实行了区域经济发展管理战略，并在民间社会的多个科学领域和实践领域实行了一些有益的创新，这些领域包括医学、生物学、化学、纳米技术、天文学、农业、地质学、制图学、航空、陆运、海运和商业空间运输、知识产权保护和商业授权、城市和农村发展土地使用规划、自动化机械、消防、数据处理硬件和软件开发、采矿、自然保护、可再生能源以及能源生产和运输。

320. 委员会注意到，空间技术的附带利益对于发展中国家特别重要，贡献也很大，通过增加使用远程流行病学和远程医疗通信服务及时提供医疗保健服务，对制图和地质调查进行管理，从而更好地保护土地权利。委员会还注意到，空间产生的惠益已经帮助了基础设施发展，也有助于和平解决与资产相关的争议。

321. 委员会一致认为，空间技术的附带利益是促进工业和服务部门技术创新与增长的强大动力，可用于协助实现各项社会和经济目标及发展国家通信基础设施，还可用于旨在实现可持续发展的项目。

322. 委员会注意到，各国政府已经特别为实施空间产生的技术而制定了国家政策，以联系国内各地区，并提高基础设施、运输和工业发展部门的效率。

323. 委员会一致认为，应当进一步推广空间技术的附带利益，因为它们促进了其他部门创新技术的发展，从而推动经济并有助于提高生活质量。

324. 委员会注意到，各国政府已成功促使非政府组织参与为衡量空间部门的附带利益在经济上的重要性而进行的各种研究，并参加各种项目，其内容包括评估终端用户要求以及空间技术附带利益在商业和工业实践中的实施。

325. 向委员会提供了美国国家航空航天局的出版物《2013 年的附带利益》。

六、空间与水

326. 委员会根据大会第 68/75 号决议审议了题为“空间与水”的议程项目。

327. 埃及、印度、伊拉克、日本、韩国、叙利亚和美国的代表在本项目下发言。智利代表也代表拉丁美洲和加勒比国家组发言。苏丹本・阿卜杜勒·阿齐兹王储国际水奖机构的观察员也作了发言。在一般性交换意见期间，其他成员国的代表也就此项目发言。

328. 委员会听取了下列专题介绍：

（1）“印度使用地球观测数据进行水资源评估和管理”，由印度代表介绍；

（2）“叙利亚通过遥感进行的水资源管理”，由叙利亚代表介绍。

329. 在讨论过程中，各代表团回顾了由本国开展或合作开展的与水有关的活动，举例介绍了本国方案及双边、区域和国际合作。

330. 委员会注意到，与水有关的问题正在成为人类面临的最关键环境问题的一部分，经常带来政治影响，现有水资源的保护和适当利用对于维持地球上的生命极其重要。在这方面，空间数据可协助政策制定者对水资源管理作出知情的决策。

331. 委员会注意到，有许多空间飞行任务平台处理与水有关的问题，空间数据已广泛用于水管理。委员会还注意到，空间技术及其应用结合非空间技术在处理与水有关的许多问题上发挥了重要作用，包括认识和观察全球水循环情况和异常气候模式，测绘水道，监测洪灾、旱灾和地震并减轻其影响，改进预报的及时性和准确性。

332. 委员会满意地注意到，由联合国、摩洛哥和苏丹本·阿卜杜勒·阿齐兹王储国际水奖机构联合举办并由欧空局、伊斯兰空间科学网络和地球观测组织协办于2014 年 4 月 1 日至 4 日在拉巴特举行的第三次利用空间技术实现水管理的国际会议圆满结束。委员会进一步注意到，这次会议为世界各地的科学家、研究人员和专题专家提供了一个宝贵的平台，用以讨论水资源管理方面的合作、能力建设和未来的挑战。

333. 委员会满意地注意到，2014 年 3 月 30 日和 4 月 1 日在圣萨尔瓦多举行的中美洲关于预警系统利用天基信息的专家会议圆满结束，并注意到，改进在国家和地方社区级别运作的预警系统，对于减轻易脆弱人口与洪水和水有关的风险以及对于制定有效应对自然灾害的措施，都极其重要。

334. 委员会注意到，地球观测组织的一项活动——亚洲水循环举措，正在发展一套由多个系统组成的信息系统，通过数据的集成和共享，促进实施水资源综合管理，以此作为 20 个亚洲国家就国家水政策作出适当决策的依据。委员会进一步注意到，东京大学和地球观测组织 2013 年 11 月 25 日至 27 日在东京组织举办了第一次全球对地观测分布式系统（全球测地系统）亚洲—非洲水循环专题联合讨论会，重点讨论了在气候变化背景下进行水资源综合管理活动的协调和共同办法。

七、空间与气候变化

335. 委员会根据大会第 68/75 号决议审议了题为“空间与气候变化”的议程项目。

336. 埃及、印度、日本、墨西哥、葡萄牙和美国的代表在本项目下发言。智利代表也代表拉丁美洲和加勒比国家组发言。在一般性交换意见期间，其他成员国的代表也就此项目发言。

337. 委员会注意到，气候变化是我们这个时代的一个紧迫问题，也是最严重的挑战之一。它是一个贯穿各方面的问题，通过各种过程，如全球变暖、全球海平面上升、极地海冰融化和冰川融化以及更强烈的天气和气候事件，包括旱灾和导致更严重洪水和山体滑坡的热带以外风暴和热带气旋，对世界所有地区特别是发展中国家造成负面影响。在这方面，委员会指出，气候变化是阻碍实现可持续发展的一项重大挑战。

338. 委员会认识到，可发挥重要作用，应当在适应气候变化方面更加注重促进利用空间应用，以尽量减少气候变化的不利影响，并利用空间界提供的机会，特别是在最易遭受灾难的领域即水资源、农业、森林和沿海区域，以及在减少自然原因灾害造成的风险方面。

339. 委员会注意到，卫星观测和空间数据是关于气候变化效应及其对生物地球物理系统和社会经济部门影响的关键监测工具。空间观测已经提供了理解地球系统和建立地球系统模型的重要信息，并将随着记录更多气候变化指标而发挥更大的作用。空间数据连同地面观测，提供了观察地球环境变化和了解全球气候变化对人类影响的一个组合一体的角度。在这方面，委员会注意到，对于编写国际评估报告，如政府间气候变化问题小组的第五期《气候评估报告》，卫星数据也是至关重要的。

340. 委员会确认，通过亚太区域空间机构论坛的活动建立的“环境监测的空间应用”等这类举措，对于鼓励利用空间应用进行环境监测，开展减缓和适应气候变化的研究，是十分重要的。

341. 委员会注意到地球观测组织和地球观测卫星委员会为支持与气候变化有关的活动作出的努力，以及在《联合国气候变化框架公约》和《联合国关于在发生严重干旱和（或）荒漠化的国家特别是在非洲防治荒漠化的公约》框架下对开展全球气候变化减缓和适应行动作出的贡献。

342. 委员会注意到成员国开展的使用卫星监测温室气体排放和悬浮微粒、测量二氧化碳和甲烷及其他几个基本气候变量并监测森林、海洋和旱情的活动。委员会注意到，许多国家自 20 世纪 70 年代初以来发射的卫星已经记录了气候变化的长期全球指标，并揭示了令人震惊的全球趋势。

343. 委员会注意到，一些成员国已经发射或计划发射地球观测卫星，以跟踪气候变化的表现和效应。委员会还注意到，有几个国家的空间机构之间开展了若干合作，发射卫星监测气候变化的影响和与之相关的参数。

344. 有意见认为，委员会可以有助于加强会员国的能力，从而利用空间科技和空间应用来监测各种系统和领域的气候变化影响和调整适应。委员会的审议工作也被认为对加强全球合作开展信息共享和利用空间技术促进理解和管理气候变化带来的挑战极为重要。

八、空间技术在联合国系统内的使用

345. 委员会根据大会第 68/75 号决议审议了题为“空间技术在联合国系统内的使用”的议程项目。

346. 德国和日本的代表在该项目下发言。亚太经社会和西亚经社会的观察员也作了发言。在一般性交换意见期间，其他成员国的代表也就此项目发言。

347. 委员会听取了亚太经社会观察员的专题介绍“促进区域合作，有效利用空间技术促进亚洲及太平洋可持续发展”。

348. 外层空间事务厅主任发言，向委员会通报了 2014 年 5 月 13 日和 14 日在纽约举行的联合国外层空间活动机构间会议第 34 届会议的成果。委员会收到了机构间会议关于该届会议的报告（A/AC. 105/1064）。

349. 委员会注意到，联合国机构间外空会议第 34 届会议与联合国地理信息工作组第 14 次全体会议一并举行。委员会还注意到，2014 年 5 月 14 日下午，联合国机构间外空会议与联合国地理信息工作组举行了联席会议。

350. 委员会赞赏地欢迎秘书长报告《联合国系统内空间相关活动的协调：2014－2015 年的方针和预期成果——论及 2015 年后的发展议程》（A/AC. 105/1063）。委员会注意到该报告第 78 段所载关于利用空间技术促进实现 2015 年后发展议程各项目标的建议。

351. 委员会欣见联合国机构间外空会议商定在其 2015 年编写的下一份特别报告中讨论利用空间增进全球健康的主题。委员会回顾机构间会议前几份特别报告述及以下主题：《空间相关的机构间合作新的和正在出现的技术、应用和举措》（A/AC. 105/843），《对非洲的空间惠益：联合国系统的贡献》（A/AC. 105/941），《空间与气候变化》（A/AC. 105/991），《空间促进农业发展和粮食安全》（A/AC. 105/1042）。

352. 委员会注意到，联合国机构间外空会议在确定其议程方面采取一种灵活办法，以便更能适应参与其中的联合国各实体的当前需要和利益。委员会还注意到，按照大会第 68/50 号决议核可的外层空间活动透明度和建立信任措施政府专家组报告（A/68/189）的总体建议，联合国机构间外空会议已决定在其 2015 年下届会议的议程中列入就该报告中关于联合国各实体协调活动的内容交换意见和信息。

353. 委员会满意地注意到，外层空间事务厅 2014 年 5 月 14 日在纽约举行了外层空间活动机构间会议的第 11 届非正式公开会议，重点讨论的主题是

“利用空间工具促进地球发展——空间技术和应用对2015年后发展议程的贡献”（A/AC. 105/2014/CRP. 9）。

354. 委员会注意到，该非正式公开会议提供了多方面的观察视角，通过实例说明地球观测、全球导航卫星系统、远程通信和远程医疗以及其他来源的地球空间信息等范围广泛的各种空间技术应用，正如何作为实施可持续发展目标的推动力和手段加以运用，包括用以提高人们和基础设施的灾后恢复力和在执行2015年后发展议程的工作进程方面。委员会鼓励成员国继续积极参与机构间会议的非正式公开会议。

355. 委员会注意到成员国与联合国各实体相互合作，促进利用空间技术解决人类面临的全球问题，包括用以建设各国遭受多种灾害打击后的恢复能力。在这方面，委员会注意到亚太经社会第69届会议通过的《2012—2017年亚太空间技术应用和地理信息系统减少灾害风险和促进可持续发展行动计划》以及在西亚经社会“信息和通信技术促进区域一体化”次级方案下开展的活动。

356. 委员会注意到，亚太经社会将举办一次部长级会议，评估在执行上述亚太行动计划方面取得的进展情况。委员会进一步注意到，西亚经社会将在2015年举办关于空间和卫星技术促进阿拉伯区域发展的第一次区域专家组会议。

357. 委员会注意到，联合国机构间外空会议第35届会议可以与联合国地理信息工作组和（或）联合国全球地球空间信息管理举措秘书处联合举办；或与亚太经社会成员国的一次会议一并举行，也可由亚太经社会主办。在这方面，委员会赞赏地注意到亚太经社会提议在2015年担任东道主承办第35届会议。委员会注意到，外层空间事务厅将以机构间会议秘书处的身份在闭会期间明确联合国机构间空间会议第35届会议的主办方。

358. 委员会商定，如果联合国机构间外空会议第35届会议不可能在2015年委员会第58届会议之前举行，那么联合国机构间外空会议第35届会议的报告应提交委员会2016年的届会。

359. 鉴于应用空间科学技术促进发展可在2015年后这一背景下对发展起

到催化作用，委员会请外层空间事务厅通过联合国各实体促进增加空间科学技术促进发展的实际应用。

九、委员会未来的作用

360. 委员会根据大会第68/75号决议审议了题为“委员会未来的作用”的议程项目。

361. 阿尔及利亚、奥地利、比利时、加拿大、中国、日本、墨西哥、罗马尼亚、俄罗斯、瑞士、英国、美国和委内瑞拉的代表在该项目下发言。在一般性交换意见期间，其他一些成员国的代表也就该项目发言。

362. 委员会注意到，关于其未来作用的许多问题已在其他议程项目下有所讨论，因此将反映在本报告的其他部分中。

363. 委员会一致认为，委员会及其科学和技术小组委员会以及法律小组委员会是全球促进和平利用外层空间国际合作的独一无二的共同平台，因此应酌情增强这三个机构在其共同面对的跨领域问题上的互动。

364. 有意见认为，委员会及其小组委员会应当努力与主要的区域性空间合作与协调政策制定机制进行更紧密的对话。鉴于和平利用外层空间的环境不断改变，参与的国家和非政府实体的数量也日益增多，还应继续评估自身的作用和工作。在这方面，委员会应当研究各种合作方式，以推动对空间的利用，并特别关注航天国和非航天国的合作，以弥合发展差距，还应评估如何按照新兴航天国的请求在全球范围提供知识和专长。

365. 有意见认为，委员会应当鼓励和支持以产生成果为目的的跨部门合作新办法，其中包括将全球导航卫星系统的使用和地球观测应用相结合的新的合作活动。

366. 有意见认为，随着空间科学技术的快速发展以及空间活动商业化和私营化趋势日益增强，委员会面临的挑战也日益增多，因此，需要适应这些新动态，以加强其主要职能，即在制定空间法和规范空间活动方面发挥推动力量。

367. 有意见认为，委员会应当继续保持和加强其在制定空间法、协调空间活动国际合作以及空间科学技术应用能力建设等方面的领导作用。

368. 有意见认为，委员会应当增进各种空间相关组织和机制的工作的协同效应，为此建立更好的沟通和互动，并以更加积极而务实的方式促进国际合作、技术转让、信息共享、教育和宣传活动，以确保可持续的空间合作，并为发展中国家创造更多从空间科学技术进步受益的机会。

369. 有意见认为，在客观和逻辑上需更多认识到，必须通过在假设情形下行使在外层空间的自卫权，确定在外层空间的强制性措施的法律依据和方式。需要委员会和法律小组委员会作严肃的审议，以便加深理解并采取联合政治行动。如果不对在外层空间诉诸自卫的机制进行审议和解释，如果不制定关于自卫的关键方面的基本文书，委员会及其科学和技术小组委员会正在制定的空间业务安全条例就会一直是不堪一击的。

370. 一些代表团认为，对于在外层空间部署和使用武器问题，委员会不应进行详细的实质性审议。

371. 有意见认为，关于在联合国主持下建立一个结构紧凑而有效的近地环境物体和事件监测信息统一中心的提议与外层空间活动透明度和建立信任措施政府专家组报告（A/68/189）所述的任务是直接对应的。

372. 委员会一致认为，必须在其题为“保持外层空间用于和平目的的方式和方法”的议程项目下，从更广的视角审议空间安全保障，审议有助于确保安全而有责任地开展空间活动的相关事项，并以务实的方式确定有可能为委员会提供新指导的有效工具，同时不损害其他政府间论坛的任务授权。在这方面，委员会认为，或许应当着重审议国际法律规范适用方面的问题，因为这些问题关系到保持外层空间用于和平目的。

373. 委员会完全遵照大会关于外层空间活动的透明度和建立信任措施的第68/50号决议，商定在2015年第58届会议上，在题为“保持外层空间用于和平目的的方式和方法”的议程项目下，审议外层空间活动透明度和建立信任措施政府专家组报告所载的建议，以确定哪些建议能够在实际可行的限度内变通适用且有助于确保空间业务安全以及一般外层空间活动的长期可持续性。

374. 委员会请秘书处邀请委员会成员国就实行该政府专家组报告所载建议的方式提出意见，因为这些建议涉及且（或）可能在实践中证明有助于确保空间业务的安全性，而且是在科学和技术小组委员会外层空间活动长期可持续性工作组正在进行的工作范围内，成员国的答复应当提交 2015 年举行的科学和技术小组委员会第 52 届会议以及法律小组委员会第 54 届会议。

375. 有意见认为，外层空间活动透明度和建立信任措施政府专家组报告中也有一些建议，即使不涉及外层空间活动的长期可持续性，也涉及保持外层空间用于和平目的的方式和方法，因此，委员会也应将这些建议作为有益的透明度和建立信任措施加以审议。

376. 委员会商定在 2015 年第 58 届会议上继续将该项目作为单独讨论议题（项目）审议。

十、其他事项

377. 委员会根据大会第 68/75 号决议审议了题为“其他事项”的议程项目。

378. 加拿大、美国和委内瑞拉的代表在该项目下发言。在一般性交换意见期间，其他一些成员国的代表也就该项目发言。

（一）2016—2017 年和平利用外层空间方案的拟议战略框架

379. 委员会收到了供其审议的 2016 - 2017 年和平利用外层空间方案的拟议战略框架（A/69/6（Prog. 5））。委员会就该项拟议战略框架达成了一致意见。

（二）2016—2017 年委员会及其附属机构主席团的构成

380. 根据大会第 68/75 号决议并依照大会第 52/56 号决议核可的与委员会及其附属机构工作方法有关的措施，委员会审议了 2016—2017 年委员会及其附属机构主席团的构成事宜。①

381. 委员会注意到西欧国家和其他国家已经核准戴维·肯德尔（David Kendall，加拿大）作为2016—2017年委员会主席职务的人选（A/AC. 105/2014/CRP. 17）。

382. 委员会还注意到拉丁美洲和加勒比国家已核准哈雷姆特·拉各斯·科勒（Hellmut Lagos Koller，智利）作为2016—2017年委员会法律小组委员会主席职务的人选（A/AC. 105/2014/CRP. 18）。

383. 委员会注意到，东欧国家、非洲国家和亚洲太平洋国家将在2015年举行的委员会下届会议之前提名其分别担任2016—2017年委员会第一副主席、第二副主席兼报告员和科学和技术小组委员会主席职务的人选。

（三）委员会成员

384. 委员会欢迎卢森堡申请成为委员会成员（A/AC. 105/2014/CRP. 3）。

385. 委员会决定向2014年大会第69届会议建议接纳卢森堡成为委员会成员。

（四）观察员地位

386. 委员会注意到非洲环境遥感协会申请委员会常驻观察员地位。申请书和相关的函件已在会议室文件A/AC. 105/2014/CRP. 4中提交委员会。

387. 委员会决定向2014年大会第69届会议建议授予非洲环境遥感协会委员会常驻观察员地位。

388. 根据委员会2013年第56届会议的请求，秘书处汇编了关于享有委员会常驻观察员地位的非政府组织享有经济及社会理事会咨商地位的情况（A/AC. 105/2014/CRP. 8）。委员会促请享有委员会常驻观察员地位但尚未申请经社理事会咨商地位的非政府组织不久后着手申请。

① 大会正式记录，第52届会议，补编第20号（A/52/20），附件1. 大会正式记录，第58届会议，补编第20号（A/58/20），附件2，附录3.

（五）组织事项

389. 委员会注意到，委员会及其小组委员会的组织事项和工作方法已在其他议程项目下有所讨论，因此将反映在本报告的其他部分中。

390. 委员会强调，在安排委员会及其小组委员会届会议程项目时，仍然需要采取最大限度的灵活性，以便使全体会议对议程项目的审议与工作组开展的工作这两者之间达到最佳平衡。

391. 委员会回顾，停止使用未经编辑记录稿的试行期限将于 2015 年结束，委员会第 58 届会议和法律小组委员会第 54 届会议将对使用数字录音的情况进行评价（A/66/20 号文件第 297 段以及 A/AC. 105/C. 2/L. 282）。

392. 委员会满意地注意到外层空间事务厅目前为恢复和改进事务厅的网站而开展的工作。

（六）委员会第 58 届会议临时议程草案

393. 委员会建议其 2015 年第 58 届会议审议下列项目：

（1）一般性交换意见；

（2）维持外层空间用于和平目的的方法和途径；

（3）科学和技术小组委员会第 52 届会议的报告；

（4）法律小组委员会第 54 届会议的报告；

（5）空间与可持续发展；

（6）空间技术的附带利益：现状审查；

（7）空间与水；

（8）空间与气候变化；

（9）空间技术在联合国系统内的使用；

（10）委员会的未来作用；

（11）其他事项。

394. 委员会一致认为，秘书处应当适当安排委员会 2015 年下届会议的工作，以便科学和技术小组委员会外层空间活动长期可持续性工作组能够使用口译服务。

395. 委员会满意地注意到，计划在 2015 年科学和技术小组委员会第 52 届会议间隙举行关于空间天气的特别讲习班。

396. 委员会商定，在大会第69届会议期间在大会第四委员会审议“在和平利用外层空间方面的国际合作”这一项目时，由外层空间事务厅组办一次小组讨论，内容是 2015 年后发展议程背景下的可持续发展，小组讨论的具体议题由事务厅决定。

十一、委员会及其附属机构的工作日程

397. 委员会商定 2015 年委员会及其各小组委员会届会的暂定时间表如下：

科学和技术小组委员会，2015 年 2 月 2 日至 13 日，维也纳。

法律小组委员会，2015 年 4 月 13 日至 24 日，维也纳。

和平利用外层空间委员会，2015 年 6 月 10 日至 19 日，维也纳。

和平利用外层空间委员会秘书处的说明：外层空间活动透明度和建立信任措施政府专家组的建议

（联合国文件 A/AC.105/1080）

一、导言

和平利用外层空间委员会在其第57届会议报告中商定，委员会将在2015年第58届会议上审议外层空间活动透明度和建立信任措施政府专家组报告（A/68/189）所载的建议，以确定哪些建议能够在实际可行的限度内变通适用于且有助于确保空间业务安全以及一般外层空间活动的长期可持续性（A/69/20：373段）。

秘书处在2014年7月31日的一份普通照会中，邀请和平利用外层空间委员会成员国不晚于2014年10月20日就实际采用这些建议的方式提出看法。本说明由秘书处根据收到的对这一邀请的答复而编拟。

二、委员会成员国提供的答复：德国（原件为英文，2014年10月27日）

实际采用政府专家组报告所载建议的方式

德国重申赞赏外层空间活动透明度和建立信任措施政府专家组编写的报告。其中所载的建议就通过增强空间安全以及安全和负责任地开展空间活动来维持外层空间用于和平目的提供了有益的指导。

有助于安全和可持续开展外层空间活动的措施同样有助于实现利用外层空间方面的透明度和在这方面建立信任，反之亦然。政府专家组认识到这种根本的内在联系。这种内在联系也反映在外层空间活动长期可持续性工作组正在审议的项目与政府专家组提议的措施部分重合。两种情形下都提及以各种形式交流信息，而进一步发展增进空间业务安全的行为规范被认为有助于实现可持续性目标以及空间安全目标。

外层空间活动长期可持续性工作组目前正在讨论有助于安全和无干扰地开展空间活动的一些措施，工作组在进一步开展工作时可以借鉴政府专家组报告（A/68/189）所载的建议。应当考虑在工作组范围之外启动制定安全相关规范的另一个进程，以便建立一个实质性且一致的规范体系，通过避免实物干扰和无线电频率干扰，促进进入外层空间和自外层空间返回方面的安全以及空间业务安全。

德国认为，应在和平利用外层空间委员会的范围内处理这些项目。与制定安全措施有关的许多问题涉及适用和进一步加强目前管辖外层空间活动的监管框架。委员会处理外层空间活动所涉监管问题这项基本任务应始终是指导其进一步工作的主要考虑因素。委员会完全有能力处理确保安全和负责任地开展空间活动需要考虑的技术问题以及法律问题。

三、委员会成员国提供的答复：美国（原件为英文，2014年10月30日）

导言

美国很高兴就如何结合科学和技术小组委员会外层空间活动长期可持续性工作组正在开展的工作，实际采用联合国外层空间活动透明度和建立信任措施政府专家组报告（A/68/189）所载的建议发表看法。

美国继续支持和平利用外层空间委员会科学和技术小组委员会在2010年该小组委员会第47届会议上设立的外层空间活动长期可持续性工作组，并欢迎该工作组主席2014年6月3日提出的关于合并一套外层空间活动长期可持续性准则草案的建议（A/AC. 105/2014/CRP. 5）。美国强烈希望该准则草案能够提交委员会核可，并在 2016 年转交大会以便通过。

美国也欢迎外层空间活动透明度和建立信任措施政府专家组达成里程碑式的共识。该政府专家组的研究提供了一个独特的机会，有助于就采取自愿和务实的透明度和建立信任措施以确保空间环境的可持续性和安全性并为了所有国家的利益加强空间的稳定和安全的重要性和优先性达成共识。

美国高兴地注意到，大会在 2013 年第 68 届会议上欣见秘书长转交外层空间活动透明度和建立信任措施政府专家组报告（A/68/189）的说明；鼓励会员国通过相关国家机制，自愿地并以符合其国家利益的方式，在切实可行的最大限度内审查和执行报告所载拟议透明度和建立信任措施；并请秘书长向联合国系统所有其他相关实体和组织（包括委员会）分发该报告，以便它们酌情协助有效执行其中所载的结论和建议。①

在这方面，美国欢迎有机会分享其对于下列问题的观点：政府专家组确定的与委员会工作特别是与委员会外层空间活动长期可持续性工作组工作有关的透明度和建立信任措施；美国执行专家组所建议的某些透明度和建立信任措施的情况；委员会关于如何利用专家组工作的考虑。

政府专家组确定的与委员会有关的透明度和建立信任措施以及美国的执行情况

外层空间活动透明度和建立信任措施政府专家组的报告承认，外层空间透明度和建立信任措施可以增强日常空间业务的安全、可持续性以及安保和稳定性，并有助于达成国家之间和人民之间的相互了解，加强国家之间和人民之间的友好关系。美国认为，下述透明度和建立信任措施（摘自标明的专家组报告（A/68/189）段落号的相关部分）与委员会的工作特别是与外层空间活动长期可持续性工作组的工作有很大关系。

1. 空间政策信息交流

外层空间活动透明度和建立信任措施政府专家组报告第 37 段指出：

---

① 大会第 68/50 号决议.

> 为在全世界各国之间就军事和非军事事务建立信任和信心，各国应公布本国空间政策和战略信息……各国还应公布主要外层空间研究和空间应用方案的信息。应当根据现有的多边承诺开展信息交流。

这项措施与委员会多年来在成员国之间交流关于空间政策、战略和外层空间研究和应用方案的信息的经验是一致的。委员会应继续作为促成此类交流的场合。此外，外层空间活动长期可持续性工作组正在审议与交流外层空间活动长期可持续性相关经验和信息有关的准则。

美国通过公布其国家空间活动的原则、目标和战略来执行这项措施，如2010年《美国国家空间政策》。美国还参加与其他多个航天国的双边空间对话，这种对话提供了机会，有利于回应就公布的美国政府政策声明和行政部门提交美国国会的材料提出的问题。

2. 与外层空间活动有关的信息交流和通报

政府专家组报告第39段指出：

> 交流外层空间物体的基本轨道参数信息可能有助于提高追踪空间物体时的准确性。具体措施可包括：
>
> (1) 交流空间物体轨道要素信息，在切实可行的范围内向受影响的政府和私营部门航天器运营者通报涉及潜在的航天器轨道会合情况；
>
> (2) 各国应按照《关于登记射入外层空间物体的公约》(1975年) 和大会第62/101号决议《关于加强国家和国际政府间组织登记空间物体的做法的建议》，尽快向联合国提供登记信息；
>
> (3) 向公众提供查看国家空间物体登记册的机会。

这项措施与委员会有关，因为委员会在就分享空间活动信息开展工作，包括秘书处外层空间事务厅在维持《关于登记射入外层空间物体的公约》缔约国提供的空间物体的登记册方面开展的工作。“用来支持协作性空间情况认识的工具”是外层空间活动长期可持续性工作组职权范围中明确列入供其审议的主要议题之一。事实上，该工作组的 B 专家组就此处确定的议题拟订了若干准则草案。工作组拟订的与这些议题有关的共识性准则是为落实这些措施采取的一项具体步骤，与外层空间活动透明度和建立信任措施政府专家组的建议是一致的。

美国如今已在落实这些措施。美国遵守《登记公约》，向外层空间事务厅提交信息，并在其网站（https：//usspaceobjectsregistry. state. gov）上刊载美国的登记数据。美国还向网站 http：// www. space – track. org 的注册用户提供空间物体的基本轨道参数，并在紧急情况下和根据请求就其他航天器和碎片造成的潜在碰撞危险向其他航天器运营者提供近距离接近通报。对于回应最初的近距离接近通报提供详细星历表数据的运营者，美国向其更详尽的会合评估。

报告第 40 段指出：

> 根据《外空条约》，各国如发现包括月球和其他天体在内的外层空间中有可能对航天员生命或健康或对人类航天活动构成威胁的任何现象，应立即通知其他国家或联合国秘书长。各国还应考虑在自愿的基础上向其他政府和非政府航天器运营者及时提供信息，通报可能对用于和平探索和利用外层空间的航天器造成有害干扰的自然现象。

这项措施主要与分享空间天气信息有关，分享空间天气信息是外层空间活动长期可持续性工作组职权范围中明确列入供其审议的主要议题之一。事实上，该工作组的 C 专家组拟订了与该项措施有关的若干准则草案。工作组拟订的与该措施有关的共识性准则是朝着落实外层空间活动透明度和建立信任措施政府专家组报告所概述的措施采取的一项具体步骤。此外，委员会通过其科学和技术小组委员会关于空间天气的议程项目，有机会讨论在执行这项措施方面取得的进展和潜在的准则。

美国通过在网站（http：//www. swpc. noaa. gov）上提供空间天气警报来执行这项措施。

除支持本国载人空间飞行任务的飞行安全外，美国还与中国合作，以最大限度地降低中国载人空间飞行方案的空间物体碰撞风险。例如，美国就中国的神舟飞行任务向其提供近距离接近通报。

3. 减少风险的通报

报告第42段指出：

> 各国应尽最大可能及时向可能受影响的国家通报可能会危及其他国家空间物体飞行安全的预定机动操纵。

机动操纵通报是外层空间活动长期可持续性工作组职权范围中明确列入供其审议的议题之一。工作组的B专家组对该议题进行了研究，确定酌情就轨道的改变与其他运营者和（或）负责会合评估的组织进行协调是会合评估工作的一个重要方面。工作组拟订的共识性准则纳入这一概念是朝着落实这项措施采取的一个具体步骤，与外层空间活动透明度和建立信任措施政府专家组的建议是一致的。

美国在紧急情况下和根据请求就其他航天器和碎片造成的潜在碰撞危险向其他航天器运营者提供近距离接近通报。对于回应关于潜在碰撞风险的最初的近距离接近通报提供详细星历表数据的运营者，美国对其更详尽地会合评估。这些更详尽的评估可帮助确保有合作关系的航天器运营者进行的任何规避性机动操纵的效率和效力。美国利用其空间情况认识信息，包括其参加国际空间情况认识信息分享方案收到的信息，支持对本国航天器的操作，以便不致对其他国家的航天器造成空间飞行安全风险。

报告第43段指出：

> 各国应支持制定并执行一些措施，就预计发生的高风险重返大气层事件（即重返大气层的空间物体或重返大气层空间物体的残留物可能造成重大损害或放射性污染的事件）及时

> 并尽最大可能与所有可能受影响的国家、联合国秘书长和相关国际组织交流信息，并向其通报此类事件。

重返大气层通报是外层空间活动长期可持续性工作组职权范围中列入供其审议的议题之一。工作组的 B 专家组对该议题进行了研究，重点是限制受控制重返对人和财产造成的风险，注意到就无控制重返提供通报方面的困难。工作组拟订的共识性准则纳入这一概念是朝着落实这项措施采取的一个具体步骤，与外层空间活动透明度和建立信任措施政府专家组的建议是一致的。

美国向重返影响地区的飞行员和海员提供通知，并提供了美国几个空间物体无控制重返的通报，即使在据评估对公众安全造成的风险极低的情况下。此外，美国国家航空航天局（美国航天局）是机构间空间碎片协调委员会（空间碎片协委会）的成员，后者有关于高风险重返大气层事件的通报和监测程序。

报告第 44 段指出：

> 当出现与空间物体飞行安全遭受自然和人为威胁有关的事件时，各国应及时并尽最大可能通知所有可能受影响的国家。这包括空间物体出现运转故障或失控造成的、可能大幅提高发生高风险重返大气层事件或空间物体相撞的概率的风险。

美国参加了空间碎片协委会一年一度针对空间物体无控制重返的测试活动。空间碎片协委会最近的重返测试活动实例包括合作监测 2011 年合作监测美国高层大气研究卫星和德国伦琴卫星的无控制重返，2012 年合作监测俄罗斯福布斯—格朗特号航天器的无控制重返，2013 年合作监测欧空局重力场和稳态海洋环流探测卫星的无控制重返。

美国还就 2008 年 1 月“美国”卫星（USA－193）出现故障及 2009 年 2 月“宇宙 2251 号”卫星与“铱 33 号”卫星碰撞，向受影响国家以及更广泛的国际社会提供信息。

第 45 段指出：

> 应避免故意摧毁轨道中的航天器或运载火箭轨道级或其他可产生长期碎片的有害活动。如确定有必要进行故意解体，则有关国家应将其计划通知可能受影响的其他国家，包括为确保在足够低的高空进行故意解体将采取的措施，以限制所产生碎片的轨道寿命。所有行动都应按照大会第62/217号决议《和平利用外层空间的国际合作》所核可的《联合国空间碎片减缓准则》开展。
>
> 该措施赞同委员会制定的《空间碎片减缓准则》，特别是准则四。委员会可继续通过其空间碎片议程项目监测该措施的落实情况。

美国在2008年2月发出外交通知表示计划摧毁USA－193时，即是在执行该措施。美国还就与USA－193有关的减缓碎措施提供了摧毁前和摧毁后通报。美国在这次摧毁工作中的活动符合空间碎片协委会《空间碎片减缓指南》和委员会《空间碎片减缓准则》中关于故意摧毁的规定。

4. 接触和访问航天发射场

报告第46段和第47段指出：

> 为熟悉情况而自愿进行的访问可以提供机会，加深国际社会对一国军民两用和军事空间活动流程和程序的了解，并可以为编拟和进行通报和磋商提供背景。

专家组注意到，《外空条约》第10条和其他多边承诺，鼓励各国在自愿的基础上考虑由专家访问空间设施（其中包括空间发射场、飞行指挥和控制中心及外层空间基础设施中的其他业务设施）。此类访问可包括空间情况认识中心。

虽然委员会本身并不在安排成员国之间熟悉情况访问方面发挥作用，但外层空间活动长期可持续性工作组正在考虑促进定期交流信息的准则。如果专家有机会访问空间业务中心，观察到避免碰撞的作业程序，则此类信息交流的意义将得到增强。

按照美国的技术转让法律和条例及多边承诺，美国定期欢迎国际观察员到访美国航天局和美国国家海洋与大气管理局（美国海洋与大气管理局）载人空间飞行和机器人航天器业务中心。美国还邀请政府军事专家和民事专家参观国防部的航天器业务以及美国战略司令部的空间业务中心，作为军方对军方合作活动的一部分。

5. 国际合作

第49段和第51段指出：

> 和平利用外层空间方面的国际合作为所有国家发展和加强自身能力、以开展空间活动和（或）从中受益提供了基础。航天国家和非航天国家在科学和技术项目方面开展国际合作有助于建立信任。

国际合作是促进每个国家实现为本国发展和福祉而受益于空间技术这一正当目标的权利的重要工具。

这与法律小组委员会题为“审查和平探索及利用外层空间方面的国际合作机制”的议程项目方面的工作有关。按照工作计划，该小组委员会将评估成员国使用的各种国际合作机制以便能够了解各国和各国际组织使用的各种协作机制以及在哪些情况下和为什么各国偏爱不同的机制。此类信息将有助于成员国考虑采用相关机制促进今后在和平利用外层空间方面的合作活动。在这方面，这个项目特别及时，因为2017年即审议本议程项目的最后一年正好是《外空条约》50周年。

此外，外层空间活动长期可持续性工作组正在审查与国际合作有关的准则草案。通过工作组的一项准则积极鼓励各国参与国际合作，可针对外层空间活动透明度和建立信任措施政府专家组的建议向各国提供务实的指导。

美国目前正在通过旨在增强国际合作的多种双边和多边机制落实这项措施。对美国海洋与大气管理局而言，国际协作对于履行其任务授权至关重要。

美国海洋与大气管理局就空基地球观测数据的分享和联合卫星任务与世

界各地的对应方进行双边合作，并通过地球观测组织、地球观察卫星委员会、气象卫星协调小组以及其他论坛进行多边合作。

报告第 55 段指出：

> 空间科学和技术方面的双边、区域和多边能力建设方案，有助于培养全球发展中国家教育工作者和科学家的太空技能和知识。此类方案应以理论、研究、应用、实地演练和试点项目为重点开展能力建设，以在目标国家和区域推动社会和经济发展。

联合国外层空间事务厅在促进发展中国家能力建设方面发挥重要作用，以使它们能够在灾害管理的所有阶段——从预警到减灾、救灾和重建——利用空间技术。此外，能力建设是外层空间活动长期可持续性工作组职权范围中明确列入供其审议的议题之一。事实上，该工作组的 A、B 和 C 专家组拟订了与这项措施有关的准则草案。虽然此类活动已在开展当中，工作组关于能力建设的共识性准则将有助于强调其活动的重要性，外层空间活动透明度和建立信任措施政府专家组已经强调了这种活动的重要性。

美国目前正通过增强在地球观测组和地球观测卫星委员会内开展的工作落实这项措施，包括运行 GEONETCast Americas 并在地球观测卫星委员会能力建设和数据民主工作组发挥重要作用。

报告第 56 段指出：

> 为实现可持续经济和社会发展，实行一项开放的卫星数据收集和传播政策符合大会第 41/65 号决议《关于从外层空间遥感地球的原则》。为推动数据传播政策，各国还可考虑制定方案，培训和教育发展中国家用户如何接收和判读有关卫星数据，并将此类数据提供给国内和国际终端用户，使之对他们有用，并可以为他们所获取。

有利于全球可持续发展的其中一套最有用原则就是“关于从外层空间遥

感地球的原则”。该原则引入不歧视提供数据概念，促成在农业、森林砍伐评估、灾害监测、减轻旱灾和土地管理等应用领域利用及时和优质的空基地理空间数据促进可持续发展，以便产生重大社会效益。目前有几十个国家运营地球观测卫星并相互合作，以最大限度地利用这些航天器提供的信息，帮助所有国家的可持续发展。通过地球观测卫星委员会和地球观测组等组织，卫星数据日益广泛地传播给世界各地政府、学术机构和非政府组织的用户群体。通过联合国灾害管理与应急反应天基信息平台（联合国天基信息平台）方案和《空间与重大灾害问题国际宪章》等努力，有关灾害预警和响应这个至关重要问题的工作同样得到加速。

外层空间活动长期可持续性工作组的各专家组拟订了与数据传播和能力建设措施有关的准则草案。虽然此类活动已在开展当中，工作组有关能力建设和数据传播的共识性准则将有助于强调其活动的重要性，外层空间活动透明度和建立信任措施政府专家组已经强调了这种活动的重要性。

全球公开数据访问政策免费或以名义费用提供对地理空间数据的访问。例如，美国地质测量局允许国际社会免费以电子方式访问其管理的国家全球图像档案中的所有 Landsat 卫星图像，最早的图像来自 1972 年发射的 Landsat－1 号卫星。此外，美国航天局所有卫星地球观测数据和衍生信息产品继续通过美国航天局地球观测系统数据和信息系统供所有人免费查看、获取和使用。同样，美国海洋与大气管理局几十年来接近实时地向国际社会提供来自其所有飞行任务的数据，并提供对南美洲和中美洲的地球静止卫星覆盖，为短期天气预报和严重风暴监测提供便利。美国海洋与大气管理局还牵头开展几项能力建设活动，包括培训来自南美洲和中美洲的气象学家使用卫星数据，主办卫星用户会议并在地球观测卫星委员会能力建设和数据民主工作组支持下牵头在非洲举办虚拟和现场讲习班。正在进行或计划进行的另外几个卫星任务将采取类似的数据分配政策。开放和不歧视地提供数据原则增进了透明度并有助于国家间建立信任，对于全球可持续发展至关重要。

6. 外联

报告第 60 段指出：

> 外联措施能够改善各国之间的相互理解以及区域、多边、非政府和私营部门合作。外联活动通过采取有关外层空间活动的政治和外交措施来增进相互信任，可以有助于加强所有国家的安全。具体措施包括各国参加关于空间安全问题的专题讲习班和会议。

和平利用外层空间委员会成员国和观察员经常在委员会及其两个小组委员会届会间隙主办专题讲习班和会议。此外，外层空间事务厅经常举办区域讲习班、培训班和国际会议，重点讨论许多空间问题，包括全球导航卫星系统、空间科学和技术应用、空间法等。

外层空间活动长期可持续性工作组目前正在 D 专家组起草材料的基础上审议与外联有关的一项准则草案。虽然此类活动已在开展当中，工作组有关外联的共识性准则将有助于强调其活动的重要性，外层空间活动透明度和建立信任措施政府专家组已经强调了这种活动的重要性。

美国总是派专家参加联合国赞助的空间应用、科学和技术讲习班以及双边和区域空间讲习班。其中包括赞助 2012 年 11 月和 2014 年 10 月举行的两次东南亚国家联盟（东盟）空间安全问题区域论坛会议以及赞助联合国裁军研究所一年一度的空间安全问题讲习班。

报告第 61 段指出：

> 航天国家应按照《外空条约》的规定，向秘书长、公众和国际科学界通报其外层空间活动的性质、进行方式、位置和结果。

这项措施与委员会多年来在成员国之间和与委员会观察员交流关于空间政策、战略和外层空间研究和应用方案的信息的经验是一致的。委员会应继续作为促成此类交流的场合。此外，外层空间活动长期可持续性工作组正在审议与交流外层空间活动长期可持续性相关经验和信息有关的准则。

美国通过公开网站、在会议和讲习班上作专题介绍以及公共外交，定期公布关于其外层空间活动的信息。

报告第 62 段指出：

> 专家组注意到国际组织和非政府组织为促进外联活动所做的重要知识贡献。此类活动使所有国家和其他有关的利益攸关方有机会进行建设性对话。在联合国系统内，外层空间事务厅、裁军事务厅和联合国裁军研究所所做的工作尤其值得注意。各国应积极鼓励所有利益攸关方，包括学术界和非政府组织，积极参与提高公众对外层空间政策和活动的认识。

几个非政府组织目前被准予在委员会享有观察员地位，部分是为了促进提高公众对外层空间政策和活动的认识。

美国也寻求通过联邦咨询委员会以及通过私营部门顾问直接参加赴和平利用外层空间委员会代表团，积极寻求私营部门利益攸关方对于长期可持续性问题的意见。来自学术界、专业学会和行业协会的美国专家也在外层空间活动长期可持续性工作组的所有四个专家组中发挥重要作用。

7. 协调

报告第 63 段指出：

> 鼓励各国通过本国的空间机构或其他受权实体、现行机制和国际组织促进空间政策和空间方案之间的协调，以增强空间利用的安全性和可预测性。为支持这一目标，各国还可根据多边承诺订立双边、区域或多边安排。

这一点与委员会的工作有关，因为就空间政策、战略和方案进行交流可促进协调一致地执行目前关于空间碎片减缓的国际准则以及今后关于长期可持续性的准则。

美国目前通过在双边空间合作对话中进行各种外交和科学交流以及通过委员会的工作来落实这项措施。

报告第 65 段指出：

> 专家组一致认为，为加强外层空间活动的协调，各国、各国际组织和开展空间方案的私营部门行为体应当设立协调中心。

这一点与委员会的工作有关，因为及时交流信息可促进避免碰撞努力以及对空间天气事件、轨道碰撞和其他危险作出响应。在这方面，外层空间活动长期可持续性工作组目前正在审议关于交流负责航天器作业和会合评估相关实体的联系信息的准则。

美国目前通过设立一个业务中心和其他指定联络点名录来实施这项措施，以确保及时提供轨道近距离接近通知。美国战略司令部联合空间业务中心寻求取得并保持所有卫星业务中心联系信息名册。美国利用空间合作双边外交对话以及参加和平利用外层空间委员会帮助获得此类信息。

报告第67段指出：

> 各国应尽最大可能寻求参与联合国系统政府间实体，例如裁军谈判会议、国际电信联盟（国际电联）、世界气象组织（气象组织）、可持续发展委员会及这些机构的任何后继机构开展的与外层空间有关的活动。开展空间活动的国家应以成员或观察员身份积极参与和平利用外层空间委员会的活动。

这项措施注意到委员会以及联合国其他实体在促进和平探索和利用外层空间方面所做的出色工作。

美国积极参与和支持委员会的工作以及联合国系统国际电信联盟（国际电联）、世界气象组织（气象组织）和联合国裁军研究所开展的其他相关空间活动。

8. 其他结论和建议

报告第71段指出：

> 为在各国之间建立信心和信任，专家组建议各国普遍参与、执行并全面遵守它们加入或签署的与外层空间活动有关的现行法律框架。

和平利用外层空间委员会及其法律小组委员会有着通过协商一致开展工作以促进空间探索的方式制定空间法的优良传统。法律小组委员会在制定各项主要外层空间条约方面发挥了关键作用：《外空条约》、《营救协定》、《责任公约》和《登记公约》。在这些条约组成的法律框架下，各国、各国际组织以及现在包括私营实体的空间探索有了蓬勃发展。因此，空间技术和服务对世界各地的经济增长和生活质量的改善作出了无法估量的贡献。

此外，外层空间委员会及其两个小组委员会为拟订不具法律约束力的原则和准则提供了独一无二的论坛，如《关于从外层空间遥感地球的原则》、《关于在外层空间使用核动力源的原则》、和平利用外层空间委员会《空间碎片减缓准则》。

如今，和平利用外层空间委员会仍是建立可持续利用外层空间机制和促进可持续利用外层空间的主要国际论坛。法律小组委员会有两个常设议程项目，意在加强各国对空间可持续性的治理。其中一个议程项目请各国交流国家立法信息，强调以适当手段确保外层空间用于和平目的以及国际法义务得到落实的重要性。另一个项目请各国交流与空间碎片减缓措施有关的国家机制方面的信息。这种信息交流非常重要，因为它使各国能够汲取其邻国和合作伙伴的经验教训，并有可能实施类似的机制和进程。

美国遵守四项核心空间条约，国际电信联盟《组织法》、《公约》和相关条例，《世界气象组织公约》和《部分核禁试条约》。

报告第73段指出：

> 专家组进一步建议会员国采取措施，尽最大可能执行和平利用外层空间委员会和大会在协商一致基础上认可的原则和准则。会员国还应酌情考虑采取措施，执行其他国际公认的空间原则。

这项措施认可委员会制定的原则和准则。

美国已将联合国大会关于遥感的原则和关于空间核动力源的原则纳入其国内做法。此外，美国关于减缓空间碎片的国内政策和条例通过《美国政府轨道碎片减缓标准做法》以及联邦通信委员会、联邦航空管理局和商务部的条例落实《空间碎片减缓准则》。

和平利用外层空间委员会利用外层空间活动透明度和建立信任措施政府专家组的工作推进自身工作方面的考虑

随着外层空间活动长期可持续性工作组取得进展，日益明显的是它也可为制定透明度和建立信任措施从而增强稳定作出贡献。工作组正在拟订的准则将为明年委员会第58届会议关于空间透明度和建立信任措施的讨论提供信息依据。这些讨论的结果也可为大会负责空间安全的两个委员会即第一委员会和第四委员会可能举行的特别联席会议提供重要的投入。在这方面，第一委员会和第四委员会及外层空间事务厅各自的秘书处就这次联席会议的筹备工作进行密切协调至关重要。

这样一次联席会议也可提供一次机会，有助于会员国查明整个联合国系统就落实空间透明度和建立信任措施进行更好的协调的机会。尤其是，这次会议可以探讨跨越和平探索和利用外层空间方面国家空间活动所有部门的“整个政府”合作的作用。

这样一次会议也可提供一次机会，以便考虑一个整个联合国范围的协调机制如何在现有资源范围内为促进和有效实施透明度和建立信任措施提供有益的平台，该机制将涉及联合国秘书处各实体以及参与外层空间活动的其他机构。在这方面，美国认为由外层空间事务厅组织的联合国外层空间活动机构间会议应履行这项职责。

美国还认为，联合国裁军事务厅应在该机构间机制内讨论空间透明度和建立信任措施方面发挥积极作用，由裁军事务厅为落实外层空间活动透明度和建立信任措施政府专家组所建议的超出外层空间事务厅、气象组织、国际电联和联合国系统其他机构任务授权的透明度和建立信任措施（例如，就重大外层空间军事支出和其他国家安全空间活动交换信息）提供专门知识和支持。

这些执行工作可由外层空间事务厅、裁军事务厅和联合国裁军研究所的外联活动作为补充。这些外联活动可利用联合国裁军研究所在处理各种空间安全和稳定性问题方面的丰富经验。

除上述具体措施外，政府专家组建议各国在商定具体的单边、双边、区域和多边透明度和建立信任措施后，应定期审查此类措施的执行情况并讨论可能需要增加的措施（A/68/189：70 段）。美国认为为此目的可利用委员会。

外层空间的定义和划界问题工作组主席的报告

（联合国文件 A/AC. 105/C. 2/2014/DEF/L. 1）

1. 和平利用外层空间委员会法律小组委员会 2014 年 3 月 24 日第 878 次会议重新召集了外层空间的定义和划界问题工作组，由约瑟·蒙塞拉特·菲力欧（José Monserrat Filho，巴西）担任工作组主席。

2. 主席提请工作组注意，根据大会第 68/75 号决议，工作组会议仅审议与外层空间的定义和划界有关的事项。

3. 工作组收到了下列文件：

（1）秘书处说明《与外层空间的定义和划界有关的国家法规和做法》（A/AC. 105/865/Add. 14 和 15）；

（2）秘书处说明《关于外层空间的定义和划界的问题：会员国的答复》（A/AC. 105/889/Add. 13 和 14）；

（3）秘书处说明《用于科学飞行任务和（或）载人运输的亚轨道飞行的问题》（A/AC. 105/1039 和 Add. 2 和 3）；

（4）会议室文件《与外层空间的定义和划界有关的事项：俄罗斯的答复》（A/AC. 105/C. 2/2014/CRP. 6）；

（5）会议室文件《与外层空间的定义和划界有关的事项：乌拉圭的答复》（A/AC. 105/C. 2/2014/CRP. 13）；

（6）关于土耳其给法律小组委员会第 53 届会议的意见的会议室文件（A/AC. 105/C. 2/2014/CRP. 26）；

（7）会议室文件《各国在外层空间的定义和划界方面的国家做法和法规

资料摘要》（A/AC.105/C.2/2014/CRP.27）。

4. 主席作了专题介绍，概述了自小组委员会于20世纪60年代开始审议与外层空间的定义和划界有关的事项以来出现的有关这些事项的一般信息、观点和理论。

5. 有意见认为，目前的和可预见的民用航空作业高度将不会超过100–130公里，在那个高度可能会有与众多的航天器碰撞的危险，为此，持这一意见的代表团提议在这一范围内确定空气空间与外层空间的边界。

6. 一些代表团认为，采用功能性做法可有效确定航空法和空间法的适用范围。

7. 有意见认为，没有必要寻求外层空间的法律定义或划界，目前的框架并未产生实际的困难，因而在制定外层空间定义或划界方面有明显的需要和切实的依据之前各国应当继续按照该框架行动。

8. 一些代表团认为，小组委员会有必要与国际民用航空组织共同处理外层空间的定义和划界问题。

9. 有意见认为，联合国各项外层空间条约的许多条款处理在国家或国际空气空间进行空间活动的情形，而虽然各国对其本国空气空间行使主权并不妨碍探索和利用外层空间的自由，但《关于各国探索和利用包括月球和其他天体在内外层空间活动所应遵守原则的条约》第一条第二段的措辞可能意味着，进入外层空间尽管是探索和利用外层空间的一个必要条件，却无法得益于相同程度的自由。

10. 有意见认为，在某些情况下，可以考虑基于高度的划界标准，因为这可为将一项活动限定为空间活动而对客观要素作出规定。例如可能的情形是，探空火箭按设计并不是要将一项载荷放入轨道，而是可能要到达相当高的高度。

11. 有意见认为，有必要承认各种法律形式的共存，这些法律产生了关于同一专题的多种协议和法律资源。关于航空法和空间法，使一项条约内所载的不同权利和义务保持平衡、使关于同一专题的各项条约中的规范和程序相协调、解决各制度间的冲突，这都需要采取一种务实做法，处理因确定是否存在管辖空气空间和外层空间中穿越、运动或使用的仪器的法律规则而产生的相对规范性或等级体系。这种做法还应决定是否应优先关注可能适用于法律事项或可能争议的若干规则或解释中的特定规则或解释。就此，表达了上述看法的代表团还认为，这方面的工作有助于确定相互独立制订的航空法和空间法领域的国际优先事项。

12. 一些代表团认为，鉴于没有关于外层空间定义和划界的共识，工作组可以总结其多年工作期间出现的观点和概念，并将此作为给小组委员会的报告予以介绍，以期可能暂停工作组的工作，直到外层空间探索和利用中的新动态证明有必要对外层空间进行定义和划界。

13. 有意见认为，工作组可考虑今后将欧洲议会和欧盟理事会 2012 年 4 月 19 日第 388/2012 号条例的各国与外层空间定义和划界有关的国家做法和法规资料概述增编列入在内，其内容涉及为管制双重用途物品的出口、转让、经纪和过境设立一个共同制度，其中载有“限定空间”的定义，该定义系指“产品的设计、制造和测试是要满足对用于发射并部署在 100 公里或更高高度处运行的卫星或高空飞行系统的电力、机械或环境特殊要求”。

14. 工作组听取了主席关于对“空间活动”一语进行定义的提案，其目的是建立共识，即使是初步共识，同时暂时搁置对外层空间进行定义和划界这一任务，以使集中于对空间活动进行定义的任务，空间活动是由空间法加以规范的专题之一。工作组同意在 2015 年小组委员会下届会议上讨论这一提案。

15. 工作组在讨论的基础上商定：

（1）继续请和平利用外层空间委员会成员国考虑到航天和航空技术目前的和可预见的发展水平，提交有关可能已经存在或正在制订的、与外层空间和空气空间的定义和（或）划界直接或间接相关的本国法规或本国任何做法的资料；

（2）继续通过秘书处向会员国政府提出下列问题：①鉴于当前的航天航空活动水平以及航天航空技术的发展，贵国政府是否认为有必要对外层空间进行定义和（或）对空气空间与外层空间进行划界？②贵国政府是否认为可用其他方法解决这一问题？③贵国政府是否考虑对外层空间下限和（或）空气空间上限进行定义的可能性，同时承认有可能就一物体跨空气空间和外层空间的飞行任务颁布特别的国际法或国内法？

（3）继续请联合国会员国和委员会常设观察员对下列问题提供答复：①用于科学飞行任务和（或）载人运输的亚轨道飞行与外层空间的定义和划界之间是否存在着某种相互关联？②用于科学飞行任务和（或）载人运输的亚轨道飞行的法律定义是否在空间活动方面对各国及其他行动方切实有用？③如何界定用于科学飞行任务和（或）载人运输的亚轨道飞行？④有哪些法规适用于或者可适用于科学飞行任务和（或）载人运输的亚轨道飞行？⑤用于科学飞行任务和（或）载人运输的亚轨道飞行的法律定义对空间法的逐步制定会有何影响？⑥请提出其他问题，以供在用于科学飞行任务和（或）载人运输的亚轨道飞行的法律定义框架内审议。

和平利用外层空间委员会秘书处的说明：关于外层空间定义和划界的问题

（联合国文件 A /AC. 105/889）

一、导言

1. 在2013年举行的和平利用外层空间委员会法律小组委员会第52届会议上，外层空间定义和划界问题工作组商定向会员国提出下列问题（A/AC. 105/1045：附件2第8段（b）项）：

（1）鉴于当前的航天航空活动水平以及航天航空技术的发展，贵国政府是否认为有必要对外层空间进行定义和（或）对空气空间和外层空间进行划界？请在答复中说明理由；

（2）贵国政府是否认为可用其他方法解决这一问题？请在答复中说明理由；

（3）贵国政府是否考虑对外层空间下限和（或）空气空间上限进行定义的可能性，同时承认有可能就一物体跨空气空间和外层空间的飞行任务颁布特别的国际法或国内法。

2. 本文件是秘书处根据所收到的阿尔及利亚、亚美尼亚、危地马拉和肯尼亚的答复编写的。

二、从会员国收到的答复：阿尔及利亚（原件为法文，2013 年 11 月 11 日）

问题 1：关于外层空间的定义和划界，自 2012 年 1 月 13 日提交最近一次及利亚的立场没有变化。该报告载于 2012 年 2 月 21 日分发的文件 A/AC. 105/889/Add. 10。

问题 2：阿尔及利亚政府没有探讨过除与外层空间定义和划界有关的任何其他解决办法。

问题 3：阿尔及利亚重申 2012 年 1 月 13 日提交的、载于 2012 年 2 月 21 日分发的文件 A/AC. 105/889/Add. 10 中的报告所陈述的立场：

阿尔及利亚认为，外层空间定义和划界的基础，首先必须是和平利用外层空间委员会成员国之间就涉及外空的各项条约使用的特定术语达成协商一致意见，以便对有关的条约和公约作出一致的解释。这是因为，空间活动国际法律框架能否成功，取决于达成一项能够为所有各方所接受的对联合国空间条约的理解。

三、从会员国收到的答复：亚美尼亚（原件为俄文，2013 年 11 月 17 日）

问题 1：政府认为，由于航空航天活动和技术水平的不断提高，外层空间的定义和（或）划界是恰当的。

问题 2：政府认为，考虑解决上述问题的其他方法是恰当的。

问题 3：虽然政府尚未考虑界定外层空间下限或空气空间上限的可能性，但确认对于同时在空气空间和外层空间执行飞行任务的物体颁布特别国际或国家立法的可能性。

四、从会员国收到的答复：危地马拉（原件为西班牙文，2013 年 11 月 18 日）

问题 1：是，因为随着越来越多地将外层空间用于科学和商业目的，有必要批准符合国际法的条约，并建立有助于解决利用外层空间所引起情况的法律。

问题2：不，因为利用外层空间的标准是联合国颁布的，而利用地球静止轨道的标准是国际电信联盟规定的。危地马拉有权作为一个签署国签署相应的已有各项公约，并在国际电信联盟主张自己的权利。

问题3：不，政府目前没有考虑划定这些界限，但是可以确认，联合国和国际电信联盟已经建立起的定义是朝着主张其权利迈出的第一步，条件是这些定义与国家利益之间没有冲突。

五、从会员国收到的答复：肯尼亚（原件为英文，2013年11月22日）

问题1：肯尼亚政府认为，从各种活动以及航天和航空技术的发展看，定义外层空间和（或）划定空气空间和外层空间之间的界限是必要的。

出于下列原因，外层空间的定义十分重要：

（1）建立外层空间的周界及法律制度；

（2）规范外层空间的利用和探索；

（3）保护外层空间不受侵犯和非法侵入；

（4）确保外层空间的可持续性。

国际法规定，国家空气空间的界限为地面上空100公里，这是地球大气空间与外层空间之间的界线。

出于下列原因，界定空气空间是重要的：

（1）建立起各国对于所涉空间的主权，这意味着其他国家未经空气空间所在国的允许不得进入所涉空间。按照普通法的原则，主权被理解为向空气空间无限延伸，因此现在需要界定空气空间；

（2）申明国家相对于空气空间的领土完整，保护空气空间所在国不受非法入侵和干涉；

（3）规范空气空间的航行使用。这意味着，其他国家的飞行器只有在得到所涉国家允许的情况下才能进入这一空气空间；

（4）判断国家安全是否受到空中威胁。由于恐怖主义和侵略的威胁不断加剧，各国需要保证自己的空气空间不受任何形式的外部威胁。

出于各种原因，界定外层空间是必要的。其中包括：

（1）外层空间被看作全人类的一个“省份”，也就是说，所有国家在外层空间有着共同的利益。这意味着在资源管理、环境、信息、通信、粮食、健康、安全等所有方面，都应当为全人类的福利探索和利用外层空间。

（2）外层空间有着独特的资源和机遇，因此可用于应当造福人类的探索和开放。

（3）外层空间属于公共，因此必须和平利用，不得威胁其他国家的利益。

（4）外层空间的可持续利用。换言之，如果不加珍视，外层空间的可持续性就会受到切实的威胁。

问题2：肯尼亚目前没有考虑其他方法。

问题3：为了对于同时在这两种空间执行飞行任务的物体颁布国际或国家立法，对外层空间的下限和（或）空气空间的上限进行定义是重要的。理由如下：

（1）划定空气空间与外层空间之间的界限，有助于适用法律制度的操作；

（2）确立各国对于国家空气空间的主权和外层空间的不可分配性；

（3）确立各国在这两种空间中的权利和义务；

（4）这两种空间的和平利用；

（5）全人类享有外层空间。

颁布国际和国家法律对于空气空间和外层空间两者中的物体加以规范至关重要，《关于各国探索和利用包括月球和其他天体的外层空间所应遵守的原则条约》及其后续协定是朝着这个方向作出的努力。然而，《外空活动国际行为准则》草案也是加强国际和国家法律制度的一种尝试。将上述文书纳入国家法律制度也有助于各国遵守国际文书，并为界定空气空间和外层空间的任何新文书提供支持。

六、从会员国收到的答复：阿根廷（原件西班牙文，2013年11月19日）

问题1：从目前航天航空活动和技术的规模看，尚无必要通过具体规定对外层空间进行划界。不过认为应当对这一问题进行适当监测，包括所有相关领域。

问题2：迄今为止，虽然没有对空气空间和外层空间进行定义或划界，但空间活动一直正常进行。不过，既然没有就空气空间和外层空间如何划界的问题达成协议，可以考虑是否可能在各国之间商定一个传统型的界限。

七、从会员国收到的答复：约旦（原件为阿拉伯文，2013年11月28日）

约旦法律不包含对外层空间的定义或区分为了科学目的和为了运输目的的空间飞行的任何提法。

约旦皇家地理中心目前正在参与相关国际立法考察，以期在约旦制定一种法定形式，其目的将是维护国家权利和空间主权，同时界定由此引起的责任。

考虑到约旦已成为和平利用外层空间委员会成员国这一事实，提出了成立一个委员会的建议，该委员会将由联合国附属机构西亚空间科学和技术教育区域中心总干事担任主席，由来自该中心、民航管理局及信息和通信技术部的代表以及约旦军事司法总局法律顾问组成，旨在拟定关于该问题的具体法律。

审查和平探索及利用外层空间国际合作机制工作组主席的报告草稿

（联合国文件 A/AC. 105/C. 2/2014/IMC/L. 1）

1. 和平利用外层空间委员会法律小组委员会依照大会第 68/75 号决议，在 2014 年 3 月 24 日第 878 次会议上，为题为“审查和平探索及利用外层空间国际合作机制”的议程项目 13 设立了一个工作组。审查和平探索及利用外层空间国际合作机制工作组由青木节子（Setsuko Aoki，日本）担任主席。

2. 工作组从 2014 年 3 月 28 日至 4 月［…］日共举行了［…］次会议。在开幕会议上，主席概要说明了多年期工作计划为工作组规定的任务授权（A/AC. 105/1003：179 段）。

3. 工作组收到了下列文件：

（1）关于审查和平探索及利用外层空间国际合作机制的秘书处说明，其中分别载有从阿尔及利亚、德国和肯尼亚收到的信息（A/AC. 105/C. 2/105）、从阿根廷收到的信息（A/AC. 105/C. 2/105/Add. 1）以及从国际法协会收到的信息（A/AC. 105/C. 2/105/Add. 2）；

（2）关于俄罗斯联邦空间合作机制的会议室文件，其中载有从俄罗斯联邦收到的信息（A/AC. 105/C. 2/2014/CRP. 23）；

（3）关于审查和平探索及利用外层空间国际合作机制的秘书处说明，其中载有从日本收到的信息（A/AC. 105/C. 2/2014/CRP. 24）；

（4）会议室文件，其中概要介绍了加拿大在和平探索及利用外层空间方面采用的国际合作机制（A/AC. 105/C. 2/2014/CRP. 25）；

（5）关于土耳其向法律小组委员会第 53 届会议提交资料的会议室文件（A/AC. 105/C. 2/2014/CRP. 26）；

（6）欧空局提交的会议室文件《兼为国际合作机制和行动方的欧洲空间局》（A/AC. 105/C. 2/2014/CRP. 28）。

4. 工作组还收到了主席提交的非正式文件，其中载有一组问题草案，供工作组审议。

5. 在工作组第一次会议上，主席提交了这组问题草案，其中重点说明需要确定一种方法，对各种国际合作机制进行分类，使工作组能够逐步了解各国和国际组织采用的各种合作机制以及在哪些情形下各国倾向于采用某些类型的机制而不采用别的机制。

6. 工作组注意到，对各种国际合作机制进行分类，会使人更好地了解各国和国际组织在空间活动中采用的不同合作办法，所得出的结论将有助于工作组确定正在使用哪些类型的机制以及这些机制的法律内容。工作组通过对这些结论的分析，便可审议其工作如何能够帮助进一步加强和平探索及利用外层空间方面的国际合作。

7. 工作组详细审议了主席提交的这组问题草案，并注意到这组问题是工作组用以实现多年期工作计划中各项目标的工具。所商定的这组问题见下文第 9 段。

8. 工作组一致认为，秘书处应当再次邀请和平利用外层空间委员会成员国和在委员会享有常设观察员地位的国际政府间组织和非政府组织提供其在空间合作中采用的国际合作机制的实例和有关情况。

9. 工作组鼓励委员会成员国和委员会常设观察员在自愿基础上酌情参考下列一组问题，以此为指南协助工作组的工作：

（1）贵国主要在哪一领域（例如空间探索、科学研究、试验、教育和人员培训、全球导航、通过遥感进行灾害管理、商业发射服务等）进行合作？

（2）这种合作是多边合作还是双边合作（例如政府间合作、机构间合作、非政府实体之间的合作、混合型合作）？

（3）合作期限是多久？

（4）国家空间局是否在合作中发挥主要作用？

（5）是否有不是空间局的国家当局或机构（例如科学机构、气象局、发展或财政援助当局等）在合作中发挥重要作用？

（6）是否有私营公司或行业直接参与合作？

（7）合作是否在下列框架内进行：①联合国及其专门机构；②独立的政府间组织；③区域或区域间空间合作组织或机制；④非政府组织；⑤其他类型的论坛？

（8）合作机制是多边的还是双边的？

（9）合作机制是否为：①具有法律约束力的协定；②不具法律约束力的安排（如果是，是哪一种安排）；③以上两者的结合？

（10）合作机制是否为多边的或双边的框架协定，是否附有执行协议或安排和（或）关于在合作中进行技术合作与协调的谅解备忘录？

（11）具有法律约束力的协定和（或）不具法律约束力的安排包含哪些条款？可酌情参考以下列举的条款类型：①尽最大努力条款；②管辖权条款；③财务安排或无资金交流；④技术数据和商品交流；⑤追究国际责任和赔偿责任的条款；⑥相互免责；⑦关于知识产权和所有权的规则；⑧和平解决争议的条款；⑨其他类型的条款？

（12）具有法律约束力的协定或不具法律约束力的安排是否明确规定，项目的运作应当依据联合国各项外层空间条约并考虑到关于外层空间的各项原则和相关的大会决议（关于发射国概念、登记做法、国内法律等的决议）？

和平利用外层空间委员会秘书处的说明：审查和平探索及利用外层空间的国际合作机制

（联合国文件 A/AC. 105/C. 2/105）

一、导言

2013 年，法律小组委员会第 52 届会议一致认为，按照 2014 年工作计划（A/AC. 105/1003，第 179 段），应当邀请和平利用外层空间委员会成员国和在委员会中享有常设观察员地位的国际政府间组织和非政府组织，就其用于开展空间合作的各种双边和多边机制提供信息，包括现行双边和多边协定、不具约束力的安排、原则、技术准则和其他合作机制（A/AC. 105/1045 号文件第 174 段）。

本文件是秘书处根据从阿尔及利亚、德国和肯尼亚收到的答复编写的。

二、从各成员国收到的答复：阿尔及利亚（原件为法文，2013 年 11 月 11 日）

阿尔及利亚认为，国际合作是为经济社会可持续发展目的推进知识转移和促进空间技术发展及其应用的手段。

阿尔及利亚按照联合国关于空间活动的一般原则，通过签署谅解备忘录和政府间协定，对双边和多边合作采取灵活和独立的方法。

这种合作采取联合执行空间项目、技能培训和旨在对实际问题提供解决办法的项目的形式。

为此，阿尔及利亚力图实现其国家空间方案的目标，以促进多维合作政策，特别是与那些准备为阿尔及利亚的利益参加技术和知识转让的国家合作。

三、从各成员国收到的答复：德国(原件为英文，2013 年 11 月 5 日)

德国致力于外层空间探索及利用方面合作的基本原则。国际合作机制对空间活动至关重要，可使其克服未来的巨大挑战。德国确信，全球问题需要基于适当法律架构的全球合作。

“为维护国际和平与安全”促进国际合作和谅解，是《关于各国探索和利用包括月球和其他天体在内外层空间活动所应遵守原则的条约》（《外空条约》）的一个目标。和平利用外层空间委员会利用《外空条约》的一般原则为从特殊应用制度（国际空间通信服务）到使用空间资产的灾害管理（联合国天基信息用于灾害管理和紧急反应平台）的任何形式的空间活动国际合作确定了法律依据。在这方面，特别重视空间领域新行动者的能力建设。除委员会的正式年度会议外，还确定了一些活动及与空间有关的国际事件，如国际太阳物理年和第三次联合国探索及和平利用外层空间会议、行动小组。全年连续讨论了若干主题，包括特定主题工作组，如空间碎片、近地天体和外层空间活动的长期可持续性以及应用方案和宣传活动。

在过去，德国代表团积极参加了委员会的工作，并发起了旨在加强空间和平国际合作及使空间成为人类可持续发展资源的决议。因此，德国代表团将积极促进 2014 年在青木节子（日本）主持下召开的审查和平探索及利用外层空间国际合作机制工作组会议。德国代表团特别感兴趣的是：

（1）讨论委员会成员国采用的合作机制；

（2）审查委员会及其小组委员会的机制和工具，特别强调法律小组委员会与科学和技术小组委员会之间的互动；

（3）确定政府间、机构间、非政府组织等多边协调机制，并评估其工作方法；

（4）确定专门开展国际空间合作的教育机构，包括国立大学（如科隆大学、莱顿大学）、国际空间大学和国际奖学金方案。

成功长期国际合作的一个很好的例子是欧洲空间局（欧空局），德国对其作出了坚定的承诺。欧空局是一个政府间组织，有 20 个欧洲国家成员，其中 18 个也是欧盟成员国。加拿大是欧空局的准成员。欧空局在整合大小不同的国家、作出不同程度贡献的国家和在空间领域能力差异巨大的国家创造更多科学、技术和经济价值方面拥有经验。这种经验对空间活动方面的全球合作非常有价值，因为必须为所有人的利益整合大小和空间能力不同的国家的利益。欧空局的活动分为强制性方案和可选方案。强制性方案包括基本活动、技术研究和科学项目。所有成员国都必须根据其国内生产总值的规模为这些强制性方案捐款。可选方案涵盖地球观测、电信、卫星导航和空间运输、微重力研究和国际空间站等领域，参与这些方案及对其捐款的水平是自愿的，因此，每一个成员都可以选择最适合其利益和产业重点的方案。欧空局的一个重要特点是其产业政策尤其是公平回报的原则。这种捐款与技术回报之间的平衡是对空间活动投资的一个主要方面。

欧空局制定了欧洲协作国家计划，其目标是使感兴趣的欧洲国家熟悉欧空局的合作机制。欧空局在委员会享有永久观察员地位，负责汇集其成员国的立场。

欧盟是面向应用的空间方案（伽利略计划、哥白尼计划即全球监测促进环境和安全）的一个新角色。其与欧空局的协调是根据一份框架协议确定的。

除欧洲空间合作外，还有第二个国际合作支柱。所有欧洲方案——在国家层面以及在欧洲层面——均已导致欧洲以外的国际合作，即与加拿大、中国、印度、日本、俄罗斯和美国以及非洲、亚洲—太平洋、拉丁美洲和地中海其他国家的合作。

在欧洲以外，德国在政府和航天局层面与超过 20 个国家签订了 80 多项合作协议（框架和项目协议）。第一份这样的协议是在 1964 年与美国签署的。德国国际合作的最新例子是 2013 年 9 月签署加拿大空间局与德国空间局之间的空间和技术框架协议、美国国家航空航天局与德国之间的重力恢复和气候实验后续飞行任务协议以及德国航天局与日本东北大学之间的框架协议。广泛国际合作的一个例子是国际空间探索协调组。

各种机构、研究中心和大学开展了合作。通过各种法律文书，如框架协议、具体合作协议和谅解备忘录建立了共同的企业。框架协议可包括规划和执行具有共享硬件责任的联合空间飞行任务、执行与共同确定的飞行任务相关的科学交流方案、开发工业和商业项目及发射服务、交换设备、文档、数据、实验结果和科学信息以及组织专题讨论会和科学研讨会。

可强调的国际合作的例子有德国积极参与联合国天基信息用于灾害管理和紧急反应平台以及德国空间局对地球观测卫星委员会和地球观测小组的贡献，在其中它是气候变化、全球森林观测、灾害管理和生物多样性等不同工作领域的一个积极成员。

依照其空间战略，德国拟通过与其合作伙伴协调进一步扩大国际合作，作为避免工作重复和能力过剩同时提高空间部门效率的一种手段。

最后但并非最不重要的是，必须强调，国际空间法论坛，如空间法国际研究所、欧洲空间法中心，国际法协会空间法委员会和欧洲空间政策研究所，对空间合作机制和相关法律框架的共同理解作出了宝贵贡献。

四、从各成员国收到的答复：肯尼亚（原件为英文，2013年11月22日）

肯尼亚是《关于各国探索和利用包括月球和其他天体在内外层空间活动所应遵守原则的条约》和《外空物体所造成损害的国际责任公约》的签署国。

它也是五个与空间法相关的其他协议的缔约方，即：

（1）《禁止在大气层、外层空间和水下进行核武器试验条约》；

（2）《关于卫星传送节目信号分布问题的公约》；

（3）《与国际通信卫星组织相关的协议》；

（4）《国际海事卫星组织公约》；

（5）《国际电信联盟公约》。

以下列出肯尼亚开展的与和平利用外层空间相关的其他活动：

（1）肯尼亚与阿尔及利亚、尼日利亚和南非就非洲资源和环境管理卫星星座计划进行合作，其目的是将微型卫星发射到低地球轨道，以确保非洲连续收集地球观测数据供各种应用。

（2）“平方公里阵列”是设计和建造世界上最先进射电望远镜的一项国际举措，这种射电望远镜比现有射电望远镜敏感得多，而且快许多倍。在国际申请主办世界最大射电望远镜方面肯尼亚正在与南非等七个其他国家合作。

（3）通过意大利政府与肯尼亚政府之间的双边协议执行了圣马可卫星发射和跟踪项目。目前正在谈判该协议的续签问题。

五、从各成员国收到的答复：阿根廷（原件为西班牙文，2013 年 11 月 19 日）

阿根廷与其他国家和国际组织签署了在和平利用外层空间领域开展合作的各种框架协定，其中可提及如下：

（1）《阿根廷共和国政府和美利坚合众国政府关于和平利用外层空间领域合作的框架协定》，2011 年 10 月 25 日签署；

（2）与巴西的《空间事务科学和技术合作协定》，1996 年 4 月 9 日签署；

（3）《阿根廷共和国政府和欧洲空间局关于为和平目的开展空间合作的协定》，2002 年 3 月 11 日在布宜诺斯艾利斯签署；

（4）《空间活动合作框架协定》，2002 年 7 月 13 日与阿尔及利亚政府签署；

（5）《阿根廷共和国政府和乌克兰政府关于和平利用外层空间领域合作的框架协定》，2006 年 10 月 2 日在基辅签署；

（6）《阿根廷共和国和厄瓜多尔共和国空间活动合作框架协定》，2007 年 9 月 20 日在布宜诺斯艾利斯签署；

（7）《阿根廷共和国和秘鲁共和国空间活动合作框架协定》，2006 年 9 月

1 日在利马签署；

（8）《阿根廷共和国和哥伦比亚共和国空间活动合作协定》，2008 年 8 月 22 日在波哥大签署。

六、从委员会常驻观察员收到的答复：国际律师协会（原件为英文，2013 年 11 月 15 日）

工业化国家与发展中国家间国际合作的一个示例是 SAC – D/Aquarius 飞行任务，这是 2011 年 6 月 10 日由美国在加利福尼亚州范登堡发射的阿根廷设计和建造的一个科学航天器，运行于低地球轨道，每小时绕地球一周。航天器上配备了测量海温和含盐浓度的先进技术。除许多其他应用外，该航天器能够探测宇宙辐射对电子设备的影响和微粒子及空间碎片的位置。美国国家航空航天局负责发射和轨道定位，加拿大和意大利国家空间局连同法国国家空间研究中心（法国空研中心）共同提供航天器上携载的仪器，而巴西国家空间研究所则提供其用于测试振动和环境阻力的设施（见 A/AC. 105/C. 2/100：6）。据报告，SAC – D/Aquarius 飞行任务迄今取得的成果令人非常满意。

工业化国家与发展中国家近些年来在空间法教育领域积极开展活动。

联合国五项外层空间条约的现状和适用情况工作组主席的报告

（联合国文件 A/AC. 105/C. 2/2014/TRE/L. 1）

1. 和平利用外层空间委员会法律小组委员会在 2014 年 3 月 24 日的第 878 次会议上重新召集了其联合国五项外层空间条约的现状和适用情况工作组，由简—弗朗索斯·马扬斯（Jean-François Mayence，比利时）担任主席。

2. 工作组在 2014 年 3 月 25 日至 4 月［…］日期间共举行了［…］次会议。在开幕会议上，主席忆及工作组的任务授权（A/AC. 105/942：附件 1 第 4、6 段，A/AC. 105/990：附件 1 第 7 段）。

3. 主席还忆及小组委员会第 52 届会议商定在第 53 届会议上审查是否需要把工作组任务授权期限延长到小组委员会第 53 届会议之后的问题（A/AC. 105/1045：188 段）。

4. 工作组收到了以下文件：

（1）《联合国关于外层空间的条约和原则、大会有关决议以及其他文件》（ST/SPACE/61/Rev. 1）；

（2）关于截至 2014 年 1 月 1 日与外层空间活动有关的国际协定现状的会议室文件（A/AC. 105/C. 2/2014/CRP. 7）；

（3）联合国五项外层空间条约的现状和适用情况工作组主席提供的一组问题（A/AC. 105/C. 2/2014/CRP. 16）；

（4）德国对联合国五项外层空间条约的现状和适用情况工作组主席提供的一组问题的答复（A/AC. 105/C. 2/2014/CRP. 17）；

（5）俄罗斯联邦对联合国五项外层空间条约的现状和适用情况工作组主席提供的一组问题的答复（A/AC. 105/C. 2/2014/CRP. 18 和 Corr. 1）；

（6）土耳其对法律小组委员会第 53 届会议的贡献（A/AC. 105/C. 2/2014/CRP. 26）；

（7）联合国五项外层空间条约的现状和适用情况工作组主席关于委员会各成员国和常驻观察员对 A/AC. 105/C. 2/2013/CRP. 12 号文件中主席所提供一组问题的答复的概述（A/AC. 105/C. 2/2014/CRP. 22）。

5. 工作组注意到 A/AC. 105/C. 2/2014/CRP. 16 号会议室文件所载调查问卷仍然是在工作组任务授权范围内讨论联合国五项外层空间条约的现状和适用情况相关事项的良好基础。

6. 在对调查问卷以及收到的答复展开讨论期间，工作组指出，为了让工作组汇集各种意见供今后审议，成员国以及在委员会享有常设观察员地位的国际政府间组织和非政府组织如果能够提供更多书面意见，则将有利于工作组继续就此展开讨论。

7. 为了在工作组授权任务范围内推动进一步讨论，工作组同意扩展调查问卷中的那一组问题，在调查问卷中增加有关联合国五项外层空间条约与习惯国际法之间关系的第四个问题，供成员国审议。工作组的本报告随附了更新后的调查问卷（见附录一）。

8. 工作组注意到，该调查问卷侧重于具有实际意义的基本问题，有助于工作组工作的组织和合理化。即便在纳入新的问题 4 之后，调查问卷所载问题并非详尽完备，小组委员会第 54 届会议期间工作组的讨论不应仅限于这些问题。

9. 工作组一致认为，在小组委员会其他议程项目下进行的工作会有益于对调查问卷所载问题的讨论。

10. 工作组一致认为，应当再次请委员会成员国以及在委员会享有常设观察员地位的国际政府间组织和非政府组织就调查问卷发表意见并提供答复。所收到的任何答复均应以会议室文件形式提供。

11. 一些代表团重申，工作组在讨论各项条约的规定时应采取切合实际的做法而非空谈理论。

12. 工作组注意到，其本届会议上就联合国各项外层空间条约之间的关系、这些条约的执行与适用以及条约中所载若干基本原则的性质等问题展开了全面讨论。强调了法律小组委员会为就各国加入或不加入这些条约的原因交流信息和意见提供平台的作用。

13. 工作组还注意到，已就非约束性文书可能会对联合国各项外层空间条约规定的解释和适用产生的影响进行了讨论。

14. 工作组还指出，已进行的讨论对比了联合国各项外层空间条约中的概念和原则与各国法律体系中类似的概念和原则，但条约的实际解释和适用仍将受国际法约束。

15. 工作组建议小组委员会在2015年的第54届会议上重新召集该工作组，并审查是否需要将该工作组的任务授权期限延长到该届会议之后。

16. 工作组一致认为，为了在工作组授权任务范围内推动进一步讨论，工作组主席应与秘书处联手向工作组2015年的下届会议提交一份关于对调查问卷的答复的更新概述，包括对以书面形式提出的和届会期间在讨论中提出的意见的综述，以便为精简、拓宽或根据需要调整调查问卷所载问题提供依据。

附录一：联合国五项外层空间条约的现状和适用情况工作组主席提供的一组问题

1. 与月球和其他天体有关的联合国各项外层空间条约及规定

（1）《关于各国探索和利用包括月球和其他天体在内外层空间活动所应遵守原则的条约》（《外空条约》）的规定是否构成了利用和探索月球和其他天体的充分法律框架？

（2）加入《月球协定》的益处是什么？

（3）为了让各国更广泛地予以遵守，应该澄清或修正《月球协定》的哪些原则或规定？

2. 国际责任和赔偿责任

（1）《责任公约》第3条和第4条所述“过失”概念能否用于制裁一个国家不遵守大会或其附属机构通过的空间活动相关决议（如大会第47/68号决议《关于在外层空间使用核动力源的原则》以及和平利用外层空间委员会的《空间碎片减缓准则》）的行为；换言之，在空间活动方面不遵守大会通过的决议或其附属机构通过的文书是否构成《责任公约》第3条和第4条意义上的“过失”？

（2）《责任公约》第1条所述“损害”概念能否用来涵盖运行中的空间物体为了避免与空间物体或空间碎片碰撞而违反委员会的《空间碎片减缓准则》实施的操作造成的损失？

（3）根据《外空条约》第6条规定履行大会第41/65号决议《关于从外层空间遥感地球的原则》相关国际责任是否存在具体问题？

3. 空间物体的登记

（1）适用于空间活动和空间物体的现有国际法律框架中是否存在法律依据，特别是《外空条约》和允许一个国家将在轨运行的空间物体登记转移给另一个国家的《关于登记射入外层空间物体的公约》（《登记公约》）的规定？

（2）如何按照适用于空间活动和空间物体的现有国际法律框架处理涉及在轨运行空间物体的活动或所有权由登记国的一家公司转移给外国公司的事宜？

（3）对于政府间国际组织根据《登记公约》规定登记的空间物体，如何行使《外空条约》第8条规定的管辖权和控制权？

4. 外层空间国际习惯法

联合国五项外层空间条约中是否有任何可视为构成国际习惯法一部分的规定？如果有，有哪些？可否解释您的答复基于什么法律和（或）事实依据？

科技小组委员会外层空间活动
长期可持续性工作组的报告

1. 根据大会第68/75号决议第7段，科学和技术小组委员会在第51届会议上重新召集了其外层空间活动长期可持续性工作组。

2. 工作组在2014年2月11日至20日举行了五次会议，由彼得·马丁内兹（Peter Martinez，南非）担任主席。

3. 根据职权范围和工作方法，工作组收到下列文件：

（1）秘书处的说明，其中载有截至和平利用外层空间委员会第56届会议A、B、C、D专家组提议供外层空间活动长期可持续性工作组审议的准则草案汇编（A/AC. 105/1041/Rev. 1）；

（2）俄罗斯联邦提交的关于外层空间活动的长期可持续性的工作文件（A/AC. 105/C. 1/L. 337）；

（3）俄罗斯联邦提交的工作文件，内容是在外层空间活动长期可持续性这一主题下促进审议维持外层空间用于和平目的的方法和途径的前提条件（A/AC. 105/ C. 1/L. 338）；

（4）工作组主席提交的工作文件，其中载有关于外层空间活动长期可持续性工作组报告草稿和一套初步准则草案的提案（A/AC. 105/C. 1/L. 339）；

（5）会议室文件，其中载有A、C和D专家组的工作报告（A/AC. 105/C. 1/2014/CRP. 13、A/AC. 105/C. 1/2014/CRP. 15、A/AC. 105/C. 1/2014/CRP. 16）；

（6）会议室文件，其中载有美国对关于外层空间活动长期可持续性工作组报告草 稿和一套初步准则草案的提案的评论意见（A/AC. 105/C. 1/2014/

CRP. 14）；

（7）会议室文件，其中载有俄罗斯联邦提交的关于外层空间活动长期可持续性的工作文件（在联合国主持下设立一个统一的近地空间监测信息中心的构想的基本要素和该主题事项最令人关注的几个方面）（A/AC. 105/C. 1/2014/CRP. 17）；

（8）会议室文件，其中载有外层空间活动长期可持续性工作组联络人名单（A/AC. 105/C. 1/2014/CRP. 18）。

4. 在工作组第一次会议上，工作组主席介绍了工作组在本届会议期间的工作纲要，并回顾了2013 年2 月小组委员会第50 届会议以来取得的进展。工作组注意到，所有四个专家组均在 2013 年 6 月委员会第 56 届会议间隙举行了会议，A、B 和 D 专家组在2013 年9 月于北京举行的第64 届国际宇航联大会间隙举行了非正式协调会议。

5. 主席随后请四个专家组的共同主席介绍各专家组的工作和各自的工作报告，按照委员会第56 届会议达成的一致意见，已作为会议室文件提供这些工作报告（A/68/20：165 段）。工作组注意到，A、C 和 D 专家组已最后审定其报告，B 专家组将继续就其工作报告进行非正式协商，以期在委员会第 57 届会议间隙举行会议，最后审定其工作报告。

6. 在工作组第二次会议上，主席介绍了由工作组主席编写的工作文件，其中载有关于外层空间活动长期可持续性工作组报告草稿和一套初步准则草案的提案（A/AC. 105/C. 1/L. 339），并请各代表团就该提案发表评论意见。工作组注意到，在小组委员会本届会议之前有些代表团已就该文件提出评论意见，这些评论意见已发给各国联络人，并上传到外层空间事务厅外层空间活动长期可持续性专用网页。

7. 工作组注意到，载于主席提交的工作文件的准则草案按各专家组的提议原样转载，以便工作组能够适当审议每一项准则，然后再尝试合并这些准则或以其他方式修改其结构或措辞。

8. 工作组还注意到，成套准则草案审议工作的重点正从各专家组转向工作组，工作组将在其拟订一套准则草案这项持续工作中考虑到各专家组提供的宝贵意见。工作组还注意到，主席将继续就如何将各专家组的工作纳入工作组咨询各专家组共同主席的意见，各位专家可以在工作组继续审议准则草案的过程中继续支持本国代表团。

9. 在工作组第三次会议上，继续就主席编写的工作文件交换意见。载于会议室文件 A/AC. 105/C. 1/2014/CRP. 14 和 A/AC. 105/C. 1/2014/CRP. 17 的各项提案，分别由提出这些提案的各代表团作了介绍。各代表团就主席编写的工作文件的结构、可能合并准则草案的问题和工作组的工作计划交换了意见。

10. 在第四次会议上，工作组注意到在本届会议期间，主席与各相关代表团举行了非正式协商。在这些协商期间，讨论了关于合并现有准则草案及今后工作的时限的各项提案。

11. 在第四次会议上，工作组收到了主席编写的非正式文件，其中载有关于合并准则草案的结构方面的建议。工作组注意到，这样的结构是根据各代表团在小组委员会本届会议期间的发言、评论意见和提案形成的。

12. 工作组商定，将由主席以该非正式文件所载的结构为基础，并考虑到各代表团在工作组第四次会议上发表的意见，编写一份会议室文件，阐明关于合并准则草案的建议，供委员会第 57 届会议审议。

13. 工作组注意到，在编拟关于合并准则草案的建议时，主席将与四个专家组的共同主席协商，以确保各专家组所确定的准则草案的原设想范围、适用、实质内容和效力得以保留。

14. 工作组注意到，在讨论将于委员会第 57 届会议之后编写的工作组报告草稿时，将以拟由主席为委员会第 57 届会议编写的该会议室文件为基础，同时考虑到该届会议上各代表团的意见和工作组的决定。工作组报告草稿将在 2015 年 2 月科学和技术小组委员会第 52 届会议开始之前以联合国六种正式语言提供给各代表团。

15. 工作组注意到，主席将与感兴趣的代表团联系，讨论如何协商处理准则草案联合国六种正式语言版本所用术语的问题，主席将在委员会第 57 届会议上向工作组提交关于此种协商的建议。

16. 工作组注意到，主席鼓励打算在主席建议的结构内就目前的准则草案提出实质性修正提案或提出新准则提案的各代表团及时向秘书处提出此类提案，以确保在委员会第57届会议上以联合国所有正式语言提供此类材料。及时提交提案将便利工作组全面审议外层空间活动长期可持续性的所有方面，并便利编拟工作组报告草稿。

17. 工作组商定，工作组将在委员会第57届会议期间审议外层空间活动透明度和建立信任措施政府专家组报告（A/68/189）所载的结论，以便确定该报告所载建议与工作组目前开展工作之间的相互联系以及工作组在编写准则时可加以考虑的要素。

18. 工作组注意到，主席将请委员会在第57届会议上审议是否将本工作组的工作计划延期。

19. 工作组注意到，按照委员会第56届会议达成的一致意见，工作组主席将向法律小组委员会第53届会议通报该工作组在科学和技术小组委员会第51届会议之前和期间取得的进展情况。

20. 工作组商定，将由工作组主席就委员会第57届会议的日程安排与委员会主席和秘书处协商，以便工作组有可能在该届会议期间举行配备口译服务的会议。

21. 工作组在2014年2月20日的第五次会议上通过了本报告。

和平利用外层空间委员会工作组主席的工作文件：外层空间活动的长期可持续性

（联合国文件 A/AC. 105/C. 1/L. 339）

一、外层空间活动长期可持续性准则的来龙去脉

（一）背景

1. 第三次联合国探索及和平利用外层空间会议在《空间千年：关于空间和人的发展的维也纳宣言》① 中认识到，空间科学和空间应用非常重要，有助于增进有关宇宙的基础知识，并通过环境监测、自然资源管理、有助于减缓潜在灾害并支助灾害管理的预警系统、气象预报、气候建模、卫星导航和通信，改善全世界人民的日常生活。空间科学和技术对人类福祉有重大贡献，特别是有助于实现处理经济、社会和文化发展各方面问题的联合国全球性会议的目标。因此，空间活动在支持全球可持续发展和实现《联合国千年发展目标》方面，在促进2015 年后发展议程进程方面发挥着重要作用。因而，空间活动的长期可持续性不仅是当前参与和有志于参与空间活动的行动方感兴趣的重要问题，也是整个国际社会关心的问题。

2. 利用空间环境的国家、［国际］政府间组织、非政府组织和私营部门实体越来越多。空间碎片激增，发生碰撞和干扰空间物体运行的可能性不断

① 1999 年7 月 19 日至 30 日维也纳第三次联合国探索及和平利用外层空间会议报告（联合国出版物，出售品编号 E. 00. I. 3 ）：第 1 章，第 1 号决议。

提高，这不免使人担忧空间活动特别是在低地球轨道和地球静止轨道环境中的空间活动的长期可持续性。

3. 和平利用外层空间委员会通过在各种领域开展工作，在全面审查和提高外层空间活动的长期可持续性的工作中发挥着重要作用。除了现行的联合国外层空间条约和原则之外，委员会2007年通过了一套空间碎片减缓的自愿适用的高级准则（ST/SPACE/49），2009年与国际原子能机构一道拟订了一项外层空间核动力源应用安全框架（A/AC. 105/934）。

4. 根据大会第64/86号决议，和平利用外层空间委员会科学和技术小组委员会在2010年第47届会议上设立了一个题为“外层空间活动的长期可持续性”议程项目工作组。

5. 外层空间活动长期可持续性工作组，根据和平利用外层空间委员会2011年第54届会议核准的职能范围和工作方法（A/66/20：附件2）开展工作。成立了四个专家组，以审议下述几套密切相关的专题：

（1）支持全球可持续发展的可持续空间利用（A专家组）；

（2）空间碎片、空间作业和支持协作感知空间态势的工具（B专家组）；

（3）空间天气（C专家组）；

（4）针对空间领域行动者的管理制度和指导（D专家组）。

6. 本报告载有外层空间活动长期可持续性工作组报告草稿提案及关于外层空间活动长期可持续性的一套初步准则草案。这项提案载有关于增加外层空间活动长期可持续性准则的来龙去脉、背景、目的、理由、范围与适用以及实施与更新的信息；还载有建议今后审议的专题。本文件的编写，与四个专家组的联合主席进行了磋商，考虑到了通过委员会成员国和工作组中开展的讨论获得的各专家组研究结果，各成员国、国际政府间组织和国际非政府组织提供的信息，以及国家非政府组织和私营部门实体提供的信息。

（二）目的

7. 本工作文件的目的是确定外层空间活动长期可持续性令人关切的领域，为国家、国际组织、国家非政府组织、国际非政府组织及私营部门实体提出指导，提出可以全面增加可持续性，包括为了和平目的、为了造福所有国家而安全可持续地利用外层空间的措施。

8. 一套自愿适用的准则中所汇编的拟议措施，为拟订开展外层空间活动的国家和国际做法与安全框架提供了基础，同时又顾及了使此类框架适合具体国家环境和国际机构的灵活性。这套准则涉及了空间活动的政策、监管、科学、技术及管理方面。

9. 在工作组的职权范围和工作方法中商定，这些准则应当：

（1）建立一个框架，用于视可能在提高外层空间活动长期可持续性方面制定并改进国内和国际做法，包括提高空间作业的安全性和保护空间环境等，同时考虑到可接受的、合理的资金及其他影响，并考虑到发展中国家的需要和利益；

（2）与现行外层空间活动国际法律框架保持一致，出于自愿，不具有法律约束力；

（3）与委员会及其两个小组委员会、委员会和小组委员会的其他工作组、联合国政府间组织和机构、机构间空间碎片协调委员会和其他有关国际组织的有关活动和建议保持一致，顾及这些机构的地位和管辖权。

10. 本文件所载准则反映了国际对根据现有知识和既定惯例为增加外层空间活动的长期可持续性必需采取的措施的共识。随着对这些问题的多面性的理解不断加深，这些准则应当予以审查，并可以根据新的研究成果予以修订。

（三）理由

11. 参与外层空间活动的国家、国际组织、国家非政府组织、国际非政府组织及私营部门实体，应当采取步骤确保其活动不削弱其他国家和机构现在或将来开展自己空间活动的能力。

12. 这些年从各种不同角度审议过外层空间活动长期可持续性的不同方面。本文件所载准则即以上述先前的工作为基础，目的是提供一种增加外层空间活动长期可持续性的整体办法。

13. 本文件所载这套准则制订所用法律框架由现行联合国外层空间条约和

原则构成。此外，在编写这套准则时也考虑到了当前做法、作业程序、既定技术标准和政策以及通过开展外层空间活动取得的经验。

14. 这些准则意在以单独或集体的方式供各国、各国际组织、国家非政府组织、国际非政府组织及私营部门实体自愿适用，为参与外层空间活动的所有各方降低对外层空间活动长期可持续性所造成的风险，并确保所有国家都能有公平的机会利用外层空间以及与外层空间有关的资源和益处。

15. 既然国家和国际空间活动框架应当处理减轻外层空间活动安全与长期可持续性面临的危险所涉的政策、监管、科学技术及管理问题，则这些准则就归入相应类别以便利其实施。实施国家和国际空间活动框架不仅为空间环境利用方提供了保证，而且也促进了外层空间和平利用方面的双边和多边合作，从而增强了外层空间的安全与稳定。

（四）范围和适用

16. 本文件所载原则适用于所有空间活动，不管是规划的还是正在开展的活动，并适用于飞行任务寿命周期所有各阶段，包括发射、运行及寿终处置。这些准则涉及安全可持续开展外层空间活动的政策、监管、科学技术及管理问题，而且以大量的知识以及国家、国际组织、国家非政府组织、国际非政府组织、私营部门实体的经验为基础。因此，这些准则对政府实体和非政府实体都很重要。

17. 根据国际法，这些准则是自愿适用的，不具有法律约束力。它们意在补充现行标准和管理要求方面可利用的指导。

18. 实施这些准则被认为是力争为子孙后代维护空间环境的审慎而必要的步骤。国家、国际组织、国家非政府组织、国际非政府组织及私营部门实体应通过各自的适用机制，自愿采取措施，确保在切实可行的最大限度内执行这些准则。

二、外层空间活动长期可持续性准则

19. 这些准则分为五类，以便各个政府和非政府空间行为者实施：政策、监管机制、国际合作、科学技术及管理。这些准则已编号为1—33，以利于今后讨论时识别。每条准则之后括号中的编号系它们载入 A/AC. 105/1041/Rev. 1 号文件的编号。

（一）政策

20. 准则1—8，就制订支持外层空间活动长期可持续性的政策和做法问题，为授权或开展空间活动的政府和有关国际政府间组织提供指导。这种指导包括：便利分享开展空间活动的信息与专门知识的措施，鼓励政府和非政府实体进行研究开发及其他相关活动以增加外层空间活动长期可持续性的措施。

准则 1：共享外层空间活动长期可持续性的相关经验和专门知识（D. 2）

参与空间活动者取得的经验和专门知识有利于制定有效措施以增强外层空间的长期可持续性。与他人共享此类经验和专门知识将便利和加强这方面的准则、规则、条例和最佳做法的制定。交流无需局限于国与国之间，但可发生在国家监管当局、政府机构、［国际］政府间组织和非政府实体之间。新加入者和在空间探索方面缺乏经验者都将受益于其他空间行动者的经验和专门知识，而既有行动者也从发展新的伙伴关系和更广泛地共享经验中受益。

准则 2：制定和采纳相关程序，便利汇编并在有关的空间行动者中间有效传播将能增强空间活动长期可持续性的信息（D. 3）

在许多情况下，各国和各国际组织愿意共享信息，但便利共享信息的程序要么不存在，要么缓慢，要么导致数据不兼容。应当按照增强外层空间活动长期可持续性的需要尽量广泛地共享信息，这就意味着所采纳的程序除了允许在国家和国际组织之间共享信息外，还要允许与私营部门实体和各国非政府组织共享信息。在有些情况下，私营部门实体已经拥有可以为各国和其他组织采纳的数据共享有效机制。应当鼓励批准和遵守《关于登记射入外层空间物体的公约》，以此作为汇编和交流信息的出发点。

准则 3：推动就外层空间包括天体的可持续利用开展研究和其他举措（A. 6）

在和平利用和探索外层空间包括天体方面，各国应当参照联合国可持续发展会议成果文件，考虑到全球可持续发展的三个方面：社会、经济和环境。

各国应当考虑保护地球和空间环境免遭有害污染的适当安全措施，同时利用可能适用于这些活动的最佳做法和准则等现有措施，并酌情制定新的措施。

准则4：按照国际电信联盟的《无线电条例》和建议，推动成员国在使用电磁波谱时考虑地球观测系统和天基服务的要求（A.1）

各国在使用电磁波谱时，应当按照国际电信联盟（国际电联）的《无线电条例》和建议，考虑有利于全球可持续发展的天基地球观测系统及其他天基系统和服务的要求。

准则5：推动并支持关于可持续空间技术、程序和服务的研究和开发（A.7）

各国和各国际组织需要鼓励推动开发最大限度减少制造和发射空间资产所产生的环境影响，以加强这些活动长期可持续性的相关技术。

各国和各国际组织需要推动开发最大限度利用空间资产的重复使用性或再利用的相关技术。

各国和各国际组织可推动开发最大限度利用可再生资源的空间资产。

准则6：提供登记信息以协助识别空间物体（B.8）

各国和各国际政府间组织应当按照《登记公约》提供空间物体登记信息，并考虑按照大会第62/101号决议的建议提供进一步的登记信息。各国应当尽可能快地向联合国秘书长提供此种登记信息，以协助识别空间物体并促进和平探索和利用外层空间。

准则7：推动机构和公众认识在有利于全球可持续发展、减少灾害风险、潜在灾害预警、灾害管理和救灾上的空间活动和应用（A.2）

各国和各国际组织应当着手自愿收集关于旨在传播空间对可持续发展惠益相关信息的公众认识和教育工具和方案的信息，并请求各国和联合国秘书处外层空间事务厅的通信专家协助，帮助筹备一个不断更新的信息库，以便利利用连贯的信息制定和实施类似举措。

包括各国和各国际组织在内的空间行动者应当通过公共机构、私营部门实体和民间社会的共同努力，推动公众认识有利于可持续发展的空间应用，特别是考虑到年轻人和子孙后代的需要。

在设计空间教育方案时，各国和各国际组织应当特别注意关于加强利用空间应用实现可持续发展相关知识和实践的课程。

按照《关于从外层空间遥感地球的原则》（大会第 41/65 号决议：附件），并且为了应对可能影响社会基本福祉的紧急情况，如自然灾害和其他造成重大损害的事件和灾难，各国和各国际组织应当使用中立、公正和不歧视原则，努力使受影响国能够获取相关天基信息和数据。

准则 8：鼓励并推动非政府实体开展将能增强外层空间活动长期可持续性的活动，例如争取利益相关者的参与、制定共识性标准和共同做法并加强国际合作（D. 5）

非政府组织和私营部门实体开展的活动，对于空间活动的长期可持续性有着重要的直接和间接影响。私人商业空间活动是全球经济的一个日益重要的组成部分，许多实体已采取步骤，按照和平利用外层空间委员会《空间碎片减缓准则》落实技术措施。大学和其他教育机构对于将小型卫星用于科学和教学目的也表现出日益浓厚的兴趣。鉴于小型卫星飞行任务在技术和成本方面经常受到的制约，可能需要特别关注非政府和私营部门的实体的活动，以确保它们的活动将来不会成为长期存在的轨道碎片的一大来源。

非政府组织可以发挥重要作用，将潜在的利益相关者汇聚在一起，制定与开展空间活动相关的共识性做法。例如，国际标准化组织就通过了关于避免碰撞最佳做法和数据交换格式的若干标准。鼓励各国对这些标准展开评估，并在可行时寻求利用关于碎片减缓、轨道寿命估计、硬件安全处置、再入管理与卫星特点和轨道的共同标准。这反过来又将促进非政府组织在该领域作出宝贵的贡献。

如行业协会、学术机构和公益性教育实体等非政府组织可发挥重要作用，提高国际社会对空间可持续性相关问题以及增强可持续性的实际措施的认识。

此类措施可能包括通过委员会《空间碎片减缓准则》、遵守国际电联《无线电条例》与空间服务有关的规定以及制定关于避免碰撞、无线电频率干扰或其他有害事件所必需的开放透明的数据交流标准。为了这些目的，应当鼓励并促进在各国政府、非政府组织和私营部门实体之间展开合作。

（二）监管机制

21. 准则9—15就制订支持外层空间活动长期可持续性的监管框架和做法问题，为授权或开展空间活动的政府和有关国际政府间组织提供指导。指导涉及通过国家监管框架和采取所建议的自愿措施，以增加外层空间活动的安全与可持续性。

准则9：采用向每个国家所管辖和控制的行动者提供明确指导的适合空间活动的国家监管框架（D.10）

随着空间活动的全球化和普遍化，特别是随着从事非政府服务和业务的新的行动者的出现，各国应当采用考虑到国家对其负有国际责任的非政府实体的特殊性而确保有效适用国际规范的监管框架。鼓励各国考虑适用有关的并且得到普遍接受的标准和最佳做法。

尤其鼓励各国不仅考虑到现有空间项目和活动，而且还考虑到其国家空间部门的潜在发展，并适时预先及时订立适当条例，以避免出现法律漏洞。重要的是，本国的条例应当述及国家空间部门的特定性质和特点以及本国一般的经济框架，后者提供了空间部门可以进一步扩展的背景。

准则10：在空间活动国家监管框架的制定、改进和落实过程中鼓励受影响的本国利益相关者提供咨询性投入（D.8）

各国可能会发现，在空间活动监管框架的制定过程中接受受影响的本国利益相关者的咨询性投入是有益的和高效的。这些利益相关者可能包括私营部门实体、大学或研究组织、在该国管辖下运行的非政府组织、国家机构或在空间活动方面发挥作用并将受拟议监管举措影响的其他机构。

对于有先进空间能力的国家，利益相关者可能对于监管框架将会如何影响或实际上如何影响空间活动的运行或管理有着切合实际的认识。国家如果允许及早提供咨询性投入，就可以避免监管对关键利益相关者有不利影响这一意想不到的后果。这些利益相关者也可能意识到法律或协定所规定的义务互有冲突。及早查明这些冲突可以避免在监管框架通过之后产生管辖方面的争议。

空间能力正在发展的国家应当在得到有关利益相关者的咨询性投入或与之协商之后确定国家监管框架的基本组成部分。没有这些投入，国家可能对利益相关者监管过多，所制定的监管框架可能比需要的更为严格。若一国以前未曾尝试从法律角度对空间活动加以管制或监管，则该国不妨考虑其他国家的空间立法或者比照考虑其他国内法，以此作为起草法律的指导。如果没有经验，一国可能无意中制定对于特定空间活动或其管制的空间行动者不适用或在技术上不准确的法律。

在制定或改进国家监管框架时，所有各国都应当考虑到对落实改进空间活动长期可持续的措施规定适当过渡期和里程碑的需要。

准则 11：在制定国家监管框架和国际标准时处理空间物体发射、在轨运行和再入地球给人、财产、公共健康和环境造成的相关危险

[注意：D 专家组仍在审议关于准则 D.11 的支持性措词。]

准则 12：在通过或实施国家监管框架时考虑到外层空间活动的长期可持续性（D.6）

国家条例历来涉及安全、赔偿责任、可靠性和成本等问题。在制定新条例时，各国应当考虑将能增强外层空间活动长期可持续性的条例。此类条例有三个主要方面。第一是各国在颁布新的条例时应当铭记其在《关于各国探索和利用包括月球和其他天体在内外层空间活动所应遵守的原则条约》第 6 条下所持的义务。第二是确保鼓励属于监管者管辖的空间行动者以保持空间活动长期可持续性的方式开展其活动。第三是鼓励采取适当的新方法以确保空间活动的长期可持续性。条例不应当限制性过强，以致妨碍旨在改进空间活动长期可持续性的举措。

准则 13：在制定适用于外层空间活动长期可持续性的监管措施时权衡各

种备选办法的成本、益处、不利之处和风险，并考虑到利用现有国际技术标准和定义的潜在益处（D.9）

各国应当制定和实施适用于酌情由其管辖或控制的人的本国条例，并与其他国家共享此类条例和得到的经验，以便作为考虑的示范。

条例应当切实可行，也就是说，从条例实施国的技术、法律和管理能力的角度来看能够加以落实。与此密切相关的一个概念是技术可行性，也就是说，条例不应要求有技术创新，也不应超出空间活动实践的现状。

条例的影响应当可以预测。条例所适用的群体应当尽可能在开展活动之前了解条例对其活动的影响。应当考虑实行关于收集条例落实情况信息的报告制度。

条例应当是高效的和有效的。有效的条例是指实现预期目的的条例。有效条例的一个重要组成部分是确保条例有明确的预期目的。与此同时，条例与可行的备选办法相比需要有效率，即所需要的守规成本最低（例如从资金、时间或风险等方面）。守规成本包括在直接影响和长期影响两个方面给监管者和受监管实体造成的成本。控制守规成本的最佳做法是确保条例以成效为基础并对技术创新作出响应。条例应当避免要求采用制约以后创新的特定技术办法或专属解决办法。

准则14：在各主管机关内部和之间进行交流以便利采取高效和有效措施促进空间活动的长期可持续性（D.7）

鼓励各国确保在监督或进行空间活动的各主管机构内部和之间落实适当的交流和协商机制。这是因为对空间活动的监管除了借鉴物理学和工程外，还要借鉴其他很多学科，如经济学、法律、公共政策和社会科学，不能指望任何一个实体涵盖所有学科。例如，就空间活动规定条件的许可发放可能涉及许多不同的活动，如发射、在轨运行、无线电频率使用、遥感活动和空间物体寿命结束时弃置于轨道。相关监管机构内部和之间的交流可推动制定前后一致、可预测并且透明的条例，以确保监管结果如同各国的预期。

准则15：鉴于现有和潜在空间行动者数目的增加及其日趋多样，就长期

可持续性相关条例和最佳做法开展有适当针对性的宣传、能力建设和教育（D. 4）

开展有适当针对性的宣传和教育，可帮助所有空间行动者更好地认识和理解其所持义务的性质，从而促使更好地遵守现行监管框架和目前用来增强外层空间活动长期可持续性的最佳做法。虽然监管者在制定旨在增强长期可持续性的措施时始终应当努力做到清晰明了，但宣传和教育可帮助解决由于国家监管框架而产生的任何执行问题。在监管框架的变化或更新而导致新的义务时，这一点尤其有意义。鼓励各国促进工业界、学术界、监管者和其他相关组织开展或与之一起开展宣传活动。

各国包括其监管者和机构在制定条例和向航天界发布准则时也可受益于空间行动者的投入。宣传方案可为监管者提供有价值的迭代反馈机制。

宣传、能力建设和教育举措可采取以下形式：讨论会（亲自到场或网上广播）、发布对国家或区域法律和条例加以补充的准则、提供监管框架基本信息的互联网网站或者提供政府内可帮助参加者找到关键信息的联系人。

是否有资源为此类举措提供支助在各国差异很大；因而大力鼓励工业界、学术界和国际组织采取类似举措，因为这些实体可以就监管事宜和技术最佳做法提供宝贵的投入。

（三）国际合作

22. 准则 16—20 就旨在增加外层空间活动长期可持续性的国际合作措施问题，为授权或开展空间活动的政府和有关国际政府间组织提供指导。指导包括促进技术合作与能力建设，以提高发展中国家根据国内立法、多边承诺、不扩散规范和国际法建立本国能力的能力的措施。

准则 16：推动并便利和平利用外层空间方面的国际合作，以此作为增强外层空间活动长期可持续性的一种手段（D. 1）（仍在讨论中）

[准则 16 适用于所有合作方式，包括政府和非政府合作；商业和科学界合作；全球、多边、区域或双边合作；所有发展水平的国家之间的合作。该原则特别重要，因为对许多国家而言，国际合作为其参与空间探索提供了便

利。《外空条约》第9条，如果结合1996年《关于开展探索和利用外层空间的国际合作，促进所有国家的福利和利益，并特别要考虑到发展中国家的需要的宣言》来加以解释，就意味着国际合作以自行决定公正、公平和彼此接受的合同条款为基础。]

[美国所提议的取代现行准则16的案文。]

[准则16适用于所有合作方式，包括政府和非政府合作；商业和科学界合作；全球、多边、区域和双边合作；处于所有发展水平的国家之间的合作。所有各国特别是拥有相关空间能力以及探索和利用外层空间方案的国家，都应当在彼此接受的基础上协助推动并促进在空间活动长期可持续性方面的国际合作。就此应当特别注意发展中国家和由于同具有较发达空间能力的国家展开这类国际合作而拥有初步空间方案的国家的惠益和利益。各国可自行确定在彼此接受的基础上参与探索和利用外层空间的所有各个方面。例如通过合同及其他具有法律约束力的机制来开展合作事业的条件应当是公平合理的。]

准则17：考虑到发展中国家的需要和利益，支持和推动在彼此接受的基础上通过共享数据、派生信息和相关工具而在能力建设及数据获取方面开展国际合作（A.3）

各国和各国际组织应当协调在空间相关能力建设和数据获取方面的国际合作努力，以确保高效使用现有资源并在合理和相关的范围内避免职能和努力的不必要重复，同时考虑到发展中国家的需要和利益。

各国和各国际组织应当推动并支持区域和国际合作，以协助各国汇集人力、技术和财政资源，实现高效的空间相关能力，从而增强外层空间活动的长期可持续性并支持全球可持续发展。

各国和各国际组织应当在不损害现行国际协作举措的情况下，探讨新形式的区域和国际协作，以便在考虑到空间活动长期可持续性的需要以及发展中国家的需要和利益的情况下，协助各国在国家一级落实空间做法、标准和治理方针。

准则 18：在不影响知识产权的情况下，根据不扩散规范和原则，并考虑到外层空间活动长期可持续性要求，推动进行国际合作，支持许多国家对通过能力建设和技术转让开展本国在外层空间活动上能力建设的日益强烈的兴趣（A.4）

各国和各国际组织应当考虑推动在增强外层空间活动长期可持续性并支持全球可持续发展上的国际技术合作。

各国和各国际组织应当支持当前的举措并且考虑新形式的区域和国际协作，以便在考虑到发展中国家需要和利益的情况下，根据国内立法、多边承诺、不扩散规范和国际法推动开展空间能力建设。

各国和各国际组织应当推动可便利空间能力建设的技术保障安排，同时尊重知识产权并遵照不扩散规范和原则以及关于长期可持续性的要求。

各国凡开展、授权开展、打算开展或打算授权开展涉及使用某种货物（物体、材料、制成品、设备和其他产品）的国际空间活动的，如果此种货物基于禁止未经授权予以披露和继续转让并因而需要适当程度的保护的技术的，则应当确保此类活动按照不扩散原则和国际法规范进行，而不论这类活动究竟是由政府或非政府实体还是通过此类国家所属的国际组织进行。空间活动应当遵照负责任的标准和做法进行，例如应当予以赞成并执行的《防止弹道导弹扩散海牙行为准则》。

相关国家应当提供机会就此类合作确立更加有力的法律和行政监管，前提是鉴于出口或进口的受管制货物的性质这样做特别适当甚至必要。在此情况下，各国应当寻求就考虑和解决与受管制产品保障程序有关的协调问题建立基于互惠和利益均享的协作关系。为尽可能发挥这种做法的潜在惠益，还鼓励各国通过协定或其他安排，就实施在国内法下适当制度化的措施作出规定，以确保所进口的受管制货物在进口国领土内的安全保障。尤其是各国应当按照相关立法在彼此接受的基础上进行协商，以便就下列事宜达成一致：

（1）售后监测与核查，以确定不存在未经授权使用或继续转让受管制物品的危险；

（2）在国家一级加强最终用户的证明和认证程序；

（3）依法对合同和基于合同的活动的监督，以有效便利适当地适用关于最终使用的商定措施，并防止出现所出口的受保护货物在进口国领土内之时就对其的管辖出现争议或此种货物被用于非法目的的任何情况；

（4）确保相关国家机构有权并有能力监测受管制物品的最终使用并在推定有关最终使用的安排未获遵守时可立即采取措施（包括发布相关命令）。

准则 19：推动展开国际合作，以帮助各国汇集人力资源，获得与相关监管框架相符的技术和法律能力和标准，尤其是对于刚开始发展外层空间应用和活动能力的国家而言（A.5）

各国和各国际组织应当支持目前的举措并推动展开新形式的区域和国际合作，以帮助各国汇集人力和财政资源，并实现与长期可持续性和相关监管框架相符的开展外层空间活动的高效技术能力和标准，并帮助新兴空间国家在考虑到空间活动长期可持续性需要的情况下实施国家空间条例。

准则 20：提供适当的联系信息（B.6）

鼓励各国和各国际组织交换负责航天器运行和交会评估的适当实体的联系信息。

还鼓励各国和各国际组织拟订适当程序，以便能够及时展开协调，目的是降低在轨碰撞、在轨解体或裂解和可能提高意外碰撞概率的其他事件的概率，并便利采取有效对策。

（四）科学技术

23. 准则 21—31 为开展空间活动的政府、国际政府间组织、国家非政府组织、国际非政府组织及私营部门实体提供科学技术性质的指导。它们还包括有关空间物体与空间天气的信息的收集、存档、分享和传播以及利用标准格式促进信息交流。

准则 21：推动收集、共享和传播空间碎片监测信息（B.1）

各国和各国际组织应当鼓励开发和利用测量、监测和描述空间碎片轨道特性和物理特性的相关技术，应当推动共享并传播派生数据和产品及其使用方法。

准则 22：空间碎片减缓措施（B.2）

根据委员会《空间碎片减缓准则》，各国和各政府间组织应当通过可适用机制探讨、拟订和实施空间碎片减缓措施。

准则 23：限制有控再入对人和财产造成的风险（B.3）

对于航天器或运载火箭轨道级和（或）次轨道级的有控再入，各国和各国际组织应当考虑使用既定程序向飞行员和海员提供通知（并且酌情通知公众和其他国家）。

准则 24：倡导为了在轨运行的安全而改进轨道数据准确性的技术（B.4）（仍在讨论中）

[承认空间运行（的安全）在很大程度上取决于轨道数据及其他相关数据的准确性，鼓励各国推动调查究竟有哪些方法可以改进有关空间物体轨道（和姿态）的知识。这些方法可以包括国际合作、合并和验证不同来源的数据，包括现有的和新的传感器能力与分布的机制，包括被动式和主动式在轨跟踪辅助设备。]

准则 25：在有控飞行轨道周期期间进行交会评估（B.5）

应当对现有和计划中航天器轨迹有控飞行轨道周期期间能够调整相关轨迹的所有航天器进行与其他空间物体的交会评估。

交会评估程序的适当步骤包括改进相关空间物体的轨道定位，甄别相关空间物体的现有和计划中轨迹，以便了解潜在碰撞情况，确定是否需要酌情协同负责交会评估的其他运营者和（或）组织对轨迹进行调整以便减少碰撞风险。

鼓励各国和各国际组织拟订并实施关于交会评估的共同做法。

准则 26：推动在共享空间物体轨道信息时使用标准格式（B.7）

在共享空间物体轨道信息时，应当鼓励运营者及其他适当实体共用的、国际认可的标准格式以便能够展开协作和信息交流。便利加深对空间物体当前和预期方位的共同认识，将有助于及时预测并防止潜在碰撞。

准则27：支持并推动空间天气关键数据的收集、存档、共享、相互校准和传播（C.1）

各国和各国际组织应当促使专家参与查明空间天气服务和研究所需的关键数据组，并采取免费地和无限制地共享来自其天基和地基资产的空间天气关键数据的政策。促请所有空间行动者和政府、民间和商业空间天气数据所有者为互惠目的允许免费地和无限制地获取此类数据并予以存档。

各国和各国际组织还应当共享实时和近实时空间天气关键数据和数据产品，并应当交叉校准和相互校准空间天气关键数据和数据产品；以共同格式公开共享空间天气关键数据和数据产品；对于其空间天气关键数据和数据产品采用共同访问协议；推动加强空间天气数据端口的互操作性，从而推动更加方便用户和研究人员访问数据。

各国和各国际组织应当进一步采取协调一致的办法，维持空间天气观测的长期连续性，查明并弥补测量方面的关键缺口以满足空间天气关键需要。促请空间行动者包括各国和各国际组织尽可能搭载用于空间气天科学和监测的小型、低动力整体有效载荷（例如在地球轨道卫星飞行任务中搭载辐射监测器）。

准则28：支持并推动为满足用户需要而进一步协同开发空间天气模型和预测先进工具（C.2）

各国和各国际组织应当促使专家采取协同做法，记录空间天气研究情况、用户需求和作业模型以及目前使用的预测工具，并结合空间天气科学和服务及用户需要对其进行评估。

各国和各国际组织应当采取协同做法，查明并弥合在满足空间天气科学和服务及用户需要所需研究与作业模型和预测工具上的缺口，在必要时还应当协同努力，支持并推动研究和开发工作，以便进一步开发空间天气模型和预测工具。

准则29：支持并推动协同共享与传播空间天气模型产出和预测结果（C.3）

各国和各国际组织应当查明对空间天气模型、空间天气模型产出和空间天气预测结果的高度优先需要，并采取免费地和无限制地共享空间天气模型产出和预测结果的政策。促请所有政府、民间和商业空间天气模型开发方和预测结果提供者为互惠目的允许免费地和无限制地获取空间天气模型产出和预测结果并予以存档，这将推动研究与开发。

各国和各国际组织还应当鼓励其空间天气服务供应方对各种空间天气模型和预测产出进行比较，目的是评估其度量方法和比较性能，以便提高模型和预测的准确性；以共同格式公开共享并传播以往和今后关键的空间天气模型产出和预测产品；在可能范围内就其空间天气模型产出和预测产品采用共同访问协议，以便推动更加方便用户和研究人员的使用，包括为此实现空间天气端口的互操作性；并在空间天气服务供应方之间以及向作业终端用户协同传播空间天气预测结果。

准则 30：支持并推动收集、共享、传播和获取与减缓空间天气对地基和天基系统影响及相关风险评估方面最佳做法有关的信息（C. 4）

促请各国和各国际组织向公用档案库提供概要，介绍在减缓空间天气对运行中系统影响上最佳设计做法、准则和经验教训的文件，以及与空间天气用户需要、测量要求、差距分析、成本效益分析和相关空间天气评估有关的文件和报告。

各国和各国际组织应提供支持，以便让国家机构、卫星运营者和空间天气服务提供者能够努力制定适用于在卫星设计中减缓空间天气影响的国际标准和最佳做法。

各国和各国际组织应当支持并推动为保障空间活动而就地基和天基空间天气观测、预测建模、卫星异常情况和有关空间天气影响的报告开展合作与协调。为此可以同国际空间环境服务组织和世界气象组织（气象组织）展开协作。

各国和各国际组织应当：

（1）将空间天气当前、“临近预测”和预测临界值纳入空间发射实施标准；

(2) 提供支持，让其卫星运营者能够与空间天气服务提供者合作，查明对减缓异常情况最为有益的信息，并得出在轨运行最佳做法具体建议准则。例如，如果辐射环境危险则可包括采取行动推迟上传软件、进行机动操作等;

(3) 通过列入安全模式等做法而将修复空间天气破坏性影响的能力纳入卫星设计;

(4) 将对空间天气的影响纳入关于寿终处置的卫星设计和飞行任务规划，以便确保按照委员会《空间碎片减缓准则》，航天器要么到达预期倾弃轨道，要么以适当方式脱离轨道，其中应当包括进行适当的裕量分析。

各国和各国际组织还应当:

(1) 鼓励收集、校对和共享与地基和天基空间天气相关影响和系统异常情况包括航天器异常情况有关的信息;

(2) 鼓励使用信息报告共同格式。在有关报告航天器异常情况方面，气象卫星协调小组的模板提供了一种非常好的拟议做法;

(3) 鼓励采取促进共享卫星异常情况数据的政策，以便所有国家均可查阅卫星异常情况档案。

承认对某种数据可能应当受法律限制，并且或应当采取对专属信息或机密信息实施保护的措施。

各国应当就空间天气对本国技术系统不利影响的风险及其造成的社会经济影响展开评估。此类研究的结果应当予以公布并提供给所有国家。

准则31：推动可持续全球空间天气能力所要求的教育、培训和能力建设(C.5)

鉴于气象组织已经有广泛的陆地气象培训方案，扩展这些方案以包括空间天气培训会很有意义，因为这样将能利用现有基础设施和能力。

各国和各国际组织应当鼓励在空间天气讲习班进行空间天气培训。培训机会的实例包括由美国国家海洋和大气管理局组织每年在美国举行的国家空间天气讲习班；欧洲空间天气周；亚太空间天气联盟讲习班；国际空间天气举措学校；附属于联合国空间科学和技术教育各区域中心。

（五）管理

24. 工作组主席提出的准则 32 和准则 33 为开展外层空间活动的实体提供了指导。此类实体包括政府机构、国际政府间组织、非政府实体、私营部门实体以及学术研究机构。首先，管理应当确保实体有办法遵从开展外层空间活动的有关国家和国际监管框架与机制。管理责任还应当包括建立和培养组织文化以及增加外层空间活动长期可持续性的适当制度。

准则 32：开展外层空间活动的实体应当确保它们有办法遵守增加外层空间活动长期可持续性的有关政府和政府间监管框架、要求、政策与程序

国家对国家的外层空间活动，对批准和继续监督此类活动负有国际责任，因为此类活动均要遵照国际法开展。然而，确保特定空间活动不危及整个外层空间活动长期可持续性的直接责任，通常都由开展这种活动的实体承担。在这方面，该实体的管理部门应当采取步骤：

（1）建立和保持一切必要的技术能力，以安全负责的方式开展外层空间活动，并使此类活动合乎有关政府和政府间监管框架、要求、政策与程序；

（2）制订具体要求和程序，以便在飞行任务寿命周期的各个阶段处理受实体控制的外层空间活动的安全性与可靠性；

（3）在飞行任务寿命周期的各个阶段评估外层空间活动长期可持续性面临的与实体所开展空间活动相关的风险，并采取步骤降低此类风险。

准则 33：开展外层空间活动的实体应当确保它们设立了增加外层空间活动长期可持续性的适当制度和组织文化

实体开展外层空间活动，其管理部门应当确保实体规划和开展空间活动的结构与程序支持增加外层空间活动长期可持续性的目标。管理部门在这方面要采取的适当措施应包括：

（1）实体最高层承诺增加外层空间活动的长期可持续性；

（2）建立和培养组织文化，承诺在实体内部和与其他实体的有关互动中增加外层空间活动的长期可持续性；

（3）确保实体对增加外层空间活动长期可持续性的承诺反映在实体规划、

发展和开展外层空间活动的管理结构与程序中；

（4）酌情鼓励分享实体开展安全可持续外层空间活动的经验，以此作为实体对增加外层空间活动长期可持续性的贡献；

（5）在实体内部指定一个联络点，负责与有关主管机关沟通，以利及时有效地交流信息，协调潜在紧急措施，以增加外层空间活动的安全性与可持续性。

三、实施与更新

（一）实施

25. 国家拥有决定和建立自己的控制机制，以履行国家探索和利用外层空间现有条约和原则规定的国际义务的主权权利。在不影响这种权利的前提下，鼓励各国在实际可行的最大程度上、根据本国法律实施上述准则。

26. 国际合作对增加外层空间活动的长期可持续性是绝对必要的。现有信息共享机制，由联合国外层空间条约和原则设立，并得到了上述准则的进一步补充，为收集和交流关于保护外层空间环境正在取得的进展的信息、知识和经验提供了基础。鼓励各国定期向和平利用外层空间委员会提供资料，介绍它们实施上述准则的经验。

（二）更新情况

27. 上述准则基于现有以安全可持续方式开展外层空间活动的大量知识。然而，准则的拟订也揭示了为建议准则提供坚实基础所需的科学技术数据和经验尚且缺乏的领域。各国和各国际组织有关可持续利用外层空间、有关发展可持续空间技术、工艺和服务的研究，应当遵守准则的建议，继续开展，以便探讨解决那些未决的问题。随着迅速开展空间活动的演化，随着知识的增加，准则应当定期予以审查和修订，以确保准则继续为各国、为所有空间行动者提供有效指导，增加外层空间活动的长期可持续性。

四、建议今后审议的专题

28. 在各专家组讨论期间，查明了一些今后审议的专题。这些专题由专家组查明在下面几段中加以介绍，以供工作组审议。

29. 和平利用外层空间委员会应当考虑结合可持续发展审查外层空间自然资源利用问题。

30. 各国和各国际组织应当编辑一部有利于安全开展空间利用活动包括可持续利用外层空间自然资源的措施、做法、标准和其他要素简编。该简编应当免费提供并由包括各国和各国际组织在内的所有空间行为者予以宣传推广。

31. 委员会应当力争制定有利于空间并且促进公平高效合理利用空间以支持全球可持续发展的举措。

32. 鼓励各国制定避免有害污染外层空间的新标准，以增加外层空间包括天体的长期可持续性。

33. 委员会各成员国应当审议源自积极清除空间碎片的科学、技术及法律问题。

34. 委员会各成员国应当通过委员会在科学和技术小组委员会空间天气议程项目下，并通过有关国际组织，努力协调地基和天基研究与运行基础设施，以确保关键的空间天气观测的长期连续性奠定基础，提供机制。

35. 各国和各国际组织应当调查空间天气信息的协调情况，其中包括观测、分析和预测，以支持与卫星、航天器和亚轨道运载工具等运行有关的决策和风险减缓，其中包括火箭和用于载人航天飞行包括空间旅游的运载工具。

36. 委员会各成员国应当力争：

（1）给出有关许多影响外层空间活动长期可持续性的关键问题的术语的定义；

（2）制订与空间物体所有权有关的条例；

（3）遵照大会 2007 年 12 月 17 日第 62/101 号决议的建议，加强国家和国际政府间组织登记空间物体的做法；

（4）增进各国在发放许可、登记费和保险要求方面做法的一致性。

37. 委员会成员国应当通过科学和技术小组委员会努力落实一项进程，评价准则实施工作对外层空间活动长期可持续性的影响，审查准则实施进展情况，必要时也更新准则。

俄罗斯联邦提交的文件：外层空间活动的长期可持续性

（联合国文件 A /AC. 105/L. 290）

科学和技术小组委员会在确保“外层空间活动长期可持续性准则”草案方面的工作在新的阶段需要合并所进行的努力产生的初步结果，并对未来行动形成共识。毫无疑问，积极的一面是，尽管所有已知的客观限制条件和因素使进程复杂化，但对于为空间活动长期可持续发展而需要成功解决的问题，基本上有可能为广泛而高质量地呈现和分析这些问题奠定基础。已经实现了主要目标，即我们已对这一主题进行了深入审议。越来越明显的一点是，国际社会能够综合并阐明一些基本上全新的观念，这些观念会对空间活动参与者的行为模式发展产生重要的积极影响。必须保持积极的对话——虽然仍然存在方法上的差异——重点是透彻研究所审议的问题的实际方面。科学和技术小组委员会在保持建设性立场的同时，必须对范围广泛的重要问题（包括已经讨论过的和尚未得到适当认定的问题）提供实质性的答案。因此，准则草案中初步涉及空间行动安全方面的若干条款的案文必须作为属于更高级的政治逻辑范畴的类别加以评估。从某种意义上说，辩论正是在安全方面达到了一个关键阶段，需要作一系列适当而有效的决定，为发展真正的合作模式创造条件。在空间碎片、空间行动和支助合作型空间环境认知的工具等问题上，准则的初步提纲并未预示一个政策上的突破，因为其中没有给出解决若干重要问题的模式。迄今为止编写的材料虽然给人的总体印象是积极的，但尚不能使人明确了解这一领域的合作前景和机制。

在这方面，有必要充分阐明俄罗斯联邦工作文件《在外层空间活动长期可持续性这一主题下促进审议维持外层空间用于和平目的的方法和途径的前提条件》（A/AC. 105/C. 1/L. 338）中提出的近地空间监测信息统一中心这一构想。可以有足够的信心认为，建立这种实体会使各方的努力得以在一个整合的、可预测成功的空间信息交换系统框架内得到协调。这从所有方面看都是最佳解决办法。为了更详细地讨论这一构想，现提出设立这一中心的构想中的基本要素以供审议。

一、在联合国主持下设立一个统一的近地空间监测信息中心（以下称“中心”）的构想的基本要素

（一）理由

有必要创造一种通用工具，用于在相关的国家和国际组织之间进行信息交流，以确保空间活动的长期可持续性和安全，收集和传播近地空间物体和事件的有关信息，尽量积累最多可靠信息，并毫无歧视而有保证地提供查阅此类信息的途径。

（二）目的和任务

·组织并维持一个国际数据库，其中包含不断更新和存档的关于近地空间物体和事件的多来源数据（以下称“数据库”）；

·经国家和国际组织批准，采用统一的方法，向有兴趣的用户提供许可进入数据库上传其数据并使用数据库中存储的信息；

·在国际信息交流实践中采用商定的统一模板，确定近地空间物体和事件相关信息的结构和内容；

·建立国际机制用于即刻（无拖延地）传播关于外层空间危险情况的关键信息。

（三）在该举措的最初实施阶段，可在联合国和平利用外层空间委员会（包括其科学和技术小组委员会）框架内以及通过联合国外层空间事务厅的途径加以处理的问题

·在信息命名方面的协调，以快速将信息存入数据库；

·阐明对硬件和全系统软件的要求，同时考虑到对数据库备份、多用户持续访问数据库和信息安全的要求；

·阐明对特殊软件的要求；

·阐明在数据接收和转发方式方面对用户与数据库之间信息交流规则的要求。

（四）供存入数据库的信息的指示性清单

·空间物体发射信息（依据 1975 年《关于登记射入外层空间物体的公约》所规定的义务，并考虑到联合国大会第 62/101 号决议所载的建议以及正在编写并计划通过的外层空间活动长期可持续性准则）；

·关于（控制下的和失控的）近地轨道物体预测（计划）和实际重新进入大气层的信息；

·关于预测的近地空间物体会合的信息；

·关于近地空间物体破裂和碰撞的信息；

·关于使用空间监测手段探测到的近地空间物体的信息；

·关于在轨操作的信息；

·关于空间物体所携设备失灵或空间物体所受的未知影响的信息。

（五）数据传输方式

考虑到空间事件的时间尺度和目前用于监测此类事件的系统的技术能力，信息提供不可避免会有一段时间延误。实际发生空间事件和出现关于该事件的信息之间的时间差长短可能差别很大，取决于事件发生所在的轨道类型、事件的性质、事件所产生的物体的特征（假如实际形成了物体的话）、监测手段的技术能力。

近地空间物体的轨道信息和对其准确性的评估将以统一方式传输到中心（星历以单坐标系显示，以单一时标为参考），而不依靠初始运动模型得出轨道信息的测量信息的内容以及在轨运动预测方法。

据设想，会有一系列实际因素造成信息在数量、更新频率和实际准确性方面的某些限制。由于客观原因，有必要首先顾及国家安全上的考虑因素。

在任何情况下，提供信息都不应有传输已知的错误和（或）误导性信息这类不公平做法。自愿向数据库提供的信息应当仅限于信息所有者按照自己的要求和标准认为可信而可靠的信息。

同样，据设想，数据库用户有权决定使用信息是否适宜以及在何种程度上使用信息以采取行动防止对空间行动安全的威胁或应对这种威胁（包括在国家一级制定相关条例和要求以及履行职能和程序以确保空间行动安全）。应当有一条法律推定，如果用户根据所提供信息的内容采取行动或不采取行动而招致损害，此类信息不得用作使提供方承担赔偿责任的理由。应当推定，该中心无论以任何模式建立和运作，都应规定联合国在互相免责这一通用制度的框架内运作。

（六）关于该中心结构的初步构想

数据库和相关软件将使用两个服务器：主服务器（信息储存）和辅服务器（用于用户应用）。每个服务器应有一个备用服务器，储存所有备份信息。这些服务器将连到计算机信息网络，该网络由中心的运作者操作。应当保证服务器的运行安全，并应按照服务器接入的信息网络所适用的一般安全政策提供服务器访问。用户应用应以使用安全信息传输协议的现代网络技术为基础。应当规定不同级别的信息资源访问权限（特别是数据管理员级别、安全管理员级别和各种类别的用户级别）。负责现有计算机信息网络的工作人员应是参与中心运营的正式员工。可按联合国驻维也纳办事处所掌握的资源建设这一结构。

目前没有国家监测系统对近地空间的所有区域进行全面覆盖，因而更需要充分发展在中心内部形成互补能力这一理念。建立该中心的举措的动机是期望保护国际社会在获取必要信息对事件进行分析和解释方面的利益，同时考虑到影响空间环境中各种不断演变的状况的多种要素。该项目的实施工作本身特点是技术合理性和功能性，这不仅会在确保空间运作安全方面开创新天地，还将提供一系列激励手段，使关于在空间活动中建立信任措施的对话朝着更加积极的统一趋势发展。这些问题之间的辩证关系正在显著加强。各国按照合作伙伴关系的逻辑行事，可以在价值和实质方面获得独特的经验，有助于复兴国际决策并直接改善维持外层空间用于和平目的的前景。鉴于对拟议中心的设想与联合国有直接关系，各国和国际组织作为信息的提供方和接收方，应当在高度责任水平上维持这一集体建立的系统，按照 1967 年《外空条约》所规定的原则、规范和价值标准来组织该中心的活动。这样将确保所提供的信息（包括独家信息）以性质上全新的方式放置在公开、公正、可预测的政策环境中。

正在制定的这套新准则由于涉及安全和安保，应有一个逻辑性更强的结构，为此要为这一主题事项中若干无法忽略的专题方面编写补充性的规范材料。特别是，未来的准则应当与各国空间基础设施地面部分的安全问题紧密相关，因为这一问题直接影响到空间行动的安全。同样，未来的准则应当要求在国际信息（网络）安全方面进行经过合理组织的互动。以这两个具体领域的规范管理为基础，便可看到积极的前景，即在安全利益和道德考虑因素相融合的基础上，有办法解决十分重要的问题，并产生符合安全利益的新的伙伴关系文化。从形式上说，未来准则并不是对这些问题的全部法律规范，而是提出各国和外层空间活动其他参与方更有建设性的行为的一种中间模式，从而使迫切的需要得到更积极的反应和学习，在新的政策办法下公诸于众。还必须原则上商定对积极清除空间碎片、有功能和（或）无功能航天器的行动采取何种政治和法律办法，使未来清洁外层空间的任何行动都是从一开始就在法律基础上组织的。注意所有这些重要而紧迫的问题应会扩展外层空间活动长期可持续性这一概念和实践的深度和广度。这种办法必然会使协调各国立场的工作更加复杂，但却是正当合理的，因为它考虑到了当前的客观挑战。

除上述俄罗斯联邦工作文件所载的建议之外，另提交下述可能的准则草案（已经草拟了俄文和英文原件），请科学和技术小组委员会注意：

（一）建立一个国际信息和数据共享系统

应当鼓励各国和国际组织建立和维持可靠而适当确定的程序共享信息，以支持其在近地空间中不断变化的、预计的和潜在的危险情况方面的共同利益和个别利益，因为这些危险情况可能影响到外层空间行动的安全和安保。为了适当管理这些程序的执行，各国和国际组织应当正式指定具备运作能力的适当实体（并公开其联络方式）参与信息交流，处理接收到的事件报告和预报，并在采取预警和反应措施方面担任联络点，为危机警报和管理机制提供支助。

应当鼓励各国和国际组织制定、实施和使用所商定的国际机制，交流关于在近地空间的有功能和无功能物体的实际数据（考虑到空间环境中出现危险情况的可能性），这些机制将开放允许所有相关方参与，在所有实际方面（考虑到采取预先行动的必要性）促进及时提供可靠、足够完整而准确的信息（包括传送方认为可靠、足够完整而准确的信息），有具体的时刻或间隔时间，并以关于所传送数据的相关间隔的信息为佐证。

[近地空间监测信息统一中心将在联合国组织的主持下建立并运营，以成为分布各地的国际信息系统的核心要素，并成为供多边合作共享和传播关于近地空间物体和事件的多来源信息的信息平台。该中心的组织安排和法定任务与职责应通过联合国和平利用外层空间委员会拟定，并经联合国大会核可。]

（二）遵守积极清除在轨物体行动的各项标准

考虑或开始执行或参与积极清除空间碎片、有功能空间物体和（或）无功能空间物体行动的国家和国际组织，在对这种行动的可行性和安全性进行判断的过程中以及在筹备阶段和执行阶段，应当彻底审查并有效执行一套连贯而严格的要求和措施，其目的是确保识别、分析、评价和预防风险，以及采用适当手段和方法使这类行动既安全又完全符合国际法的原则和规范。在决定风险减缓办法以及为执行积极清除行动而选择工具和技术时，应当考虑到一个最重要的任务，即任何行动或不行动均不可使其他国家、其他国际组织或外国实体拥有或经营的在轨系统、组合体和工具变得脆弱，也不得对其造成威胁或损失，包括整体或部分操作故障、退化或不再完整，从而损害或限制有关国家、国际组织或外国实体的利益。应当达成共识，任何积极的清除行动：

·未经相关国家（包括登记国）、国际组织和（或）实体的适当有效的同意，不得对上述空间资产造成强制性的技术影响；

·对于此类外国资产不得在管辖权和（或）控制职能上造成任何不合规定之处。

（三）尊重外国空间相关地面和信息基础设施的安全

[注：俄罗斯联邦在 2013 年 6 月提交的措辞构成第一段，现补上关于国际信息（网络）安全的第二段，形成一条准则草案。]

应当鼓励各国和国际组织，将确保外层空间活动长期可持续性的概念和做法视为与地面基础设施的安全问题构成一个不可分割的整体，因为地面设施使在轨系统、组合体和工具适当运作并接收和处理它们发出的数据。按照负责任及和平进行空间活动的方针，各国和国际组织在为确保外层空间活动长期可持续性的概念和做法提供总体机构性支助时，应当通过在政策和原则层面经周密思考、有效制定的决定，以禁止任何可能损害由外国管辖和（或）控制的此类地面基础设施的服务能力的行为或对其有不利影响的行为。

这种综合办法要求各国和国际组织集体接受责任，在其信息（网络）安全原则和战略的框架内，通过国际一级的积极努力，确立并遵循一项信息安全政策，适当处理在预防、识别、调查和制止恶意使用信息和通信技术和（或）与减缓国内、国外和国际关键信息基础设施的脆弱性及阻止对其进行干扰的任务不相符的任何其他活动方面进行有效国际合作的需要和方式，这种合作可能直接关涉确保受国内或国外管辖的在轨系统、组合体和工具的安全运行。因此，各国和国际组织在必要时和（或）在接到请求的情况下，应当彼此建立联络并进行实际互动，应对有关环节中实时的、刚出现的和可能出现的威胁和事件。

和平利用外层空间委员会秘书处的说明：关于用于科学飞行任务和（或）载人运输的亚轨道飞行的问题

（联合国文件 A /AC. 105/1039）

一、导言

1. 在 2013 年举行的和平利用外层空间委员会法律小组委员会第 52 届会议上，外层空间定义和划界问题工作组商定继续请联合国会员国和委员会常驻观察员提供对下列问题（A/AC. 105/1045：附件 2 第 8（c）段）的答复：

（1）用于科学飞行任务和（或）载人运输的亚轨道飞行与外层空间的定义和划界事项之间是否存在着某种相互关联？

（2）用于科学飞行任务和（或）载人运输的亚轨道飞行的法律定义是否在空间活动方面对各国及其他行动方切实有用？

（3）如何界定用于科学飞行任务和（或）载人运输的亚轨道飞行？

（4）有哪些法规适用于或者可适用于科学飞行任务和（或）载人运输的亚轨道飞行？

（5）用于科学飞行任务和（或）载人运输的亚轨道飞行的法律定义对空间法的逐步制定会有何影响？

（6）请提出其他问题，以供在用于科学飞行任务和（或）载人运输的亚轨道飞行的法律定义框架内审议。

2. 秘书处编写本文件时依据了阿尔及利亚、亚美尼亚、德国、危地马拉和肯尼亚所提供的答复。

二、从会员国收到的答复：阿尔及利亚（原件为法文，2013 年 11 月 11 日）

问题 1：亚轨道飞行是在空气空间和外层空间开展的空间活动，并可能达到 100 多公里的高度（卡门线）。因此，该项活动直接关系到以对空气空间的同样方式确定外层空间的定义和划界的必要性。这样的定义对开展空间活动的规模越来越大的国家的赔偿责任问题特别重要。此外，不对外层空间进行划界可能引起法律模糊性，这反过来又可能增加国家间争端的风险。

问题 2：用于科学目的和（或）载人运输的亚轨道飞行的法律定义对开展空间活动的国家具有切实的重要性。

问题 3：亚轨道飞行是空间物体在外层空间和在空气空间与外层空间之间的边界进行的空间活动。

问题 4：在正在制定空间法期间这种活动可由国际法管辖。

问题 5：在正在制定空间法的背景下，亚轨道飞行的法律定义将有助于确定“空间物体”概念的更准确定义。

问题 6：有若干相关的问题，尤其是关于在亚轨道飞行的乘客：例如，他们是否被认为是宇航员？

三、从会员国收到的答复：亚美尼亚（原件为俄文，2013 年 11 月 5 日）

问题 1：政府认为，用于科学飞行任务和（或）载人运输的亚轨道飞行与外层空间的定义和划界之间存在着某种直接的关联，同时牢记必须制定关于执行此类飞行的规则。

问题 2：政府认为，用于科学飞行任务和（或）载人运输的亚轨道飞行的法律定义将对国家和其他运营商具有实用价值。

问题 3：用于科学飞行任务和（或）载人运输的亚轨道飞行可列为在外

层空间的下限与上限之间的区域进行的飞行。

问题4：旨在规范用于科学飞行任务和（或）载人运输的亚轨道飞行的法规可以适用于此类飞行。

问题5：亚轨道飞行的法律定义将引起需要修订规范空气空间的法规。

问题6：政府目前没有任何建议。

四、从会员国收到的答复：德国（原件为英文，2013年11月5日）

问题1：是，这种亚轨道飞行与划界问题之间存在着某种关联。应当对达到80—120公里高度（主要是载人运输的亚轨道飞行）与旨在在50—1500公里高度和100—150公里范围内进行科学实验的探空火箭等亚轨道飞行加以区分。根据通常的理解，如果这些探空火箭达到超过120公里的高度，它们即达到外层空间。根据1967年《关于各国探索和利用包括月球和其他天体在内外层空间活动所应遵守原则的条约》《外空条约》第6条的规定，条约的缔约国应为本国在外层空间开展的活动承担国际责任。《外空条约》第7条规定，发射国对发射进入外层空间的物体造成的损害应负有国际责任。此外，在外层空间的定义与关键术语“空间物体”之间存在着某种关联。1972年《外空物体所造成损害之国际责任公约》（《责任公约》）引入了关键术语“空间物体”，但未确定其定义。根据《责任公约》第2条，发射国绝对有责任为其空间物体对地球表面或飞行中的航空器造成的损害作出赔偿。

问题2：在实践中，存在着各种各样的亚轨道飞行，很难整合成一个单一的定义。就高度而言，根据普遍接受的做法，它们达到从高空空域到外层空间的范围。因此，比法律定义更相关的似乎是空气空间与外层空间之间80—120公里灰色区域的务实解决方案。在这方面，有各种不同的相关方法：功能性方法之一可能是，除其他外80—120公里灰色地带方法。

问题3：似乎不可能确定一个普遍接受的定义。

问题4：目前的亚轨道活动是在国家领土上方开展的。因此，可适用相关的国内法律。就涉及不同国家的亚轨道飞行而言，通过合作协议进行监管是可取的。如果是在外层空间开展亚轨道活动，联合国外层空间条约适用于此种活动。

问题5：似乎不是亚轨道飞行的法律定义，而是空间交通管理的持续发展和航空航天空间与空间交通管理之间的明确界线与实用目的更加相关。

问题6：无。

五、从会员国收到的答复：危地马拉（原件为西班牙文，2013年11月8日）

问题1：外层空间的划界问题在联合国的决议中已有规定。可考虑关于外层空间定义和使用的亚轨道飞行情况。

问题2：是，因为它可能有实际用途，特别是有经济价值。在任何情况下，中美洲国家作为一个集团可以一起努力，确立自己的权利和义务。

问题3：已经得到国际认可的现有定义应加以修订，然后应采取行动确保它们适合危地马拉和中美洲。这些定义可以依据联合国条约和空间法原则。

问题4：联合国、国际电信联盟和其他组织的决议根据层级适用。在保证其符合国际法后，危地马拉可以修改或制定具体的法规。

问题5：如果危地马拉和中美洲集团不行使其有关亚轨道和外层空间的权利，我们各国使用这些资源就可能受到限制。此外，在出现事故和其他不测事件后还可能限制对我们领土内所遭受的损害进行索赔。最后，也可能是经济制约。

问题6：应当创建一个专门机构，专门负责监督这些问题。

六、从会员国收到的答复：肯尼亚（原件为英文，2013年11月22日）

问题1：外层空间的定义和划界对适用于亚轨道飞行的法规有直接影响。考虑到亚轨道飞行可以通过从地球表面或空中发射的以火箭为动力的飞行器来实现，有必要对外层空间进行界定和划界，以制定这类飞行须遵循的法规。

问题2：亚轨道飞行的法律定义将对各国有益，特别是在出现可能过境外国上方亚轨道空间的商用飞行器时。

问题3：根据国际民用航空组织关于亚轨道飞行概念的研究（C－WP/12436），亚轨道飞行可被界定为达到非常高的高度的飞行，不涉及将飞行器送入轨道。

问题4：《国际民用航空公约》主要涉及登记注册、适航认证、飞行员执照和业务要求，而国际空间法则有效地处理物体登记，但不规范对空间物体认证及其工作人员执照的要求。因此，应制定亚轨道飞行须遵循的新法规，作为《国际民用航空公约》的一个附件或作为一个独立的法律文书。

问题5：亚轨道飞行的发展表明缺乏适当的法规来管理其科学飞行任务和（或）载人运输的安全及有效运行。亚轨道飞行的法律定义将有助于制定法规，以解决人员和运行要求、安全、风险、保险及赔偿责任问题。

问题6：无。

七、和平利用外层空间委员会常驻观察员提供的答复：国际法协会（原件为英文，2013年11月15日）

国际法协会欣喜地宣布，亚轨道飞行问题已经首次列入其空间法委员会的议程，并成为空间法委员会2012—2016年任务授权中的一个独立项目。将就该事项以及上述任务授权下的其他三个空间法议题（即2011年《常设仲裁法院涉及外层空间活动争议仲裁任择规则》、在法庭上采用卫星数据及相关隐私问题、空间碎片），向定于2014年4月12日在华盛顿特区举行的国际法协会第76届大会提交第一份报告。

空间法委员会在2013年就该问题进行了初步讨论。在这些初期阶段确定了两个主要问题：其一是至少在短期内需要有亚轨道飞行的某种法律定义；其二是与该定义和外层空间划界有关的问题，外层空间划界问题自空间法委员会成立以来已在国际法协会辩论期间多次提出。关于这两个问题仍然存在意见分歧。上述大会的工作会议将以围绕新任务授权中四个专题的各个实质方面为重点，继续进行讨论。在讨论时，将特别关注 A/AC. 105/1045 号文件附件 2 第 8（c）段所载的对这些问题的可行答案的综合分析。

1968 年 8 月 25 日至 31 日在布宜诺斯艾利斯举行的国际法协会第 53 届大会通过了一项决议，其中大会宣布，在《关于各国探索和利用包括月球和其他天体在内外层空间活动所应遵守原则的条约》中使用的“外层空间”，应当解释为包含 1967 年 1 月 27 日该条约开放供签署时进入轨道的任何卫星达到的最低近地点及其之上的所有空间，但这无碍于是否可在以后决定包含该近地点以下任何一部分空间的问题。此外，1978 年 8 月 27 日至 9 月 2 日在马尼拉举行的国际法协会第 58 届会议通过了一项决议，其中大会认为，各国和外层空间活动领域专家越来越多地承认海拔 100 公里左右高度及以上的空间为外层空间，还建议与国际民用航空组织一道提出各国对地表领土上空的主权是否延伸至外层空间最低边界的问题。

科技小组委员会外层空间使用核动力源问题工作组的报告

1. 科学和技术小组委员会在 2014 年 2 月 10 日第 796 次会议上重新召集了外层空间使用核动力源问题工作组，由萨姆·哈比森（Sam A. Harbison，英国）担任主席。

2. 工作组回顾了经小组委员会 2010 年第 47 届会议核可的其 2010—2015 多年期工作计划的各项目标（A/AC. 105/958：附件 2 第 7 段）：

（1）通过提供信息，介绍成员国和政府间国际组织，尤其是那些考虑参与或开始参与外层空间核动力源应用工作的成员国和国际政府间组织所面临的挑战，推动并协助实施《外层空间核动力源应用问题安全框架》（《安全框架》）；

（2）为进一步加强空间核动力源各项应用的安全开发和使用，就工作组可能开展的任何其他新工作确定技术专题，并确立其目标、范围和属性。任何此类新工作都需经过小组委员会核准，制定时应充分考虑到相关的原则和条约。

3. 工作组在非正式和正式会议上审议了下列文件和专题介绍：

（1）美国提交的关于界定实施空间核动力源飞行任务应用的组织结构的文件（A/AC. 105/C. 1/L. 334）；

（2）英国提交的关于英国境内的空间核动力系统、活动和方案的专题介绍（A/AC. 105/C. 1/2014/CRP. 19）；

（3）工作组主席提交的关于工作组完成目前工作计划以后今后可能采取

的步骤的非正式文件；

（4）英国代表团的专题介绍，内容涉及欧盟委员会按照第七个研究和技术发展框架方案供资的 Megawatt 长时间探索任务空间动力和推进系统高效技术项目（MEGAHIT）内的安全和监管活动的现状。

4. 有意见认为，委员会及其附属机构必须继续审议在外层空间使用核动力源的问题，特别有必要对可能发生的涉及空间核动力源的事件对地球、近地环境和天体造成的后果进行彻底评估。

5. 工作组注意到，目前工作计划的时间限制不允许任何成员国或政府间国际组织向工作组介绍在实施《安全框架》方面的更多经验。

6. 同样，工作组注意到在空间核动力源开发和应用方面具有经验的成员国和政府间国际组织能够作更多专题介绍，讨论所查明的各项挑战。

7. 工作组审议了主席提交的非正式文件，认为为加强空间核动力源各项应用的安全开发和使用，需要更多时间，以查明工作组可能开展的任何其他工作的技术专题及其目标、范围和属性。

8. 工作组按照其多年期工作计划（A/AC. 105/958：134 段，附件 2 第 8 段），审查了 2014 年安排下的工作计划，其中除其他外要求确定目前的工作计划是否应当延期。

9. 工作组考虑到多种因素，包括上文第 5－7 段反映的因素，建议将目前的多年期工作计划延期至 2017 年，具体如下：

2014 年　工作组将请秘书处：①邀请在空间核动力源应用方面具有经验的成员国和政府间国际组织在 2015 年提供进一步信息，介绍其实施《安全框架》的情况，②邀请考虑参与或开始参与空间核动力源应用的成员国和政府间国际组织在 2015 年工作组会议期间作专题介绍，概要说明在实施《安全框架》或其具体要点方面的计划、迄今取得的进展以及面临或预计面临的任何挑战；

2015 年　在工作组会议期间根据 2014 年发出的邀请听取成员国和政府间国际组织的专题介绍。工作组将在提交小组委员会的报告中，①概要介绍这些专题介绍，②查明应在 2016 年专题介绍中述及的任何重大挑战，③讨论为进一步加强空间核动力源各项应用的安全开发和使用，与工作组可能开展的其他工作有关的任何技术专题。

2016 年　确定目前的工作计划是否应当延期；如果不予延期，编写一份报告草稿，提出关于今后为推动和协助实施《安全框架》而可能开展的工作的建议；

2017 年　如果工作计划未作延期，最后审定报告和各项建议。

10. 工作组还请秘书处将应上述邀请所作的所有专题介绍安排在小组委员会 2015 年第 52 届会议第一周。

11. 工作组商定在 2014 年夏季举行一次电话会议，以便审查就上文第 8 段所述的邀请而收到的答复，并规划 2014 年剩余时间年的活动。

12. 工作组在 2014 年 2 月 20 日第 4 次会议上通过了本报告。

和平利用外层空间委员会秘书处的说明：各国对空间碎片、携载核动力源空间物体的安全及其与空间碎片碰撞问题的研究

（联合国文件 A/AC. 105/C. 1/108）

一、导言

大会在第 68/75 号决议中关切空间环境的脆弱性和外层空间活动长期可持续性面临的挑战，尤其是空间碎片的影响；这个问题事关所有国家；认为各国必须更加关注包括携载核动力源物体在内的空间物体与空间碎片碰撞的问题和空间碎片所涉其他方面问题；呼吁各国继续研究这个问题，开发更完善技术来监测空间碎片，汇编和传播关于空间碎片的数据；认为应尽可能向科学和技术小组委员会提供这方面的资料；还同意需要通过国际合作推广适当且负担得起的战略，以尽量减少空间碎片对未来空间飞行任务的影响。

科学和技术小组委员会第 50 届会议一致认为，应当继续开展空间碎片研究，各会员国应当向所有利益相关方提供研究成果，包括介绍在尽可能减少空间碎片的产生方面证明行之有效的做法（A/AC. 105/1038：104 段）。秘书长在 2013 年 7 月 16 日的一份普通照会中，请各国政府和在委员会享有常驻观察员地位的国际组织在 2013 年 10 月 14 日之前提交关于对空间碎片、携载核动力源空间物体的安全以及这类空间物体与空间碎片碰撞问题的研究报告，以便能够将此类资料提交小组委员会第 51 届会议。

本文件由秘书处根据五个会员国即加拿大、墨西哥、瑞士、泰国和英国

以及在委员会享有常驻观察员地位的非政府组织即空间研究委员会（空间研委会）、世界安全基金会和空间新一代咨询理事会提供的资料编写。泰国提供的题为“泰国空间碎片管理（2013 年）”的资料包括与空间碎片有关的图片、表格和图表，该资料仅以英文刊载于秘书处外层空间事务厅网站（http：//www. unoosa. org），并将作为科学和技术小组委员会第 51 届会议的会议室文件提供。

二、从会员国收到的答复：加拿大（原件为英文，2013 年 11 月 4 日）

空间碎片威胁所有国家空间活动的长期可持续性。加拿大始终坚信国际社会开展工作以协调空间碎片研究活动非常重要，并将继续积极地与各合作伙伴进行合作。

2013 年 2 月，加拿大发射了首颗专用军事卫星 Sapphire，作为美国空间监视网的传感器。Sapphire 是一个空基电子光学传感器，用于跟踪高地球轨道的人造空间物体，以改进加拿大对空间状况的认知。同一天，还发射了加拿大卫星 NEOSSat，以进一步为轨道碎片和小行星探测作出贡献。NEOSSat 的能力包括对地面望远镜难以探测和跟踪的卫星和碎片进行监测和跟踪。

（一）机构间空间碎片协调委员会

加拿大空间局（加空局）于 2011 年加入机构间空间碎片协调委员会（空间碎片协委会），自那时起，加空局一直与空间碎片协委会成员相互协作并交流信息，以促进协作开展空间碎片研究和活动。空间碎片协委会是一个国际政府间论坛，由 12 个成员机构组成，目的是在全球范围内协调与空间人造和自然碎片问题有关的活动。加拿大作为空间碎片协委会成员，优先事项是分享关于空间碎片问题的信息，确定空间碎片研究合作活动（例如高速撞击研究）并审议减少碎片的选项。加拿大于 2012 年在蒙特利尔主办了空间碎片协委会第 30 次会议，因此，也在 2012 年 4 月至 2013 年 4 月担任指导小组主席。加空局积极为指导小组及各工作组作出贡献，并担任关于保护问题的第三工作组的副主席。

（二）加拿大的空间碎片减缓研究活动

加空局与学术界和其他政府部门合作，负责领导加拿大境内的空间碎片科学和技术举措。内爆驱动超高速测试设施的开发使加拿大在这一领域处于领先地位，这种设施具有将物质加速到碎片速度的独特能力，为研究全面的撞击机理创造了条件。加拿大目前在开发纤维光学传感器，将把这种传感器嵌入自愈合复合材料，以评估发生的空间碎片撞击，同时减少二级碎片的产生。加拿大还将参加欧盟为实现减少碎片目的而协同相关能力项目轨道碎片调查，调查涵盖航天器设计和航天器作业。

2013 年，加拿大和捷克在德国航空航天中心支助下开始编写各国和国际组织为减缓空间碎片产生而采纳的标准汇编。这项活动是对和平利用外层空间委员会推动的空间碎片相关举措的一项贡献。预期将在 2014 年法律小组委员会第 53 届会议上，在议程项目“与空间碎片减缓措施有关的法律机制方面的一般信息和意见交流”下介绍该汇编，供委员会所有成员审查和参考。

（三）现行业务做法

整个 2013 年内，加空局仍然发现加拿大空间资产遇到碰撞威胁的次数日益增多，使得有必要进行进一步分析，并在适用情况下实施避免航天器碎片碰撞机动操作。加空局空间碎片专门知识中心制定了与空间碎片近距离接近有关的一些程序，并与加拿大的卫星运营者建立联系，在接到近距离接近警报数分钟内提供增值分析。在空间碎片威胁分析方面与国防部加拿大空间行动小分队建立了密切协作，借此与加拿大在世界各地的盟国紧密合作，向加拿大政府内的各战略合作伙伴提供关键的空间活动辅助人员。

2013 年 3 月 29 日，加拿大首颗地球观测卫星 RADARSAT－1 发生重大技术异常现象。经过全面调查，结论是卫星不能从该问题中恢复，结果导致卫星不再能够工作。RADARSAT－1 在其提供卓越服务的 17 年内，向加拿大和全世界 60 个国家的 600 多个用户提供了数十万计图片。它曾提供图片协助 244 起灾害事件的救灾工作，真实地测绘整个世界，全面覆盖世界各大洲、大陆架和极地冰盖。

RADARSAT－1 完成许多任务，其中，RADARSAT－1 曾于 1999 年和 2000 年进行两次南极洲测绘任务，并提供了整个冰冻大洲的第一批高分辨率地图。它还对地球的大陆进行了第一次立体雷达测绘，对加拿大进行了第一次高分辨率干涉测量，并提供了所有大洲完整的单季快照。加拿大将继续在国际伙伴支持下开展空间碎片威胁评估，最近启动了该卫星内部碎片相关调查。

三、从会员国收到的答复：墨西哥 （原件为西班牙文，2013 年 10 月 14 日）

本国对空间碎片、携载核动力源空间物体的安全及其与空间碎片碰撞问题的研究

（一）空间碎片

墨西哥大力参与探讨空间活动可持续性问题，这个问题的主要方面之一就是空间碎片。该议题非常复杂，难以找到短期解决办法。墨西哥参加了和平利用外层空间委员会空间活动长期可持续性工作组的四个专家组。

应当指出的是，墨西哥国立自治大学正在对卫星重返程序进行研究。相关文件已提交委员会。

我国的空间活动始于 1985 年，当时发射了地球静止卫星 Morelos Ⅰ 和 Morelos Ⅱ。目前有 5 颗卫星在运行中，另外 2 颗可望于 2014 年和 2015 年发射进入相同轨道。

按照消除空间碎片的做法，墨西哥关于地球静止卫星轨道的政策包括留足燃料，以确保卫星在寿命结束时自动脱轨。这是 Satmex5 采用的程序。

上述所有程序考虑到《和平利用外层空间委员会空间碎片减缓准则》（《准则》）和有重要空间方案的各国在这方面颁布的条例。

（二）携载核动力源空间物体的安全及其与空间碎片碰撞问题

该议题为《准则》所涵盖。按照《关于各国探索和利用包括月球和其他天体在内外层空间活动所应遵守原则的条约》，墨西哥坚持外层空间非军事

化及和平利用外层空间的立场。使用核动力源并不构成我国任何空间方案的组成部分。其使用受国际原子能机构颁布条例的制约。因此，一种不言而喻的理解是，在涉及使用核动力源的每件事情中，人在外层空间的安全和空间环境是重中之重。

在这方面，《准则》提供了关于安全的必不可少框架。

《关于在外层空间使用核动力源的原则》和《准则》都没有约束力。《外空条约》第4条提供了一定程度的保护，不过只是在相对意义上。

四、从会员国收到的答复：瑞士(原件为英文，2013年10月14日)

伯尔尼大学天文学研究所（伯大天文所）继续开展研究工作，以便更好地认识近地空间碎片环境。伯大天文所使用1米长的望远镜 ZIMAT 和一台小型机器人望远镜 ZimSMART 发现小型碎片并确定其物理性质，两台望远镜均设在伯尔尼附近的齐美尔瓦尔德天文台。这项研究的一项主要成果是与欧洲空间局（欧空局）和莫斯科克尔德什应用数学研究所合作，逐步建设并维持关于地球静止轨道和高椭圆轨道高面积质量比率碎片的独一目录。克尔德什应用数学研究所负责运营国际科学光学观测网，伯大天文所多年来与该网开展科学协作，分享观测数据。国际科学光学观测网最近开始与外层空间事务厅的基础空间科学举措合作。伯大天文所最近的研究重点是深入调查包括地球同步转移轨道在内的高椭圆轨道和“闪电”类轨道的小型碎片物体。第一批结果表明，这些轨道区有大量“未知”物体，即任何可公开获得的轨道目录中未包含的物体。确定这些物体的性质非常重要，有助于查明碎片的来源，并最终设计高效且经济上可行的减缓措施。为支持有关从低地球轨道主动清除大型物体的讨论，伯大天文所启动了一个观测方案，通过光变曲线评估700—1000公里高度轨道上大型碎片物体的翻滚速度。

洛桑联邦理工学院的瑞士空间中心与其合作伙伴继续在 Clean - mE 方案下开展主动清除碎片领域的研究和开发工作。最近的重点是开发捕获机制和技术（纯机械或使用高级软性电介质弹性体夹具）。作为该方案的一部分，“清洁空间一”项目的目的是将 SwissCube 卫星移离轨道。最近活动的重点主要是提高飞行任务和碎片清除卫星设计的精确性。最近已获得用于该飞行任务的资金。2013 年，洛桑联邦理工学院还参加了由法国国家空间研究中心资助的欧洲研究，目的是评价飞行任务和行动的体系结构、碎片清除器的设计和每年清除 5—10 个大型碎片物体的相关费用。在这方面，洛桑联邦理工学院设计了一个工具，用来评价主动清除碎片飞行任务的体系结构和技术。有关成果尚未公布。

五、从会员国收到的答复：泰国(原件为英文，2013 年 10 月14 日)

（一）泰国地球观测系统空间碎片监测

泰国地球观测系统地面站有两个空间碎片监测来源：联合空间业务中心和空间数据协会。联合空间业务中心在空间碎片接近泰国地球观测系统、接近距离小于 1 公里时发出通知，而空间数据协会在任何空间碎片距离泰国地球观测系统 5 公里以内时发出通知。

（二）近距离接近泰国地球观测系统

泰国地球观测系统进入 822 公里高度运行以来数次被近距离接近，这里的空间碎片密度最高。泰国地球观测系统地面站采用两个标准考虑是否有必要进行避撞机动：

（1）径向接近距离 <（主物体径向误差）+3（次物体径向误差）+主物体半径 + 次物体半径；

（2）径向接近距离 < 100 米，在轨接近距离 < 300 米，跨轨接近距离 < 100 米。

（三）泰国地球观测系统避撞机动经历

迄今为止进行了三次避撞机动，一次针对 IRIDIUM 33DEB，两次针对

COSMOS 2251 DEB。

预期外机动或避撞机动对泰国地球观测系统的运行有两种影响：推进剂使用和干扰运行。一旦为避免碰撞而调整高度，控制参数（地面航迹误差）往往很快超出设定的窗口。因此，必须以快于预期的速度进行高度校正，从而导致使用更多推进剂。

（四）泰国地球观测系统脱轨计划

空间碎片物体数目增加可能有两个原因：卫星自爆和不再使用卫星之间的碰撞。

因此，预留24.1公斤推进剂，用于泰国地球观测系统运行终止时脱轨。为了不致产生更多空间碎片，泰国地球观测系统半长轴将从7200公里缩减到7030公里，这将不仅使该系统按照低地球轨道弃星标准在25年内脱离轨道，而且使卫星移离有空间物体拥挤的高度，从而降低以后与其他空间物体碰撞的风险。

在向小组委员会第51届会议提供的会议室文件所描绘的例子中，7040公里的半长轴不能够使该航天器在25年内脱轨。因此，7030公里的半长轴是在尽可能少用推进剂的情况下满足脱轨要求的不错的折中办法。

为了到达该目标轨道，需要$\Delta a = 170$公里，这就要求$\Delta V = 87.8$米/秒。由于寿命结束时的具体冲动是210.6秒，因此相应的质量减损或Δm是24.1公斤。所有推进剂将在脱轨时耗尽，以防卫星自爆，卫星自爆可能导致空间碎片数目增加。

剩余的46公斤推进剂可支持泰国地球观测系统再运行16年以上。

（五）与避免碰撞有关的研究和项目

1. 泰国地球观测系统避撞软件

开发用三维方式图示空间物体之间会合的软件，目的是便利进行近距离接近分析。该软件使卫星运营方能够就是否需要进行避撞机动作出更妥善的决定，有助于避免浪费推进剂、避免不必要的机动并避免碰撞风险。

2. 空间环境监视系统

将在以后开展的增强泰国地球观测系统避撞软件功能项目侧重于两个部分：

（1）内部空间碎片监测软件。

目前，由于泰国地球观测系统依赖其他空间碎片监视系统，我们计划开发自己的系统以作备份。该监测软件将检索北美航空航天防御司令部提供的空间碎片双线要素，然后生成其随着时间变化的位置，并确定接近距离。

（2）改进避撞机动标准并开发会合分析方法。

目前的标准很敏感；过去 5 年的运行中已进行过 3 次避撞机动。新的标准可能参考机器人航天器国际标准（碰撞概率大于 10 －4 时，应进行避撞机动)，并需要提供会合分析方面的具体指导。

六、从会员国收到的答复：英国(原件为英文，2013 年 10 月 14 日)

（一）导言

许多国家通过颁布国家法律体现本国在各项外层空间条约下的义务。在各项外层空间条约制定之时，人们尚未认识空间碎片。不过，这些条约和国家条例非常灵活，足以有效应对这一问题，可以依靠最佳做法、规范和原则鼓励采取空间碎片减缓措施。

如今，国家和国际两级均有一些关于尽量减少碎片产生和保护航天器的标准和准则。所有航天国家都承认这类减缓措施的重要性。这是迈向以公平、公正的方式管理轨道环境今后演变的重要一步，因为许多减缓做法牵涉费用。为确保适用这类减缓措施不致妨碍业务竞争力，所有空间使用者都必须承认并协调统一地适用这类措施。减缓做法要想行之有效，就需要始终作为在轨作业的一个固有要素，而非作为支离破碎的临时性做法。如能将这些做法纳入国家立法，那么运营方就有义务在飞行任务的所有阶段考虑空间碎片减缓问题，从最初的定义和可行性研究直至最后的弃置均包括在内。英国《外层空间法》是向英国国民颁发空间活动许可证的依据，最近对技术评估作了修改，以便在决定是否向申请人发放许可证时将空间碎片减缓措施考虑在内。

（二）英国《外层空间法》

1986年《外层空间法》是规范与英国相关人员开展的外层空间活动（包括发射和运行空间物体）的法律依据。该法将颁发许可证的权力和其他权力赋予通过英国航天局行事的大臣。该法确保遵守英国在其签署的使用外层空间相关国际公约下的各项义务。这些公约有：

（1）1967年1月27日《关于各国探索和利用包括月球和其他天体在内外层空间活动所应遵守原则的条约》（《外空条约》）；

（2）1968年4月22日《营救宇宙航行员、送回宇宙航行员和归还发射到外层空间的物体的协定》（《营救协定》）；

（3）1972年3月29日《空间物体所造成损害的国际责任公约》（《责任公约》）；

（4）1975年1月14日《关于登记射入外层空间物体的公约》（《登记公约》）。

根据《外层空间法》的规定，除非大臣确信许可证授权的活动不会危及公共卫生或人身财产安全，与英国的国际义务一致，也不会损害英国的 国家安全，否则他不应颁发许可证。此外，大臣要求被许可人开展作业时避免污染外层空间或使地球环境产生不利变化，并避免干扰他人和平探索及利用外层空间的活动。

大臣要求被许可人针对由许可证授权活动造成的、因在英国或其他地方的第三方遭受损害或损失而招致的责任投保。此外，如英国女王陛下政府因被许可人开展该法适用的活动引起的损害或损失而被提出任何索赔，被许可人应对政府作出赔偿。

《外层空间法》在下列方面提供必要监管：审议公共卫生及安全和财产安全；评价拟议活动的环境影响；评估对本国安全和外国政策利益的影响；确定财政责任和国际义务。

（三）许可证颁发程序和技术评价

安全评价旨在确定申请人是否能够安全地发射拟议的运载火箭和任何有效载荷。因为被许可人要对公共安全负责，所以申请人务必要证明对所涉危险有所认识并说明如何安全地开展作业。有若干技术分析，有些是定量分析，有些是定性分析，申请人必须开展这些分析以证明商业性发射操作不会对公众构成不可接受的威胁。定量分析往往侧重于关键安全系统的可靠性和功能以及与硬件有关的危险，还侧重于这些危险对发射场附近和航迹沿线的公共财产和个人以及对卫星和其他在轨航天器构成的风险。定性分析则侧重于申请人的组织属性，如发射安全政策和程序、通信、关键个人的资质以及重要的内部和外部界面。

发射有效载荷进入轨道和与此类操作有关的危险可归类为飞行任务几个大的阶段：

（1）发射前；

（2）发射；

（3）轨道捕获；

（4）重返。

在申请 1986 年《外层空间法》下许可证的技术呈件中，申请人必须提供对公共安全和财产所造成风险的评估，其中要涵盖与拟议作业和许可活动有关的飞行任务的每一个阶段。评估应当包括：

（1）讨论可能影响安全（包括其他运行中航天器的安全）的发射器和有效载荷故障；

（2）借助发射器可靠性的理论和历史数据，估计故障发生的可能性；

（3）审议此类故障的影响。

评估应当酌情涉及：

（1）射程风险；

（2）因废弃的飞行任务硬件影响而对下段射程区域造成的风险；

（3）飞越风险；

(4) 轨道风险，包括因发射器末级和有效载荷中间和最终轨道而引起的碰撞和（或）碎片产生风险；

(5) 发射器末级和有效载荷的重返风险。

然后该风险评估将被用作评估人员为确定申请人拟议的活动是否符合《外层空间法》要求而进行审查的依据。该评价所用的定性和定量标准以多个正式机构采用的标准和做法为依据。评估人员每次都力求理解许可证申请人提议的方法，评判程序的质量，检查项目内部的一致程度，审议拟议技术或程序的有效性，并确定其是否符合行业或本国航天局各项规范和《外层空间法》各项要求。

（四）空间碎片减缓及《外层空间法》给出的解释

在制定反映空间碎片减缓问题的技术评价框架时，《外层空间法》提及的物理干扰和污染等具体问题均应考虑在内。虽然在 1986 年颁布《外层空间法》时人们尚未认识空间碎片问题，但是该法足够灵活，可以解释为技术评价涵盖这个方面。这样，“物理干扰”被用来述及与其他在轨物体的碰撞概率，而“污染”被用来述及寿命终止时的安全处置问题。关于用来评价许可证申请的实际措施，则利用正在制定的处理空间碎片减缓问题的越来越多的准则、规范和标准。空间碎片协委会《空间碎片减缓指南》与和平利用外层空间委员会《空间碎片减缓准则》提供定性和定量措施，可用来评估许可证申请人的拟议活动和措施是否遵守业界公认的最佳做法。英国航天局最常处理的许可证是有效载荷许可证——就有效载荷许可证而言有安全评估人员检查卫星平台的各项规格（如：姿态控制系统、轨道、动力存储机制、发射装置接口和分离机制）和安全流程（计划和程序）——以评估在空间碎片减缓方面是否有效。举例如下：

姿态控制系统。初步确定系统性质及是否符合用途。技术是采用冷气推进器、反作用（动量轮）吗？寿命终止时是否可能有剩存能源？如有，考虑到发生碎裂的可能性，这种情况下建议在寿命终止时采取钝化措施。

轨道。对拟议的轨道要素有基本了解。考虑自然寿命、自然摄动影响下的轨道稳定性、某一高度的拥挤程度、轨道配置的任何独特方面。

动力存储机制。对技术和适当性作一般性审查。它是物理的（飞轮）还是电动的？是燃料电池标准技术吗？有独特（外来）元件（如放射性同位素热能发电机）吗？系统根据平台电力要求和充电周期（可以解释星食特征）划分等级了吗？在寿命终止时可能出现过度充电的问题吗？有无钝化考虑？

发射装置接口和分离机制。了解耦合和抛射过程的性质。接口由发射装置还是由有效载荷支配？发射环境要求很高吗？弄清、详细说明并结合有效载荷审查发射环境了吗？除末级和有效载荷外，还有多少物体被送入轨道？分离过程把产生的碎片降到最低了吗？

安全流程和程序。确定安全问题是否存在并予以考虑。与发射阶段有关，考虑有效载荷对发射装置的安全影响；有与有效载荷有关的独特风险吗？若是多有效载荷发射，那么有效载荷部署对其他有效载荷构成风险吗？

关于环境污染，评估对碎片环境和辐射环境的影响（如频率干扰）。

对碎片环境的影响。安全评估人员考虑有效载荷与其他运作中有效载荷碰撞的可能性和总体的碎片环境。这由拟议高度上的轨道配置、轨道寿命、物理尺寸和物体的空间密度决定。

脱轨计划或变轨计划。关于运营方遵守安全要求的能力，询问申请人其脱轨（变轨）计划，一旦发生无可挽救的故障，是否有将卫星清除出运行轨道的计划，是否有此种能力等。安全评估人员需要了解计划是否存在，如果存在，它们有效吗？考虑过这个问题吗？运行轨道在何等高度？是否需要处置？是否计划变轨进入更高轨道或脱轨进入较低轨道？弃星轨道有效吗？它们遵守现行标准或准则（如使用空间碎片协委会关于地球静止轨道卫星的变轨规则，2000 千米以下为最长不超过 25 年的弃星轨道寿命）吗？平台技术有何可行之处？在无地面干涉情况下，航天器上执行脱轨或变轨的自主程度？用何标准确定寿命终止？作业程序经一致同意了吗？是否在常规作业前制定好作业程序？

（五）摘要

英国在评价根据1986年《外层空间法》提出的许可证申请时执行空间碎片减缓措施，以确保遵守各项既定的外层空间条约和公约以及一套新的准则、规范和标准。除了规定遵守方面的要求，英国还进行遵守情况监测活动，包括利用地面的空间监视系统如Starbrook光学望远镜，监测英国许可的在轨卫星的位置。

七、从国际组织收到的答复：空间研究委员会（原件为英文，2013年10月8日）

空间研究委员会（空间研委会）处理空间碎片专题已超过1/4世纪。多年来，空间研委会对环境构成潜在危害太空活动问题小组在每次两年一度的空间研委会科学大会期间多次举行空间碎片会议。这些会议探讨：①通过测量和建模确定空间碎片环境的性质；②与空间碎片碰撞给航天器造成的风险；③保护航天器的手段；④抑制产生新的空间碎片的战略和政策。

2012年，对环境构成潜在危害太空活动问题小组会议的主题是“空间碎片问题——迈向环境控制”。在2014年空间研委会第40次科学大会上，该小组的会议主题将是“空间碎片问题——应对动态环境”。为期四天半的会议将探讨：地面和空间观测的进步及其利用方法，现场测量技术，碎片与流星体环境模型，碎片通量及空间飞行任务的碰撞风险，在轨碰撞评估，重返风险评估，碎片减缓和碎片环境恢复技术及其对环境长期稳定性的有效性，各国和国际碎片减缓标准和准则。

2007年以前，所有危险空间碎片中有95%以上是航天器和运载火箭轨道级意外或故意爆炸产生的。主要航天国家和组织认识到空间碎片数量不断增长给在满足地球上的重要需求的许多空间系统造成的威胁，先是在国内、然后在国际上采取了空间碎片减缓政策。2002年，空间碎片协委会在共识基础上为世界主要国家空间机构确立了第一套空间碎片减缓准则。这些准则被用作2007年和平利用外层空间委员会《空间碎片减缓准则》的基础。

现有空间碎片间的碰撞不仅可能造成灾难，而且可能产生大量新的碎片，这些碎片可能导致近地空间环境进一步退化。20 世纪 70 年代首次讨论这种威胁，但在 2005 年，新的研究表明，低地球轨道区即低于 2000 千米高度的某些部分已经变得不稳定了。换言之，意外碰撞产生碎片的速度超出了通过大气阻力自然清除的速度。这样，这些区域的空间碎片数量将继续增加，即使在未部署新的卫星的情况下。这种状况称作“凯斯勒症侯群”，是影响外层空间活动长期可持续性的主要问题之一。

近期而言，运行中航天器遇到的最大威胁是有大量 5 毫米至 10 厘米的碎片。这些小型碎片物体的碰撞速度非常高，具有足够的能量，可以穿透和损坏重要的航天器系统。长期而言，主要威胁来自大型物体的碰撞，这些碰撞反过来又产生大量新的空间碎片物体。即使所有新发射卫星都遵守关于限制在低地球轨道停留时间的建议，已经在轨道的大量废弃航天器、运载火箭轨道级和中等大小的碎片物体将越来越频繁地相互碰撞，并产生新的危险碎片。

因此，清除现有的不管是大的还是小的空间碎片物体，对于保护近地空间以供子孙后代使用非常重要。有几个国家正在评估多种清除空间碎片构想在技术和经济上的可能性。这些建议从传统的空间拖车到利用阻力助增装置、电动绳系、太阳帆和许多其他有想象力的装置的各种创新想法，应有尽有。

主动清除空间碎片的挑战是艰巨的，但航天国家和国际科学组织（如空间研委会）为促进近地空间用业的长期可持续性以造福全人类作出了巨大努力。

空间研委会继续牵头增进提高对空间碎片环境性质及风险的认识，并鼓励航天国家和组织在空间负责任地行事，这种态度要贯穿包括部署、作业和处置在内的飞行任务各个阶段。

八、从国际组织收到的答复：世界安全基金会（原件为英文，2013 年 10 月 18 日）

世界安全基金会对空间环境的长期可持续性抱有浓厚的兴趣，并认为空间碎片减缓是一个重要专题。2013 年，世界安全基金会完成了为期两年的关于在轨卫星维护和主动清除碎片问题的系列国际活动。在轨卫星维护和主动清除碎片是正在出现的一类对于使用地球轨道方面实现下一步跨越至关重要的未来在轨活动的组成部分，可在减缓轨道碎片并防止轨道碎片与活动卫星碰撞方面发挥关键作用。这些活动还提出许多外交、法律、安全、作业和政策挑战，需要克服这些挑战以使这种未来成为可能。世界安全基金会与合作伙伴一道，举办了一系列国际活动，以汇集所有利益相关者对于主动清除碎片和在轨卫星维护和的非技术性挑战的观点和看法。

系列活动始于 2012 年 11 月 5 日在华盛顿特区举办的一次基于情景的讲习班，这次讲习班召集来自美国政府机构、私营部门和民间社会的专家，针对今后私营部门可能开展活动的四种不同情景，审查了国家在监管主动清除碎片和在轨卫星维护方面的挑战。2012 年 10 月 30 日，世界安全基金会与法国国际关系研究所合作，在布鲁塞尔举行了一次在轨卫星维护和主动清除碎片公开会议，以促使欧洲各国参与。讨论的具体专题包括轨卫星维护和主动清除碎片技术的双重用途性、开展在轨卫星维护和主动清除碎片活动的行为规范以及旨在降低这类活动被视作威胁的风险的透明度和建立信任措施。2013 年 2 月 19 日，世界安全基金会在新加坡举行了另一次主动清除碎片和在轨卫星维护情景讲习班。参加者包括来自澳大利亚、加拿大、中国、德国、印度、日本、瑞士和美国的空间政策、空间法和空间业务领域专家。2013 年 2 月 20 日，世界安全基金会与新加坡空间与技术协会合作举行了一整天的公开会议。这次会议继续以前在比利时和美国举行的会议上进行的讨论。

会上讨论得出的总体结论是，进行一次或多次主动清除碎片或在轨卫星维护演示任务以处理法律和政策挑战非常重要。此类演示任务最好让不止一个国家参与，并且不仅让政府行为者也让私人部门行为者参与。演示任务将提供此类活动以及特定法律和政策挑战的具体例子。演示任务将迫使相关行为者解决这些挑战，并借此为建立机制、明度和建立信任措施及必要规范奠定基础，以便今后的主动清除碎片和在轨卫星维护以安全、可靠和可持续的方式进行。

所有参加讨论人员都指出，需要更多地进行对话和开展工作，以处理主动清除碎片和在轨卫星维护的挑战。一致认为这些活动将成为今后人类空间活动的一个重要组成部分。处理这些活动造成的法律和政策挑战至关重要，不仅有利于为这些活动创造条件，而且有利于确保它们增进而不是减损空域的安全、可靠和长期可持续性。

9 月份国际宇航联合会年轻专业人员方案邀请新一代航天专业人员出席空间碎片问题招待会，这是在北京举行的第 64 届国际宇航联大会的组成部分。该活动由世界安全基金会和洛桑联邦理工学院赞助。逾 100 名代表听取了专家就空间碎片的威胁和减缓此类威胁的挑战的发言，并以提出问题和发表评论的方式提出了自己的意见。

九、从国际组织收到的答复：空间新一代咨询理事会(原件为英文，2013 年 10 月 15 日)

(一) 基于优先目标设计主动清除碎片任务

在编入目录的在轨物体中，超过 93% 是空间碎片，可能发生的碰撞威胁运行中航天器的安全，包括携载核动力源的航天器的安全，这些碰撞可能导致结构损坏或彻底解体。有几个研究方案评估了当前和未来的空间环境状况，研究表明迫切需要开展主动清除碎片方案，以确保空间的长期可持续性。为了设计有效的主动清除碎片任务，需要首先基于来自平时卫星会合警告的最可能会合物体的确定性数据，确定今后主动清除碎片任务的高度优先目标。准确确定空间的高风险物体和区域，将有利于不断制定和执行能够修复低地球轨道空间碎片的主动清除碎片解决方案。

(二) 设计技术上可行的主动清除碎片任务

虽然为缓解当前状况和限制产生新的碎片作出了有益的国际努力，但最近进行的预测碎片演变情况的研究表明这些还不够，从长期而言不能确保人类有机会使用和实际使用近地环境。相反，要想继续受益于空间活动和开展空间活动，就必须主动清除碎片。建议开展的方案能够：通过近距离交会接近碎片物体、建立物理接触、稳定其高度并最终使物体脱离轨道。空间新一代咨询理事会进行的研究表明，可以使用增配电动绳系的经改装运载火箭末级将大型碎片物体从极轨道脱轨，同时还可以将可接受的有效载荷运至轨道。提议构想的可行性允许运载火箭的末级在运送主要有效载荷之后发挥“猎人系统”的作用。

（三）与经济上、法律上和政治上可行的主动清除碎片任务有关的措施

主动清除碎片的构思并非新近提出，但碎片修复牵涉许多经济、法律（监管）和政治问题。具有国际性、合作性的公私伙伴关系构想可解决其中许多问题，并且具有经济可持续性，同时也推动建立一套完善的条例、标准和最佳做法。在北京第 64 届国际宇航联大会上宣读了空间安全与可持续性项目组的论文，其中提出一种按照上述每个非技术领域的标准进行打分的客观评价方法，对主动清除碎片构想进行多学科评估。打分方法是一种战略性性能工具，用来基于项目在特定领域包括在法律、政策、技术和经济框架内的有效性，跟踪被视为对系统性能重要的各项标准。

为了充分理解空间碎片问题的程度，帮助避免碰撞并最终对主动清除碎片进行管理，必须继续研究国际碎片清除努力的框架。空间安全与可持续性项目组代表空间新一代咨询理事会，鼓励学生和年轻专业人员积极参与空间安全与可持续性相关辩论和活动，以增进目前的知识，从而尽可能降低轨道碰撞的风险。

和平利用外层空间委员会秘书处的说明：国际政府间组织和非政府组织与空间法有关的活动情况

（联合国文件 A/AC.105/C.2/104）

一、导言

本文件由秘书处根据国际法协会提交的资料编写。

二、国际政府间组织和非政府组织提交的答复：国际法协会（原件为英文，2014年1月10日）①

（一）背景信息

国际法协会成立于1873年，一向按照其章程和宗旨，从事国际法研究和发展工作。国际法协会总部设在伦敦，由英国最高法院法官曼斯（Mance）勋爵担任执行主席。研究部主任由荷兰的马塞尔·布鲁斯（Marcel Brus）教授担任。空间法委员会负责人有：总报告员斯蒂芬·奥贝（Stephan Hobe）教授（德国分部），委员会主席莫琳·威廉姆斯（Maureen Williams）教授（国际法协会总部）。十分荣幸的是，自1990年以来国际法协会一直是和平利用外层空间委员会的常驻观察员。

国际法协会的突出特色之一是，鉴于技术发展对国际法的形成产生的有

① 国际法协会空间法委员会主席的报告。

力影响，努力跟上技术发展。实际上，在斯普特尼克－1号发射进入外层空间之后不久，国际法协会理事会就在1958年于纽约举行的第48届大会上成立了空间法委员会。多年来，空间法委员会的工作和会议从未间断，就这些学科不断变化的各个方面拟订若干公约草案、准则，提出其他建议，并进行辩论，为空间法发展作出了贡献。委员会的工作情况记录在国际法协会以出版物形式和在网上发布的报告中。

即将举行的国际法协会第76届双年大会是与美国国际法学会共同组办的，将于2014年4月7日至12日在华盛顿特区举行。这次会议将有22个国际委员会就当代国际法的不同方面作出报告，其中一些方面与空间法密切相关（更多详细信息见 http：//www. ila2014. org 和 http：//www. asil. org/annualmeeting）。

如以往提交法律小组委员会的报告所述，国际法协会的通常做法是与参与空间活动领域的其他机构合作开展工作。

这些机构中的政府间机构包括：国际法委员会、常设仲裁法院，当然还有和平利用外层空间委员会及其两个小组委员会。此外，国际法协会空间法委员会还与各国空间局、大学和世界各地的研究中心建立了联络。在非政府层面，国际法协会除其他外参加国际空间法学会、欧洲空间法中心，以及设在马德里的拉丁美洲航空和空间法及商业航空学会的各项活动，后者汇集了大量西班牙语空间法律专家，特别是来自拉丁美洲的专家。

（二）国际法协会空间法委员会2013年为筹备国际法协会第76届双年大会（2014年4月7日至12日，华盛顿特区）而开展的活动

在即将举行的华盛顿大会之前最近的一届大会是2012年在索菲亚举行的国际法协会第75届大会，当时空间法委员会报告了在柏林大会（2004年）和索菲亚大会（2012年）之间开展活动的情况。报告全文和双年大会的工作会议（包括2006年在加拿大多伦多、2008在巴西里约热内卢、2010年在荷兰海牙举行的大会）情况，可在国际法协会网站上查阅（http：//www. ila－hq. org，选择“委员会”标签，然后选择标记为“空间法”的链接）。下文概

要介绍索菲亚大会的成果。

空间法委员会提交索菲亚大会（2012 年）的第五期报告讨论了卫星数据在法庭上的价值、国家空间立法、空间碎片、争议解决和登记问题。这些是空间法委员会报告的中心内容，涵盖 2004—2012 年。索菲亚大会毫无异议地通过了空间法委员会的报告，其中包括上述专题（报告第一部分）以及国家空间立法示范法索菲亚准则（第二部分）。

国际法协会在 2013 年法律小组委员会第 52 届会议上提供了这些活动的详细情况，载于该届会议分发的相应联合国文件（A/AC. 105/C. 2/103，A/AC. 105/C. 2/2013/CRP. 6）。

国际法协会在新任务授权①中承认，空间法委员会在空间法方面与联合国各机构有着稳固的关系，包括在和平利用外层空间委员会享有常驻观察员地位。因此，除了正在与这些机构一道开展的工作外，在下一个任务期间内，空间法委员会将就下列事项开展工作：①争议解决和 2011 年《常设仲裁法院外层空间活动相关争端仲裁任择规则》（以下称 2011 年《常设仲裁法院外层空间规则》）；②亚轨道飞行及所涉法律问题；③卫星数据用于国际诉讼；④空间碎片在法律方面的问题。其中进一步补充，委员会保持对新的四年任务期（2012—2016 年）内空间法方面可能发生的进一步动态作总体观察简报。

在上述基础上，国际法协会空间法委员会在 2013 年继续履行新任务。

（三）国际法协会空间法委员会在即将举行的华盛顿大会上讨论的议题

首先，主席向委员会委员分发了一份文件，请其就以下专题提出初步意见。

1. 争议解决

争议解决问题包含 2011 年《常设仲裁法院外层空间规则》通过后的后续行动。如委员会提交索菲亚大会的报告所述，该规则已于 2011 年 12 月 6 日生效，国际法协会委员会一些成员参与了该规则的起草工作。国际法协会目前

① 国际法协会执行理事会决定，2012 年 11 月 9 日在伦敦通过。

的任务授权包括探讨该规则的适用情况和效力，并据此提出建议。为此，国际法协会正在考虑拟订一份调查表，分发给诸如卫星通信和其他空间行业的利益攸关方，以使其对该规则有所认识，因为该规则与联合国外层空间条约所依据的已有的基本争议解决机制不同，其中将私营当事方也包含在内。拟议调查表将有助于确定对该规则的熟悉程度、对使用该规则的信任程度、可能妨碍其适用的所有原因，调查表的结果还可反映各国的一些初期做法。

多数意见认为，该规则最有吸引力的特色除了向私营当事方开放之外，还有该规则的灵活性以及为当事方意思自治留出的充足空间。这样一来，该规则填补了联合国各项外层空间条约在争议解决方面留下的空白。这是随着商业空间活动的几何级数发展而向前迈出的一步。

国际法协会空间法委员会为使人对该规则有所了解，一直在国际、区域和国家各级的各个部门推行并解释该规则，已经得到了积极的反应。

2. 亚轨道飞行

国际法协会的职权范围包括其议程中的一项独立新议题：亚轨道飞行及其相关法律问题。将在委员会提交华盛顿大会的报告的一节中正式介绍该议题。该报告将在大会召开前几周发布在国际法协会网站上。

委员会在初步讨论该专题时，提出了一系列不同的选择办法。一些委员赞成起草一套准则，而另一些委员态度较为谨慎，表示这一新模式没有法律定义，并指出在这一阶段采取任何行动都为时过早。委员们普遍认为，这一新议题将使外层空间定义和划界相关问题再次成为关注的焦点。一些建议指出，需要在华盛顿大会结束后，以委员会工作会议上交换的意见为基础，对该事项进行深入分析。多数委员还表示认为，对外层空间定义和划界问题工作组主席在法律小组委员会第52届会议上提交的报告所载的问题作出现实的回答，将有助于阐明这一新议题的几个方面。

因此，在委员会内部已经有明显相互矛盾的态度，而且关于这一议题几乎没有任何先例可循。据认为，迄今为止，各国尚未有成功的商业亚轨道飞行。有意见提请委员会注意亚轨道飞行、赔偿责任和保险之间的直接联系。

一委员提出的另一争论点涉及登记问题。读过《关于登记射入外层空间物体的公约》便可轻易得出结论，其规定仅限于“射入地球轨道或更远”的空间物体，亚轨道飞行器并不在其规定之下。

预计华盛顿工作会议将产生进一步的分析结果。

3. 卫星数据用于国际诉讼以及相关方面

委员会提交索菲亚大会的报告研究并讨论了与这一议题有关的最新技术发展情况，通过了若干建议。据一致认为，应由委员会依据最近的判例法和向法庭呈交卫星数据做法的发展情况，并特别参照国际边界争议，持续对这一问题进行审查。一般意见认为，从卫星收集数据（原始数据）到处理数据、作为最终产品投入市场并提交法庭，这一段很长的解读链应当得到严格控制。此外，应将原始数据保存在档案中并加以密封，以使当事方能够对密封的信息（原始数据）和作为证据提交法庭的数据进行对比。

在这一框架内，委员会正在研究使用卫星数据为证据，以便在军备控制、自然灾害、水管理以及委员会认为是空间技术重要应用的其他领域中对条约行为加以管制。

在这方面，自 1976 年国际法协会在马德里大会上首次讨论遥感技术应用问题以来，隐私一直是一个悬而未决的问题，预计这一问题仍将是委员会议程上的一个中心问题，并随着技术的发展呈现出不同的面貌。“谷歌地球”等远程技术就是一个良好的实例，存在的挑战是要在信息自由和保护隐私之间达成适当的平衡。

众所周知，今天的国际环境与 20 世纪 70 年代末欧洲人权法庭在法国斯特拉斯堡判决“《星期日时报》案”之时大相径庭，当时信息自由原则得到了近乎绝对的解释和适用。伦敦《泰晤士报》在一些主打文章中清楚反映了新形势，指出在英国最近的法院判决中新闻自由有时要服从于保护隐私的需要（《泰晤士报》2011 年 4 月 21 日社论栏）。因此，似乎有理由问：这一态度是否有鉴于现今世界空间技术及其相关问题正在以前所未有的规模发展，响应了进一步保护隐私的需要？

国际法协会委员会认为，在公民与公民之间的关系中构成隐私的，可能不同于公民与政府间关系中的隐私，也不同于政府与政府间关系中的隐私。在委员会辩论期间也探讨了隐私价值背后的文化方面。一些意见认为，文化方面可能对相关的法律和条例有重要影响。最近的事件和情况（如斯诺登案件）正在指明方向。这是委员会在目前的任务期内所要探讨的问题之一。

4. 空间碎片

国际法协会在空间碎片领域具有长期经验，这一工作始于 1994 年，当时国际法协会第 66 届大会通过了《布宜诺斯艾利斯关于保护环境免受空间碎片造成的损害的国际文书》。[①] 预计该议题在一段时间内仍将是议程上的一个中心项目。

委员会的目标是，在目前的国际环境中，在处理空间碎片以及产生碎片的碰撞方面开辟新篇章。正在特别重点关注各国的做法以及各国遵守和平利用外层空间委员会《空间碎片减缓准则》（2007 年）的情况，该议题目前在法律小组委员会的议程上。该准则是科学和技术小组委员会拟订的，法律小组委员会并未参与，因而得到的反应是，应当在法律小组委员会审议后加以改进才能成为一套联合国原则，像关于遥感、直播和在外层空间使用核动力源的原则一样。这一立场最近由捷克驻和平利用外层空间委员会代表团提交法律小组委员会（A/AC. 105/C. 2/L. 283），将继续加以审议，这也是对索菲亚大会报告所提建议（国际法协会第 75 届会议报告 . 2012：299 – 303）的落实行动。

（四）意见、建议和国际法协会空间法委员会今后的工作

空间法委员会当前任务授权的最后一段笼统地指出，委员会应对 2012—

① 该文书是国际法协会在布宜诺斯艾利斯举行的第 66 届大会通过的（Crawford，Maureen Williams，ed. Report of the Sixty-sixth Conference of the International Law Association. London，1994：305 – 325.）。拟订该文书的先期工作之一是 20 世纪 90 年代初国家科学技术研究理事会和布宜诺斯艾利斯大学的工作（Maureen Williams. El Riesgo Ambientaly su Regulación. Buenos Aires，Abeledo Perrot，1998）。捷克代表团提交法律小组委员会第 50 届会议的工作文件对该文书作了评论（A/AC. 105/C. 2/L. 283）。

2016 年空间法方面可能发生的进一步动态维持“总体观察简报”。委员会委员已经提出了若干建议，一般都是在目前的任务授权结束后执行的。以下是现阶段向委员会主席提出的项目一览，不以优先性为序：

（1）国际和区域电信法最近动态下的空间通信。这一领域目前反映了多种尚未解决但要求立即关注的法律问题；

（2）与小卫星有关的法律问题。这一领域的重要性日益增强，特别是对发展中国家来说似乎是一种有吸引力的选择；

（3）火星飞行任务和可能对月球和小行星上资源的利用所牵涉的法律问题。这意味着，应当按照新情况对《月球协定》① 环境方面的内容加以修订，同时牢记其中的规定也适用于“其他天体”，还应考虑到在小行星飞行任务中工作的空间采矿公司在法律方面的问题。

不过，这并不自动意味着在我们当前的任务期内可能出现的任何值得审议的新事项都会作为中心议题添入目前的职权范围中。目前 2012—2016 年的任务授权范围确实已经足够宽广。所要做的是时刻关注新出现的事项并跟上最新技术发展。可在稍后阶段草拟一份简洁的介绍性报告，添加在提交 2016 年大会的文件中，这次大会将确定空间法委员会将来的工作议题。

十分欢迎和平利用外层空间委员会就这些问题和其他问题提出建议。

如前所述，空间法委员会的下一阶段工作是，在国际法协会于华盛顿特区举行的第 76 届大会（2014 年 4 月 7 日至 12 日）的框架内，在 2014 年 4 月 8 日举行工作会议。华盛顿大会由国际法协会和美国国际法学会联合组办，后者将在大会期间举行第 108 次年会。

① 关于各国在月球和其他天体上活动的协定 // 联合国 . 条约汇编，1363（23002）.

和平利用外层空间委员会秘书长的报告：协调联合国系统范围内的空间相关活动

（联合国文件 A/AC. 105/1063）

一、导言

1. 2015 年后发展议程内容统一、形式普遍，需要有支持其执行的高效、增强和创新的工具。这些工具包括由空间科学和技术提供的工具，这类工具既可促成又能推动各国努力逐步实现国际商定的发展目标，并促进可持续发展。推进在和平利用空间科学和技术方面的国际合作，更多利用空间派生的数据和信息，是在 2015 年后框架内利用外层空间惠益促进发展的国际努力的核心所在。

2. 大会第 68/75 号决议重申，应推动利用空间技术来努力实现联合国促进经济、社会和文化发展及有关领域各主要会议和首脑会议的目标，包括执行《联合国千年宣言》和为 2015 年后发展议程的进程作出贡献。

3. 大会该项决议还强调需要增进空间技术及其应用所产生的惠益，推动空间活动的有序增长，使其有利于所有国家特别是发展中国家的持续经济增长和可持续发展，包括建设减轻灾害影响的抗灾能力。

4. 大会该项决议欢迎为进一步加强外层空间活动机构间会议而加紧努力，并建议使用“联合国空间会议”这个简称来称呼该机构间会议，以提高其显著性。联合国空间会议是在秘书处外层空间事务厅领导下的关于联合国空间相关活动的中央协调机制，其目的是推动协调增效，防止联合国各实体在其有关使用空间技术及其应用的工作中重复劳动。

5. 2013 年 3 月 12 日至 14 日在日内瓦举行的机构间会议第 34 届会议商定，秘书长关于协调联合国系统内部 2014—2015 年空间相关活动的报告应当述及 2015 年后发展议程，其中应当注意到抗灾问题并且把秘书长前几份报告作为今后工作的基础（A/AC. 105/1043 号文件第 25 段）。

6. 机构间会议该届会议还建议，应当把秘书长今后的报告以及关于具体专题的特别报告酌情分别提交给管辖联合国各参与实体工作的相关政府间机构（A/AC. 105/1043：29 段）。

7. 本报告是秘书长关于协调联合国系统内部空间相关活动的第 36 份报告，该报告围绕四个主题展开：环境可持续性、包容性社会发展、包容性经济发展、促进在和平利用外层空间方面的国际合作。这一做法源于联合国系统关于 2015 年后联合国发展议程特设工作组第一份报告的建议，该特设工作组是由秘书长 2011 年设立的，目的是支持整个联合国系统为与所有利益攸关方协商拟订 2015 年后联合国发展议程做好准备。

8. 报告《实现我们共同憧憬的未来》是就 2015 年后发展议程展开更广协商的第一份参考文件。在这份报告中，特设工作组建议，除其他外，以具体终极目标和指标为基础的议程格式是《联合国千年发展目标》框架的关键优势之一，该议程格式应当予以保留，但可以围绕更加注重全局的做法的四个关键方面加以重新组织：①包容性社会发展；②包容性经济发展；③环境可持续性；④和平和安全。这一重点突出的做法与《联合国千年宣言》的原则是相一致的，该宣言提出了让目前和今后各代人免于匮乏和恐惧的远景，并且把可持续发展的三项支柱作为今后工作的基础。

9. 本报告是由外层空间事务厅以其机构间会议秘书处的身份编拟的，并且根据以下联合国实体所提交的材料汇集而成：外勤支助部、安全保障部、经济和社会事务部统计处、政治事务部、非洲经济委员会（非洲经委会）、亚洲及太平洋经济和社会委员会（亚太经社会）、西亚经济和社会委员会（西亚经委会）、国际原子能机构、国际民用航空组织（国际民航组织）、国际海事组织（海事组织）、国际电信联盟（国际电联）、秘书处裁军事务厅、秘书处外层空间事务厅、联合国气候变化框架公约秘书处和世界卫生组织（世卫组织）。

10. 本报告对秘书长关于协调联合国系统内部2010—2011年空间相关活动的报告（A/AC. 105/961）和2012—2013年相关空间活动的报告（A/AC. 105/1014）所载活动情况的描述作了补充，并反映了为2014—2015年规划的活动。

二、利用空间派生信息述及2015年后发展议程

（一）环境可持续性

11. 气候变化和环境退化的影响威胁到《联合国千年发展目标》所取得的成就。为确保环境可持续性，联合国各实体利用空间派生数据监督全球范围内的进程和趋势，以便在各自任务授权范围内作出有依据的决策，并通过全球气候、海洋和地球观测系统联合协调对地球的观测。而且，使用了地球空间数据和信息来监测最终减缓措施的执行，支持对这类措施的影响展开分析并为今后的行动拟订有科学合理依据的战略。

12. 遥感对加深理解全球一级的地面、海洋和气候相关参数至关重要，并且连同资料一并构成全球观测系统所用长期观测的基础，即：全球气候观测系统、全球地面观测系统和全球海洋观测系统。[关于由联合国粮食及农业组织，联合国环境规划署，联合国教育、科学及文化组织（教科文组织），政府间海洋学委员会，世界气象组织（气象组织）及国际科学理事会联合赞助的关于这些观测系统的更多信息，见A/AC. 105/1014：10－17段。]

13. 联合国气候变化框架公约在其科学和技术咨询附属机构之下定期审议与系统观测包括从空间观测气候有关的事项。联合国系统各组织以及由其联合赞助的全球观测系统所提供的合作与贡献在支持满足《联合国气候变化框架公约》（《公约》）对处理许多工作领域下气候变化的观测需求发挥了重要作用。

14. 2012 年 12 月在多哈举行的附属机构第 37 届会议收到了地球观测卫星委员会所提供的最新报告，该报告介绍了提供全球观测以协同应对《公约》下相关需求的空间机构取得的进展。会上考虑到长期继续开展并坚持开展卫星观测的重要性，并考虑到为支持在《公约》下的工作而全面公开共享数据的相关事项。

15. 2013 年 11 月在华沙举行的附属机构第 39 届会议强调系统观测包括推进气象建模和调整对整个《公约》工作的重要性，并强调继续需要争取相关资金以满足长期全球气候观测的相关基本需要。它称，除其他外在海洋关键性观测数据方面，并且在世界某些地区特别是发展中国家的各种网络方面仍然存在差距。2013 年 11 月在华沙举行的《公约》缔约方会议第 19 届会议决定，应当加强内罗毕工作方案对气候变化影响、易受气候变化影响的脆弱性以及对气候变化所作调整的相关意义，为此应当除其他外加强与研究和系统观测之间的联系。附属机构将在其拟于 2014 年 12 月在利马举行的其第 41 届会议上再次述及利用天基观测支持处理气候变化相关事项。

16. 在区域一级，联合国各区域委员会牵头力争应对气候变化并推动环境可持续性。通过其新近设立的非洲气候政策中心，非洲经委会继续拥护生成和共享影响到所有公民、企业和社区的关于环境压力和粮食危机的知识。委员会述及大大丰富非洲在了解气候、水、能源和灾害风险情况上的需要，以及为便利决策而加强利用这类信息的需要，为此将改进分析能力、知识管理和信息传播。

17. 2014 年及其后各年，非洲经委会将继续协助非洲联盟及其成员国和区域经济共同体落实整个非洲大陆的非洲环境和安全监测方案，并且确定气候服务全球框架的区域重点，其目的是重视关于监测和下游应用的全球天基气候问题基本数据和专题数据。

18. 在亚洲和太平洋，亚太经社会采取了从多个方面入手应对抗灾能力建设之挑战的许多步骤。通过其促进可持续发展区域空间应用长期方案，亚太经社会共同努力为支持减轻灾害风险并便利包容性和可持续发展而推动空间技术各项应用。举例说，为了满足成员国对从空间派生技术生成的有关灾害管理相关信息的迫切需求，亚太经社会调动区域资源以支持受灾害影响国家在预警、备灾、应灾、救灾和损害评估、避免人员伤亡和尽量减少经济损失等方面的工作。

19. 尤其是在热带飓风、地震、严重水灾和台风“海燕”袭击孟加拉国、中国、巴基斯坦、菲律宾及该地区其他国家时，每次灾害刚发生，凡接到受灾国家要求提供支持的请求，亚太经社会便立即通过促进可持续发展区域空间应用方案范围内各空间机构联络网调动近实时卫星图像。自从 2013 年以来，通过这些努力及时提供了 150 多份近实时和存档的卫星图像画面及损失情况图，后者是由该方案成员以及联合国训练研究所（系亚太经社会战略伙伴）作业卫星应用方案提供的。

20. 自从 2013 年下半年以来，作为其落实干旱监测和预警区域合作机制努力的一部分，亚太经社会向蒙古国和斯里兰卡提供了技术咨询服务并为其开设了一系列专题和专门培训班。它将继续加强在柬埔寨、蒙古国、缅甸和尼泊尔等其他试点国家以及在其他干旱多发国家根据请求所作努力。中国、印度、日本和韩国向试点项目提供了技术和财政支持。中国和印度的区域服务节点为天基数据、知识和能力建设作出了贡献。2004 年，亚太经社会将建立有关干旱数据传播的区域信息门户。

21. 西亚经社委员会将协调执行评估气候变化对阿拉伯地区水资源及其社会经济脆弱性影响的区域举措。该举措生成了以区域气候降尺度、水文建模和脆弱性综合评估为基础的地理空间信息和分析，其中借鉴了地理空间数据库、卫星图像、遥感和当地的观测。将通过涵盖阿拉伯地区的区域知识枢纽而在 2015 年之前提供复合地理空间分析和分类层，其中将侧重于水、生物多样性、生态系统、农业、基础设施、人居、健康和就业之类专题组。正在通过西亚经社委员会、阿拉伯国家联盟及其他战略伙伴之间的协作伙伴关系来执行该举措。

22. 西亚经社委员会尤其是其信息和通信技术处（不久就将重新命名为

“发展技术处”）参与了“联合国—阿拉伯联合酋长国基础空间技术：开发空间国的小型卫星飞行任务”专题讨论会，该专题讨论会于2013年10月20日至23日在阿拉伯联合酋长国迪拜举行，并且是在外层空间事务厅基础空间技术举措的框架下组办的。委员会牵头了西亚空间技术发展活动的会议，并且主持了西亚空间技术发展活动及区域和国际合作前景专题小组的工作。

23. 该专题小组审议了与西亚特别是与阿拉伯语国家空间技术发展有关的既往努力；现状以及今后的计划和远景；机遇和挑战及区域合作的作用。专题小组参与方一致认为，虽然阿拉伯国家几十年来一直是空间技术及其应用的用户，但仍然需要迎头赶上，从用户和运营方转变为开发方。还需要加强区域合作，因为该地区各国通过竞争优势和专业分工将能实现能力互补。这类合作还可立足于界定区域空间活动路线图。据指出，有一个稳定的法律和监管环境，包括为此首先在国家层面上并视可能随后在区域层面上颁布空间法和政策，将能为持续开展空间活动包括私营部门的活动提供必要的信心和指导。据称，2015年基础空间技术专题讨论会应当侧重于非洲空间技术发展活动，并且应当与西亚经委会合作在西亚经委会的某一个非洲成员国举行。

24. 由外层空间事务厅联合国空间应用方案组织的活动的重点不只是局限于区域角度。通过讲习班和专家会议，该方案让专家、决策者和从业人员有机会齐聚一堂，共享地区间经验和知识，以便界定为将空间技术更多用于自然资源管理和环境监测而需要的行动和后续活动。2014年，该方案将在摩洛哥（水管理）和厄瓜多尔（环境监测或气候变化）开展其能力建设活动；2015年，它将有可能在印度开展这类活动（灾害管理）。

25. 联合国灾害管理与应急反应天基信息平台（UN－SPIDER）将结合区域和全球做法，继续组办会议、讲习班和有专题的专家会议，以此充当交流知识和经验的平台。这些活动让成员国得以了解利用卫星派生资源的创新方法、最佳做法和各种可能性。2014年，将在萨尔瓦多举办关于干旱预警和干旱监测的区域讲习班，并且将在中国、泰国和越南组织举办培训班。将在中国和德国举行国际会议，目的是推动并倡导在灾害管理全周期使用地球观测。

（二）包容性社会发展

26. 联合国各实体日益将空间派生技术所生成的信息用于同社会发展有关的多项活动，其中包括：公共健康、人类安全和福祉、灾害管理及人道主义援助。由于这些活动要求成员国主管实体的积极贡献和参与，正在区域和国际层面上推动成员国使用空间派生数据和信息。

27. 非洲经委会在新生非洲促发展求转变的新范式背景下，为配合统计工作而对其地理信息活动作了调整，目的是加强成员国支持包容性增长、经济转变和可持续发展的经济与社会管理统计能力。执行方式包括在通过政策研究生成知识的同时，兼之以宣传和建立共识，同时利用空间促成的移动数据技术之类创新手段开展关于生成有力的统计数字和原始数据的咨询服务与技术合作。这一新的战略方向力求首先将非洲放在委员会的工作中，确保非洲有能力自己讲述自己的故事。

28. 2014 年及其后各年，非洲经委会将继续倡导开发与非洲发展议程有关的地理空间成套数据、应用和空间促成的服务，并加强非洲国家有效利用地理空间信息作出空间促成的决策的能力。

29. 通过其旗舰出版物《建设应对自然灾害和重大经济危机的抗灾能力》，① 亚太经社会概述了多项冲击所具有的相互重叠彼此联系的性质，并着重说明了灾害所产生的不利社会经济影响。为了确保社会发展仍然具有包容性，亚太经社会吁请采取更加全面系统的做法，建设应对多项冲击的抗灾能力。亚太经社会向 2013 年 5 月亚太经社会第 69 届会议提交了关于如何应对灾害相关挑战并促进亚太地区社会经济发展的区域路线图。

30. 亚太经社会高度重视能力建设方案。秘书处举行了一系列讲习班和培训班，介绍空间技术和地理信息系统的各项应用对有效减轻灾害风险的作用，该地区 30 多个发展中国家约 400 名政府决策者、行政官员、规划人员、专业工作人员、研究人员和项目管理人员出席了这些讲习班和培训班。其中有些

① http：//www. unescap. org/commission/69/theme – study.

能力建设活动是通过印度德拉敦的亚太空间科学和技术教育中心所属促进可持续发展区域空间应用方案的培训节点并通过中国的香港中文大学培训合作伙伴展开的。

31. 在精简联合国系统范围内空间派生数据的使用方面，在促进可持续发展区域空间应用方案的框架内与联合国训练研究所、训研所业务卫星应用方案、联合国灾害管理与应急反应天基信息平台（UN－SPIDER）、亚太空间合作组织、亚洲哨兵项目以及非洲和亚洲区域多风险预警综合系统密切合作执行了亚太行动计划范围内的各项方案。

32. 除了各地区所作出的有利于采取顾及区域特点的微妙做法的努力外，联合国灾害管理与应急反应天基信息平台（UN－SPIDER）在全球一级大力推动减轻灾害风险和应急的天气信息应用，目的是弥合在这类数据和信息的潜力及其实际使用上的差距。联合国灾害管理与应急反应天基信息平台（UN－SPIDER）就此提高了空间技术在灾害管理方面的惠益的认识，并且力求开展让会员国有效利用这些资源的能力建设。通过其专项咨询支助及其知识门户，联合国灾害管理与应急反应天基信息平台（UN－SPIDER）充当了查取和利用必要数据、工具和软件的独特网关。在2014—2015两年期内，联合国灾害管理与应急反应天基信息平台（UN－SPIDER）将继续向非洲、亚洲和太平洋地区及拉丁美洲各国提供这一支持，并将进一步改进其知识门户以联合国若干种官方语言提供的相关内容。2014年，计划向不丹、萨尔瓦多、加蓬、肯尼亚和蒙古国派遣技术咨询访问团；已经收到了要求在2015年提供支持的请求。

33. 空间技术也已证明其部门效益，公共健康即为卫星通信和遥感的使用既已成为现实又有此需要的相关部门的一个主要实例。该技术提供了实现普遍健康保险所需要的适宜并且在经济上可以承受的工具，这是世卫组织2014—2019年第12项“一般工作方案”的六项领导力优先任务之一，[1] 尤其

① http：//apps. who. int/gb/ebwha/pdf_ files/WHA66/A66_ 6－en. pdf.

在偏远的乡村地区。卫星通信是健康信息总体基础设施的一个有机组成部分，需要在公共和私营部门相互合作的情况下加以明智地使用。卫星技术在健康方面的主要应用之一是健康绘图（例如，关于环境、疾病、人员流动、保健设施的绘图），决策者将其用于查明高风险人群、评估保健覆盖范围、为加强健康部门提供指导、着重说明疾病的地域流行情况、对风险因素加以分层、评估资源分配情况、对干预性做法作出规划并确定其目标、支持监测和分析相关趋势及开展宣传和筹资活动。

34. 卫星通信已用作远程医学和远程保健服务的基础设施，目的是改进使用这类服务的条件并发展保健专业人员和工作者远程学习和获取知识的能力。对疾病作出及时回应的疾病高效监视系统，是世卫组织及其成员国的一项核心活动。卫星通信用于应对国际旅行和贸易的高速增长以及国际性疾病威胁和其他健康风险的出现及其重新出现。2005 年，194 个国家同意执行国际健康条例。

35. 全球卫星监测数据有助于对城市和乡村大气污染程度作出估计，而大气污染是影响全球健康的首要风险之一。世卫组织和外部机构最近作出的科学评估估计，至多有 700 万过早死亡事件可归因于大气污染。① 减少颗粒物质排放量的政策能相对较快地（数年内）产生健康惠益，其产生的经济收益将远远超过减少污染的费用，并且同时产生减轻近期气候变化的惠益。

36. 为了推进使用大气污染疾病负担估计，世卫组织已经着手以现有城市大气污染数据库、由世界各地主要国家和科学机构所提供的可以利用的卫星遥感和大气传输模式数据为基础，开发关于大气质量和健康的全球平台。结合使用卫星遥感提供的数据及表层监测数据和大气传输模式，能够更多提供有关主要大气污染物的全球信息，特别是针对污染最为严重而且数据匮乏的地区，

① http：// www. who. int/phe/health_ topics/outdoorair. Stephen S. Lim and others. A comparative risk assessment of burden of disease and injury attributable to 67 risk factors and risk factor clusters in 21 regions, 1990 - 2010：a systematic analysis for the Global Burden of Disease Study 2010 // The Lancet, 2012, 380 (9859)：2224 - 2260.

尤其是地面监测台站覆盖不足的许多发展中地区，包括城市和乡村地区。

37. 2014 年 1 月，在日内瓦世卫组织总部举行了关于新的全球平台的第一次专家协商。与会者在会议结束时表示，在大气污染评价方法上取得的进展，特别是以卫星遥感为基础的方法，可有助于大大改进对人群受大气污染的程度及由此造成的健康负担的全球估计。

38. 世卫组织将从 2014 年开始定期更新经过改进的估计数，其中涉及由卫星遥感提供的数据。进一步改进遥感方法能够保证更加准确地检索高分辨率数据，能够有助于甚至更加准确地评估污染源以及污染热点及其对尤为脆弱人群的健康影响。这就给在全球、区域和地方层面上更好地评估污染造成的疾病负担及查明关键污染源提供了机会，并且能够通过提供可靠信息而给全球、区域和地方政策提供进一步的支持。

（三）包容性经济发展

39. 农业和工业部门业已被证明是推动经济增长的引擎。联合国各实体充分利用由空间派生的数据和信息，以努力推动可持续农业并推进技术发展。农业和工业系统业已证明是推动经济增长的引擎，了解这些系统内部的复杂关系，联合国各实体不仅努力推动使用地理空间信息资源，而且努力开发成员国积极并且可持续地参与这一进程的能力和工具。

40. 为了充分发挥全球导航卫星系统在支持可持续发展方面的用途和应用的惠益，外层空间事务厅按照其作为导航卫星系统国际委员会执行秘书处的作用，将继续推动就导航卫星系统兼容性、互操作性、性能及其他天气定位、导航和定时事项相关问题展开合作。委员会第九次会议将于 2014 年 11 月 10 日至 14 日在布拉格举行，该次会议将由欧盟组办，并由欧洲导航卫星系统机构主办。美国已经表示有兴趣主办该委员会 2015 年的第 10 次会议。

41. 委员会各工作组侧重于兼容性和互操作性、增强导航卫星系统服务性能、宣传和能力建设以及参照框架、定时和应用之类问题，这些工作组在推进委员会及其供应商论坛尤其是关于侦查和减少干扰方面的工作计划上取得了实质性进展。

42. 而且，国际导航卫星系统监测和评估特设工作组是由委员会设立的，目的是侧重于弄清应当监测的服务参数、界定监测程度及执行该项工作所需方法。具有完全互操作性的导航卫星系统如能实现其空间服务数量，其所带来的性能重大惠益，任何一个系统单凭一己之力均无法独立提供，会上就该事实取得了共识。

43. 外空事务厅将继续推动委员会与联合国所属各区域空间科学和技术教育中心（委员会信息中心）之间的合作，并且将侧重于能力建设特别是关于导航卫星系统的教育。

44. 海事组织全球海上遇险与安全系统、船舶远程识别和跟踪系统及船舶安全报警系统中均有关键的卫星部件。全球导航卫星系统为船舶的安全高效航行提供了关键信息，并且提供了在发生海上遇险情况下的关键定位信息。由这些系统提供的某些服务已被确认为生命安全服务。得到海事组织承认的卫星系统包括海事卫星、国际搜索和救援卫星系统、全球定位系统和全球导航卫星系统。海事组织目前正在对全球海难和安全系统进行审查并加以现代化更新。该审查预计将在 2015 年 3 月完成，现代化计划预计将在 2017 年完成。

45. 在民用航空方面，商用航天运输业的崛起，包括亚轨道发射日渐频繁，其有效载荷或工具的发射循着短暂进入太空但未入轨道便已返还地球的轨迹进行，使得民用航空监管机构处于商用太空发射许可证发放和安全核证工作的前列。因此，虽然国际民航组织目前并未颁布关于这类空间性活动的国际标准或推荐做法，但近期内将出现的亚轨道地球至地球运输市场的可能性已经导致人们日益关注航空和空间监管综合机制。

46. 因此，2013 年，业界和监管机构向国际民航组织理事会简要介绍了该部门的最新动态。国际民航组织正在积极参加外层空间事务厅及其他机构关于弄清和处理与商用航空航天运输和传统航空业务及其各自监管计划合并有联系的法律和技术问题。2014 年和 2015 年将继续开展该项工作，并且将组建一个研究小组，在 2015 年第一季度将举办有关该主题的一个专题讨论会。

47. 欧空局继续与合作伙伴接洽，以执行非洲大地测量参照框架方案（针对非洲的大地测量统一参照框架），以便完美体现地图及其他地理信息制品。在审议期间开展的活动包括：①确定国际导航卫星系统服务分析中心并为处理由参照框架提供的数据创造了条件；②拟订转变参数计算方法；③最后审定关于推出 30 个新的导航卫星系统参照台站以增加密度并填补接收台站参照框架网络空白的后勤工作细节。

48. 自从 2012 年以来，亚太经社会一直推动使用网上地理参照信息系统开展灾害风险管理，特别是为有特殊需求的国家。在亚太经社会各国，接受调查的国家主管机关和机构均认为的确需要建立这类门户。对这类门户的定位是，将把其设在适当的国家主管机关内部，以便为收集、分析和传播灾害相关数据及卫星图像和社会经济信息一并提供一个集中、可信并且包容的空间。作为这些活动的一部分，亚太经社会与类似领域内部的部委和机构展开进一步接洽，并且通过现有联合国举措和既有机构间举措同正在开展的国别努力相协调。

49. 这些门户是循证决策和高效灾害管理的保证。阿富汗、孟加拉国、不丹、柬埔寨、库克群岛、斐济、基里巴斯、吉尔吉斯斯坦、老挝、马尔代夫、蒙古国和尼泊尔之类国家曾请求秘书处提供技术支持，以帮助建立灾害风险管理地理参照信息系统，并向其提供定制服务和加以充实。而且，给向阿富汗、库克群岛、吉尔吉斯斯坦、蒙古国和尼泊尔提供的原型系统充实了灾害数据，并将与减轻灾害风险、救灾和应灾方面的其他政府机构共享这类系统。

50. 国际电联无线电通信部门的工作为卫星气候监测和数据传播系统的开发与有效运行奠定了监管和技术基础，向其分配了必要的无线电频率频谱或卫星轨道资源，研究并拟订了有关条约状况的国际标准（《无线电条例》）以及关于天基及其他电信系统和网络的自愿国际标准（《国际电联无线电通信部门建议书》）。2015 年世界无线电通信会议计划于 2015 年 11 月 2 日至 27 日在日内瓦举行。

（四）推动和平利用外层空间国际合作：空间派生信息及关于空间活动的一般性协调努力的情况

51. 和平利用外层空间委员会这一协调和实现空间活动国际合作的主要联合国机构，在其给联合国可持续发展会议的文件中着重说明了空间派生信息的价值和重要意义，并承认空间派生的地理空间数据是可用于尤其通过设立空间数据专项基础设施而支持地方、国家、区域和全球各级可持续发展政策的一种资源。

52. 因此，委员会就为支持可持续发展政策的目的而使用空间派生地理空间数据提出了一整套建议（A/AC. 105/993：49 段）。在这些建议中，委员会指出，需要建立可持续的国家空间数据基础设施；加强各国在空间派生地理空间数据方面的自主能力，包括开发相关基础设施和机构安排；参与或扩大在空间派生地理空间数据方面的国际合作，并提高对现有举措和数据来源的认识；并支持联合国在其任务授权所属方案中努力查取并利用地理空间信息向所有会员国提供帮助。

53. 委员会 2012 年第 55 届会议建议，将关于空间和可持续发展的项目列入其第 56 届会议的议程。委员会科学和技术小组委员会 2013 年第 50 届会议建议将在联合国可持续发展会议和 2015 年后发展议程背景下的利用空间技术促进社会经济发展的项目列入其第 51 届会议的议程。小组委员会 2014 年第 51 届会议注意到，空间科学和技术及其应用和地理空间信息在远程保健、远程现象学、远程教育、灾害管理、环境保护、城市与乡村发展及地球监测等领域发挥了有效作用，并对经济、社会和文化发展作出了贡献。

54. 外层空间事务厅将继续执行委员会及其附属机构的相关决定。在 2014—2015 两年期内，外空事务厅在联合国空间应用方案的框架内将继续与联合国其他相关实体密切合作与协调，继续组织举办一系列会议、讲习班、专题研讨会和培训班，讨论与空间科学、技术和教育能力建设有关的多项专题，包括在联合国基础空间技术举措和载人空间技术举措提供的框架范围内进行，目的是支持与促进可持续发展小型卫星和载人空间技术附带产品分别有关的本地能力。此外，联合国灾害管理与应急反应天基信息平台（UN - SPIDER）方案将协助开展在灾害相关情况下利用空间派生数据和信息方面的能力建设。

55. 依照大会第 65/68 号决议而在 2012 年建立了外层空间活动透明度和建立信任措施问题政府专家组，目的是研究外层空间透明度和建立信任措施问题，这两个专家组在 2012 年 7 月至 2013 年 7 月举行了为期三周的会议。该专家组对各国提出的众多建议以及自从 1993 年前述努力以来政治和技术环境的变化进行了认真考虑，并经协商一致通过了一份报告，其中列举了一系列自愿的透明度和建立信任措施以及由会员国进一步考虑并执行的结论和建议。

56. 本报告所述外层空间活动透明度和建立信任措施尤其包括：交流与国家空间政策和活动、减轻风险通知以及对国别空间设施的专家访问有关的不同类型的信息。政府专家组商定将在其研究中反映与不扩散有关的既有承诺。它还承认，在外层空间活动方面建立国家间信任和互信的国际合作发挥了日渐重要的作用。为了便利执行这些措施并推动其进一步发展，政府专家组建议在裁军事务办公室、外层空间事务厅以及联合国其他适当实体之间建立协调。

57. 秘书长将载于 A/68/189 号文件的报告转交给大会第 68 届会议。大会第 68/50 号决议欣见秘书处关于转交该报告的说明。它鼓励联合国系统相关实体和组织酌情就建议相关事项展开协调，决定把建议提交给和平利用外层空间委员会、裁军事务委员会和裁军谈判会议审议，并请秘书长将报告分发给联合国系统所有其他相关实体和组织，以便其能够协助有效执行报告所载结论和建议。

58. 政府专家组的研究报告注意到，目前有许多关于空间科学和技术的区域及多边能力建设方案，例如联合国空间应用方案、教科文组织、海事组织和国际电联的能力建设方案。

59. 地理空间信息服务和平台，包括空间派生信息服务和平台，都已成为支持国别发展、经济增长、改进决策和加强政策拟订工作的关键技术，并且有助于应对各种全球性挑战，例如对可持续发展相关目标和指标实施监督。考虑到地理空间信息在全球日渐重要，经济及社会理事会于 2011 年 7 月建立了全球地理空间信息管理工作专家委员会，以此作为就在国家和全球政策框架范围内生成和使用地理空间信息作出联合决定并确定方向的首要政府间机制。①

60. 专家委员会秘书处由经济和社会事务部统计处和外勤支助部制图科共同担任。由成员国的国家地理空间信息机构、国际组织和非政府组织、私营部门及其他利益攸关方负责人作为其代表，委员会述及在发展议程方面利用地理空间信息的各种全球性挑战，并且是指导地理空间信息领域内全球决策的指南。委员会在这方面负有推动就实现 2015 年后发展议程的目标采取注重地理做法的任务和责任，并且积极参加了这一领域的工作。

61. 委员会工作方案包括拟订可持续发展全球路线图。委员会 2012 年 8 月举行的第二届会议注意到，如同联合国可持续发展会议成果文件所述，可靠的地理空间信息对国家减轻灾害风险战略和计划以及对可持续发展、政策制定、方案拟订和项目运行具有重要意义。考虑到需要为了给可持续发展议程寻找依据而提供基本信息，设立了一个工作组以审议可靠的地理空间信息将如何有助于更加从全局着手衡量和监督变革与进展情况。委员会 2013 年 7 月举行的第三届会议还承认，需要创建一个由相关工具和技术支持的全球数据和信息联络网，以便以前后一致的标准化方式绘制长期变革的地图，发现并监督变革情况，并且应当让可持续发展用户群体更加参与其中。

62. 在可持续发展目标开放式工作组的第七次会议期间由委员会召集的一次附带活动，体现了地理空间信息在衡量和监督可持续发展相关目标上的作用。此外，主题是地理空间信息对 2015 年后发展议程所作贡献的全球地理空间信息管理第三次高级别论坛将于 2014 年 10 月 22 日至 24 日在北京举行。该

① http：//ggim. un. org.

论坛将特别注意地理空间信息科学、技术和创新作为能融合可持续发展三项支柱的工具并且作为2015年后发展议程重要地理要素所发挥的关键作用。

63. 西亚经社委员会有助于将全球地理空间信息管理举措推向阿拉伯地区。在与经济和社会事务司开展卓有成效的区域合作之后，成员国商定将设立关于该项举措的一个区域治理结构，并且确立以区域委员会为形式的基石。区域委员会的开幕式会议于2014年2月5日和6日在阿曼举行。考虑到在2015年后发展议程的政策制定和监督方面迫切需要有地理参照证据，该举措的区域执行工作从一开始就汇集了制图主管机关和国别统计机构。

64. 阿拉伯国家所面临的特定挑战是，各地的社会经济状况千差万别，因而应当对面积不大的地理区域展开统计数据分析。因此，2014年及其后各年，西亚经委会将把工作重点放在与收集地理参照信息有关的方法论问题上，而不论这类信息是统计数字还是任何其他信息（例如关于道路安全、环境、企业活动、住房、环境方面的信息）。西亚经委会还将高度重视开发、获取和落实支持地理空间信息管理工作的相关技术，以此作为高效利用地理空间信息的一项先决条件。这一组还将列入阿拉伯地区有关该举措的区域委员会工作方案。

65. 在非洲，为了协调空间技术相关协同机构重点领域工作和活动，非洲联盟最近推出了拟订非洲空间政策的一项举措。欧空局为概述非洲空间政策原则提供了专家咨询，目的是让非洲大陆能够以更加协调、系统和协同的方式利用其空间资源。委员会准备了一份长期远景文件，内容是讲述非洲必须如何妥善利用空间伙伴关系和国际合作，以便对非洲大陆有关空间探索和空间应用的内容不一的活动展开规划、协调和监督。

66. 在亚太地区，亚太经社会在落实关于将空间技术和地理信息系统应用于减轻灾害风险和可持续发展的2012—2017年亚太行动计划方面，尤其通过落实干旱机制，将适应气候变化工作、粮食安全和自然资源管理等集中在一起一并处理。所述干旱机制是亚太经社会区域空间应用方案的一个旗舰项目，该项目得到了该地区各空间机构的支持，并且汇集了工作在空间技术应用、灾害管理和减轻农业干旱相关活动领域的公共实体、私营实体和科研实体。该机制力求干旱多发的发展中国家通过专门培训并向农业界提供咨询和解决办法，而提高其利用科学和技术工具和手段在国家和区域层面上有效开展农业干旱监测和预警的能力，目的是对干旱更好地做好准备，并减轻其对社会经济发展的不利影响。该机制将有助于推动在该地区各国间开展南南合作和知识转让。

三、通过精简使用联合国系统范围内的空间派生信息开展抗旱能力建设

67. 地理空间数据是有效管理资产、环境和社区的一个关键决策工具，但在查取、解释、分析和使用这类数据方面仍然存在瓶颈和差距，因为这类数据目前主要由私营部门、政府和专门机构提供。然而，在联合国系统范围内正在努力增加并精简对空间数据的使用。

68. 外勤支助部制图科协同维和行动部、外勤支助部和政治事务部各外地访问团地理信息系统办公室，自从 2004 年以来均积极利用空间派生地理空间数据并参与同私营部门建立联系。联合国同私营部门建立了现有系统合同，以便提供范围广泛的多种媒体和高分辨率光学与雷达卫星图像。

69. 在 2008 至 2013 年合同期间，外勤支助部、维和行动部、政治事务部及其外地访问团在系统合同方面的支出总共为 1200 万美元，而联合国系统其他实体的支出约 300 万美元。2013 年启动了同私营部门订立新一代系统合同的招标进程，并且预计将于 2014 年最后完成。对这类商用长期协议的使用预计将继续增加。

70. 维和行动部外地访问团以按照系统合同而购置的空间派生地理空间数据为基础，利用中等分辨率图像制作了有关植被、水灾和地形的地图。还制作了使用高分辨率天基图像和空间派生地理空间数据的大比例（例如 1:2500）行动区域图。在维和方面日益发展的一项应用是，为指导高效并且目标明确的外地地球物理调查而进行地面和地表水评估。

71. 在伙伴关系方面，外勤支助部、维和行动部和政治事务部也都利用由一些会员国和欧盟卫星中心提供的空间派生地理空间数据。通过这些伙伴关系得以在共同关心的某些领域及时交流相关信息和数据，以便支持在中非共和国、马里、索马里、南苏丹和叙利亚等地开展危机管理工作。联合国秘书处也获益于在国际边界问题上分享空间派生的地理空间数据。

72. 外勤支助部制图科协同维和行动部、政治事务部和外勤支助部外地访问团地理信息系统办公室，通过在哥白尼项目和欧洲地球观测方案方面与欧盟和欧盟委员会结成伙伴关系而对空间派生的地理空间数据善加利用。外勤支助部制图科作为协调员与欧盟保持接洽，而维和行动部、政治事务部、外勤支助部及其外地访问团获益于哥白尼项目关于危机应对行动、情景认识和地理空间情报管理支助的若干产品和服务。迄今为止，在以下情况下提供了这类支持：2010 年海地地震之后、支持刚果民主共和国的选举、南苏丹大选期间及科特迪瓦选举后发生的危机、2011 年利比亚发生危机、2013 年索马里和叙利亚情景认识与监督期间。

73. 欧空局继续开发众多信息和知识资源及应用和服务，以便改进国家、区域和分区各级在发展方面的信息提供及其使用。正在逐步更新并扩充构成非洲区域空间数据核心基础设施的区域地理空间数据库，以支持下述区域举措：①无缝拼接分辨率为 30 米的涵盖整个非洲大陆的数字高程模式数据；②发起一项为获取、储存、维护和传播基本地理空间成套数据拟订最佳做法准则的研究，准则意在通过支持知识共享；③获取、收集、处理、核证和建设非洲基础设施地理空间成套数据。在 2014—2015 年两年期内及其后各年，欧空局将继续与经济和社会事务部在战略层面开展合作并且与外勤支助部在行动层面开展合作，对信息和数据加以收集、编辑及更新，并落实非洲第二次行政层面边界成套数据项目的核证工作。

74. 联合国地理信息工作组这个由制图和地理空间信息管理科学领域的联合国各种专业人员为处理共同关心的问题而组成的团体，自其 2000 年创办以来为联合国空间数据基础设施奠定了基础。拟议基础设施将为实现联合国的使命作出实质性贡献，让会员国、各组织和合作伙伴共同形成共识并建立政策和治理机制，以确保广泛利用地理空间数据和信息共享做法，推进社会、经济发展及环境和人道主义议程。

75. 联合国地理信息工作组的第 14 次会议，将在安全保障部与联合国外层空间事务厅的共同主持下，于 2014 年 5 月 14 日至 16 日在纽约举行。该会议将审视全球地理空间信息管理专家委员会与该工作组之间的联系；审议联合国空间数据基础设施的状况；审查联合国各特设工作组有关卫星图像的许可和共享、专家地理空间联合体以及开发核心成套数据等情况的内部动态；与私营部门展开对话。

76. 将在联合国各实体之间共享得到处理的数据和信息，并通过“ReliefWeb”这一关于复杂应急事件和自然灾害的人道主义时间临界信息的全球枢纽（http://www.reliefweb.int）、全球灾害报警和协调系统（http://www.gdacs.org）、联合国训练研究所“卫星应用服务项目”（http://www.unitar.org/unosat）、机构间常设委员会共同和基本作业成套数据登记处（cod.humanitarianresponse.info）及联合国灾害管理与应急反应天基信息平台（UN－SPIDER）知识门户（http://www.un－spider.org）之类网站提供这类数据和信息。UN－SPIDER 知识门户还提供了可免费获得的卫星数据、派生产品和软件以及若干主要灾害的所有相关地图与资源汇编的相关数据库。UN－SPIDER 还在加强其由 16 个区域支助办事处组成的网络，目的是更好地共享推荐做法以及其他参考资料、工具和服务。

77. 国际电联与联合国训练研究所“卫星应用服务项目”和美国环境系统研究所协作，共同组织并主办了服务于联合国和国际社会的第三次地理信息系统会议，该会议于 2014 年4 月7 日至9 日在日内瓦的国际电联总部举行。该会议侧重于推动加深理解可靠稳定的信息共享如何有助于各组织更加有效地管理、分析和展示所有地理参照信息，以处理同气候、冲突、发展、环境、危机和灾害、经济与社会状况及健康有关的全球性问题。该会议给与会者提供了重点关注评价援助和发展风险并更好地减轻风险影响所需要的工具、标准和技术的环境。

四、今后的方向：利用空间技术实现2015年后发展议程的各项目标

78. 为确保尽可能充分地利用空间技术的潜在益处以落实2015年后框架内的全球发展议程，会员国和联合国实体不妨将以下目标作为拟在国家、区域和国际层面上追求实现的目标：

（1）加深对空间派生数据和信息在发展上潜在贡献的认识；

（2）开发发现、查取、处理和利用空间派生数据和信息的能力；

（3）加强便利使用遥感数据和信息的体制框架；

（4）支持有关地理空间信息的标准化及其更新，目的是杜绝重复和重叠，并得以以协调统一的方式让其在多个部门得到使用；

（5）推动在为规划和决策而更多利用空间派生数据和信息上的国际合作。

中国与俄罗斯联合提交的文件：防止在外空放置武器、对外空物体使用或威胁使用武力条约（草案）

（2014 年 6 月 10 日共同向裁军谈判会议提交）

本条约各缔约国：

重申进一步探索和利用外空在人类发展中起着日益重要的作用，

愿防止外空成为放置武器的新领域，以便消除对国际和平与安全的重大危险，

重申严格遵守现有与外空活动相关的多边协议的重要性，认识到在外空活动中遵守国际外空法原则和规范有助于建立对各国的和平目的的信任，

注意到《关于各国探索和利用包括月球和其他天体的外层空间所应遵守原则的条约》（以下简称“外空条约”）规定，各缔约国承担不在环地球轨道放置带有核武器或其他类型大规模杀伤性武器的物体，不以任何其他方式在天体上和外空放置此类武器的义务，

认识到尽管现有与外空相关的国际协议及法律制度在规范外空活动中发挥着积极作用，但是不能充分防止在外空放置武器，

忆及联合国大会关于“防止外空军备竞赛”的决议，该决议除其他外，确认需要考察进一步的措施，以寻求有效的、可核查的多边和双边协议，从而防止外空军备竞赛。

达成协议如下：

第一条

为本条约目的：

（一）“外空物体”系指放置在外空、专为在外空运行而设计的任何装置；

（二）“在外空的武器”系指制造或改造的、基于任何物理原理用来消除、损害或干扰在外空、地球表面或空气空间中物体的正常功能，以及用来消灭人口和对人类生存至关重要的生物圈组成部分或对其造成损害的任何外空物体或其组成部分；

（三）一个装置如果至少绕地球一圈，或在离开绕地轨道之前沿该轨道运行一段，或被置于外空当中的任何位置或地球外任何天体上，则视为被“放置在外空”；

（四）“使用武力”或“威胁使用武力”分别系指针对他国管辖和（或）控制下的外空物体采取的蓄意损害行动，或以书面、口头或其他任何形式表达采取这些行动的意图。根据专门协议应他国请求停止请求国管辖和（或）控制下的外空物体失控飞行的行动，不应被视为使用武力或威胁使用武力。

第二条

本条约缔约国承诺：

· 不在外空放置任何武器；

· 不对缔约国外空物体使用武力或以武力相威胁；

· 不在国际合作中从事与本条约内容与宗旨不符的外空活动；

· 不协助、不鼓励其他国家、国家集团、国际组织、政府间组织或任何非政府组织（包括在本国管辖和（或）控制下的领土上成立、登记或位于该领土上的非政府法律实体），参加与本条约内容和宗旨不符的活动。

第三条

本条约不应被解释为妨碍各缔约国根据包括《联合国宪章》、《外空条约》等在内的国际法和平探索和利用外空的权利。

第四条

本条约丝毫不得影响《联合国宪章》第51条确立的缔约国固有的单独或

集体自卫权。

第五条

缔约国认识到有需要对本条约各项规定的执行情况采取监督措施，并可在今后的附加议定书中予以规定。

为增进对遵守本条约规定的信任，除非另有协议，缔约国可在自愿基础上执行商定的透明与建立信任措施。

第六条

为促进实施本条约的宗旨和条款，缔约国应建立条约执行机构，该机构应：

（一）考虑与条约的运行与执行相关的事务；

（二）受理一个或多个缔约国关于指称违反条约的询问；

（三）组织并与缔约国举行磋商，以便处理有关某缔约国违反本条约的情况；

（四）如有关指称违反本条约的问题未能得到解决，将争端提交联合国大会或安理会；

（五）组织并举行会议以讨论和通过条约修正案；

（六）制订集合数据共享与信息分析的程序；

（七）收集和散发缔约国提交的作为透明与建立信任措施组成部分的信息；

（八）接收新缔约国加入条约的通知，并提交联合国秘书长；

（九）经缔约国同意，考虑其他程序性和实质性问题。

本条约执行机构的设立程序、工作机构构成、运行程序和工作细则等应在一个附加议定书中规定。

缔约国应与本条约执行机构合作，以协助其履行被赋予的职能。

第七条

如一缔约国有理由认为另一缔约国未履行本条约所规定之义务，可请求该缔约国澄清有关情况。被请求澄清的缔约国应尽快予以澄清。

如提出请求的缔约国认为澄清未能解决其关切，可向被请求的缔约国提出磋商请求，被请求国应立即参与磋商。与磋商结果有关的信息应提交条约执行机构，由执行机构与各缔约国共享。

如磋商未能在适当照顾各缔约国利益的情况下达成一致解决办法，一个或多个缔约国得请求执行机构予以协助，并提交进一步考虑该争端所需的相关证据。执行机构可以召集缔约国举行会议，以审议该争端，决定是否存在违约行为，并根据缔约国提出的解决争端与消除违约的方案准备有关建议。如仍不能解决争端或消除违约情况，执行机构可提请联合国大会或安理会注意该事项，包括有关资料和结论。

如出现涉及1972年《外空物体所造成损害的国际责任公约》的情况，应适用该公约相关规定。

第八条

除第9—13条外，本条约所指国家应涵盖任何在外空开展活动、声明接受本条约义务且其多数成员为本条约缔约国的政府间国际组织。该国际组织成员国中的本条约缔约国，应采取一切必要措施，确保该组织依照本条规定发表上述声明。

第九条

本条约在纽约联合国总部向所有国家开放签署。任何国家如在本条约生效前未签署条约，可在任何时间加入本条约。

本条约须经签署国依照各自国内程序批准。

批准书或加入书应提交作为本条约指定保存人的联合国秘书长保存。

第十条

本条约自包括联合国安理会所有常任理事国在内的20个国家交存批准书之日起生效。

对本条约生效后交存批准书或加入书的国家，本条约自其交存批准书或加入书之日起对其生效。

联合国秘书长应向所有签署和加入本条约的国家通报每一次签署条约的

日期、每一份批准书或加入书交存的日期、本条约生效的日期、修改条约的建议、出现的争议及其处理情况以及其他有必要通报的信息。

第十一条

任一缔约国可对本条约提出修正。修正案应提交联合国秘书长，以分发所有缔约国。如不少于1/3的缔约国同意，应召开修约会议。

对本条约的修正经缔约国协商一致接受后生效。

第十二条

本条约应无限期有效。

每一缔约国在行使其国家主权时，若断定与本条约调整事项有关的非常事件已使其最高利益受到危害，应有权退出本条约。退约国应在退出前六个月将退约决定书面通知联合国秘书长。通知中应说明退约国视为已威胁其最高利益的非常事件。

第十三条

本条约正本交存联合国秘书长，其阿拉伯文、中文、英文、法文、俄文和西班牙文文本同等作准。联合国秘书长应将本条约核正无误的副本分送所有签署国和加入国。

外国空间政策与空间立法

加拿大空间政策框架

加拿大航天局，娜仁高娃[*]译

空间和国家利益

很少有什么能像空间的探索和开发这样激发人类的想像力或是挑战人类的能力；也很少有什么能如此快地让人类感到不适应。

早在航天事业发展的初期阶段，加拿大便已经居于空间技术的领先地位。在苏联制造的人造卫星“斯普特尼克-1”号（Sputnik 1）发射的5年后，加拿大于1962年凭借实验性质的卫星“云雀1”号（Alouette 1）在空间技术领域跻身世界前三强。1972年，Anik A1人造卫星进入轨道，加拿大成为世界范围内第一个拥有国内通信卫星的国家，第一次向远北地区发射了电视信号。

这些年来，我们在卫星通讯和遥感等方面的技术水平在空间机器人的支持下居于全球领先地位。“加拿大太空臂”（Canadarm）在美国国家航空航天局（NASA）的航天飞机任务中起着至关重要的作用，比如确保卫星的部署、捕获和修复以及发射和维修哈勃太空望远镜等工作正常进行。国际空间站的建造和维护也必须在加拿大机器人的支持下进行：先是“加拿大太空臂”（Canadarm），再是“加拿大太空臂2号”（Canadarm）和“斯特克斯特”号双臂机器人（Dextre），它们就像是空间站的“手臂”一样。

为了保护我们的国家主权和国家安全，加拿大卫星穿过云层、黑暗、浓

* 北京理工大学法学院国际法专业硕士研究生。

雾和烟尘，对地球进行着不间断的监控。这些科研设备在轨道中探测着大气的复杂环境和地球电离层的一切，那里正是大气和空间的分界处。

同时，空间系统在诸如银行、互联网和通讯等日常所需的服务中日渐扮演着重要的角色。此外，像天气预报、环境监测、自然灾害预警与响应、空中交通管理和航海导航、边境安全、军事侦察和农作物管理等所有的一切，都是基于先进的空间技术才得以进行。

加拿大人的幸福安宁得益于航天工业提供的各项服务。工业技术需要一个先进的、以知识为基础的经济体系，其创造了要求严格但又大有裨益的工作机会。并且，其通过国内的和国际销售和合作产生的收益对国民经济有巨大的益处。

政府行动

加拿大政府意识到了空间技术的重要性，并对加拿大空间领域给予了相应的支持。

通过空间系统促进我们的国家利益以及促进我们的国内航天工业的高效和有预见性的发展，需要明确的目标、一致的愿景和协调的规划。如果我们在空间上作出最大的努力，这些投资就不会被碎片化。

相应地，加拿大政府将战略地协调其在空间上的优先事项和承诺，并对现有资源进行最佳利用。为此，政府将采用一种全新的框架，为我国下一阶段的空间发展规划奠定基础。

为适应当前和未来的空间发展，这项政策将依赖于四个战略领域的五大核心原则。总之，其规定该框架将通报有关空间的决策和实现政府资源的最佳利用。

<table>
<tr><th colspan="4">加拿大的空间政策框架</th></tr>
<tr><td rowspan="5">原则</td><td colspan="3">1. 加拿大利益优先</td></tr>
<tr><td colspan="3">2. 将私营企业放置在空间活动的前列</td></tr>
<tr><td colspan="3">3. 通过合作谋求进步</td></tr>
<tr><td colspan="3">4. 在关键技术上保持卓越地位</td></tr>
<tr><td colspan="3">5. 鼓励加拿大人民</td></tr>
<tr><td>采取行动的范围</td><td>商业化</td><td>研究和开发</td><td>空间的探索</td></tr>
<tr><td></td><td colspan="3">监管、管理和问责</td></tr>
</table>

新的现实

空间日渐变得拥挤、存在争议、充满竞争。1957 年 10 月，“斯普特尼克－1”号（Sputnik 1）是地球轨道中唯一的一颗人造卫星。今天，有将近 1100 颗在运行的卫星和超过 22000 片大于 10 厘米的空间碎片登记在册。每一个“二十国集团”国家在空间都有自己的卫星系统，并且新兴经济国家（如中国、俄罗斯和印度、巴西）已为其本国的空间发展投入了大量资金。这使得一个新的客户群体和市场出现，对加拿大航天工业来说，这意味着更大的竞争。

同时，轨道上物体数量的不断增加，使得全球通讯设施越来越容易受到卫星碰撞的危险。计算机安全面临着能够扰乱天基通信或者彻底地破坏空间资产的武器的威胁。

空间也不再是国家的专属保护区。不仅卫星制造和服务是利润丰厚、增长迅速的市场（全球卫星产业每年的收益可达到 1900 亿美元），私营企业的发射业务也在增长。目前来看，加拿大的商业卫星要多于由政府部门或国营部门管理的系统。空间已经向着不仅是科技也是商业的新方向发展，而且随着经济领域不断向地球之外扩张，属于加拿大的新机会也在悄然生长着。

五大核心原则

根据当前的实际发展情况，以下五个基本原则将对加拿大的空间活动进行约束：

1. 加拿大利益优先

国家主权、安全和经济将是加拿大空间活动的主要驱动因素。加拿大的首要优先事项必须是有效地利用空间以保护国家利益。

2. 将私营企业放置在空间活动的前列

由于空间领域出现了更多的商业机会，政府应当着眼于：

· 支持国内航天工业所需要的改革创新，从而带来符合国家利益的市场尖端技术；

· 利用具有更强的能力、知识和技能，或有更加高效和高性价比的工业。

3. 通过合作谋求进步

空间是一个共享的领域，也是一项昂贵的产业。政府将继续寻求合作以共担主要空间活动的开支、共享主要空间活动的成果收益。这其中包括与国际伙伴在资料数据汇集方面进行合作，以实现互利互惠，获得更好的服务和技术，这是独自开展相关工作所无法得到的。同时，加拿大将继续实施有效的出口管理和控制措施，以防止加拿大的技术和资料数据被窃取或落入敌对势力的手中。

4. 在关键技术上保持卓越地位

加拿大在通信、遥感和机器人技术等众多空间技术领域都已经取得了极大的成功，这对于我国和我国的国际合作伙伴来说都非常宝贵。政府将继续支持和推动加拿大各方面能力的成熟，同时也会密切关注其他新的技术成果。

5. 鼓励加拿大人民

一个先进的、繁荣的国家，离不开高知识、高技术的劳动力。空间是一个非常好的激励加拿大年轻人从事科学、技术、工程和数学等事业的途径。政府同工业产业和高校展开合作，通过沟通交流空间的重要性来招募、支持和留住高素质人才。

执行情况

根据这些核心原则，有以下四个领域的战略行动：

1. 商业化

政府在公共安全、国防、天气预报、环境检测和灾害管理等公益事业领域负有很明确的责任。政府将保证获取其需要的基本的信息和服务。同时，政府也承诺：

· 尽可能通过私营企业来获取所需设备和服务；

· 提供各项支持，以确保国内航天产业是强大且具有全球竞争力的，特别是通过要重视测试和证明新技术的价值；

· 为了让工业产业能作出正确的、有战略意义的投资判断，为研究发展和空间运行等领域打造一致的、有预见性的商业模式；

· 开展国际协议的协商议定工作，以打开市场，让加拿大企业获得准入的机会。

2. 研究和开发

航天工业作为具有高新技术的企业，其生命力在于改革创新，而这就有赖于研究和开发的工作。政府将同工业和加拿大空间研究界合作，通过以下几点为研究开发和改革创新创造更多的机会：

· 加大对技术开发的支持力度，特别是在机器人技术、光学、卫星通信和天基雷达等领域加大投入，同时也会对新兴领域进行扶持；

· 同理事会和基金会合作，以确保空间研究资源有一定影响力，空间本身具有突出的地位；

· 充分利用国家研究委员会、加拿大国防研究与发展中心、加拿大通信研究中心、战略航空和国防计划现有的技术和计划，包括最近公布的技术演习项目，以更好地支持航天工业。

3. 空间的探索

空间探索改变了我们对宇宙的理解，也推动了科学和尖端技术的发展。

多国合作建造、现已投入运行的国际空间站是巨大的成功，也是一个工程上的奇迹，这预示着天基技术和人类进入太空的新的时代已经到来。政府在此承诺：

· 确保加拿大在国际空间探索任务中是广受欢迎的合作伙伴，以使其为加拿大国家利益服务；

· 继续为促进加拿大发展进行投资，将先进的系统和科学仪器作为主要的国际事业；

· 继续进行加拿大的宇航员计划，以使加拿大能够使用目前和未来的空间实验室和研究设备。

4. 监管、管理和问责

加拿大的各项承诺和举措不能碎片化，其必须成为合作政策和战略的一部分。为了能够协同相关合作伙伴共同制定未来的发展规划，政府将做到：

· 建立加拿大航天咨询委员会，其代表所有在公共和私人空间领域的利益攸关方，由加拿大航天局的主席主持。

· 同时，政府将建立一个由副部长主持的委员会，对各项支出进行审查。

未来的发展轨迹

这一政策框架使加拿大空间项目在21世纪20年代以至更远的时期实现了现代化。其明确了政府的优先事项，同时也强调了对空间项目计划的管理和治理。执行该框架的核心原则将保证加拿大的空间项目有能力实现政府对保护和促进国家利益所需要的服务；工业将从中寻求到必需的支持，以保证其在全球市场的竞争力；学界也将继续进行研究，为未来的空间任务奠定更好的基础。

空间是一个“严酷的”“无情的”环境，不断地测试着最先进的技术，激励着精密工程设计的发展。我们对空间的利用和认识，使我们能对宇宙有更为深刻的认识，并拥有一个平台以研究地球这个活生生的、复杂的星球，而且空间已经日渐变成人类在地球上生活所不可或缺的一部分。空间现在是一个不断增长的、拥有数十亿美元商业机会的舞台。

需要再次强调的是，加拿大始终是空间研究和应用的先锋梯队。这一政策框架也为加拿大描绘着蓝图。

英国国家空间安全政策

（英国国家航天局2014年4月通过的文件

URN：UKSA/13/1292）

张可佳*译

第一节　摘要

国家空间安全政策（NSSP）的目的是制定一个清晰连贯的方法，来保障英国的太空安全利益，巩固我们的繁荣，幸福和安全。

我们将通过实现四个目标来迎接此项挑战：

·促使英国在面对包括因太空天气导致的空间服务和功能破坏的风险时具有更强的弹性；

·提高英国在太空中的国家安全利益；

·创建一个可靠的和更安全的空间环境；

·使工业和学术界通过利用科学和把握商业机会来支持国家空间安全主要的政策效果。

主要的政策效果

为了促使英国在面对包括因太空天气导致的空间服务和功能破坏的风险时具有更强的弹性，我们将：

* 北京理工大学法学院国际法专业硕士研究生。

·改进我们对空间安全风险和依赖关系的理解；

·寻求一个适当的方法对迅速恢复能力和平衡保护手段以及其他可以促进弹性和平衡保护措施的手段（如替代或回退功能），进行投资；

·增强基本服务（如交通和通讯）的迅速恢复能力以应对卫星操作中的干扰和空间天气的不利影响；

·加强我们理解和预测太空气候事件及其影响的能力，以确保政府工作可以有一个清晰的焦点；

·与美国、欧盟成员国和欧洲太空总署合作，共同从事在欧洲空间规划和更广泛的太空政策，包括基础设施和系统的弹性方面建立一个统一的方法。

英国将确保可用的国家专业技术参与以支持这些目标。

为加强英国的国家安全利益空间，我们将：

·确保获得有效、可靠和有效的空间功能以保证使军事和安全行动，同时推进我们的国际安全政策利益；

·当一个纯粹的国内责任或特定主权利益确有必要时，我们将依靠自己满足这些需求。但是，我们始终将与他人合作作为首选；

·美国作为我们首要的国家安全合作伙伴，维持与美国的合作作为国家空间安全优先考虑的事。我们应当保持可以给这段关系带来互利的能力和资产；

·在满足我们的安全及国防需求时应更多考虑外国开展空间反击能力计划。我们对于任何可能会暗中破坏我们的国家安全或阻碍自由的空间行动应对，应当与我们应对其他威胁的方法相一致；

·监控新兴的系统和技术，使用最合适的、安全的和具有成本效益的解决方案；

·与法国以及其他关键的欧洲合作伙伴密切合作，确保欧洲空间安全项目的最佳实践；

·支持北大西洋公约组织的工作，以明确其与太空相关的漏洞和风险以及减轻这些漏洞和风险的方式；

· 确保国家有关当局有足够的权力禁止干扰器以及在决定如何或是否行使这些权力时相应的建议和指导。

为促进一个可靠和安全的空间环境，我们将：

· 支持联合国在促进可持续的、可靠的、安全的与和平的空间环境的各项措施，包括提高空间透明度和建立信任的措施；

· 与国际伙伴合作，通过提出《外空活动国际行为准则》，尽早在最大范围内签订关于外空活动的责任条款；

· 支持在处理与空间监管制度相关的法律挑战的相关工作；

· 支持协调的国际努力以改善空间态势感知能力；

· 发展更为一致的国家空间态势感知方法，使之成为与商业及国际伙伴合作的更好的基础。

为工业和学术界利用科学和把握商业机会在支持国家安全利益空间，我们将：

· 与其他行业和政府合作以确保英国公司在声音空间安全领域的声誉被认可和广泛推广，支持政府通过出口增长的议程；

· 确保英国公司和学术和研究机构继续拥有对潜在威胁的认知和一个明确的监管框架，使得他们可以把握住与我国国家安全利益一致的机会；

· 确保出口管制政策充分考虑了围绕服务条款协议和数据和图像捕获和传输的复杂问题；

· 与美国共同努力，减少《国际武器贸易条例》（ITAR）对于空间行业增长以及对于英美和更广泛的联盟互操作性的影响；

· 促进更广泛的商业、民用和国防领域专家之间的联系，来维持、构建和共享空间的安全知识。

第二节　背景

在全球范围内，太空技术支撑着我们日常生活的许多方面，同时也正变得越来越容易被更多的国家通过改进技术和更小更便宜的卫星发射所掌握。

正如英国民用航天战略中概述的那样，英国已经实现了这些发展。但随着日益增长的经济机会，也存在着一些风险需要我们更好地理解和准备。这些风险可能会以空间事故或自然灾害的形式或者通过蓄意攻击等威胁（由有组织的团体或另一个国家）加以呈现，可能会以事故或自然灾害的形式。国家安全战略将“严重干扰信息的接收、传播或收集的卫星”认定为英国的重大的安全风险。战略防御和安全审查因此呼吁建立国家太空安全政策，以解决空间的民事和军事安全问题。

目的

我们将空间安全定义为：拥有安全的、保险的和可持续的进入太空的能力，并且在面临威胁和危害时拥有足够的弹性。国家空间安全策略的目的是制定一个连贯的国家的方法，来保障英国的太空安全利益，巩固我们的繁荣、幸福和安全。

第三节　空间环境

国际法

国际空间法的基础是1967年的《外空条约》。它声明外太空属于全人类，各国皆有探索和使用的自由，缔约国对其在外层空间的活动及其发射的空间物体所造成的损害承担国际责任。

这一国际法律框架仍在继续发展，但是对于外空残骸仍旧缺乏相应的规制。太空中国家间战略或操作上的误解造成的影响可能是极为深远的。因此，为实现可持续的、和平的且安全的外空活动达成一项广泛的国际条约——就如同我们对海洋或天空所做的一样，是非常重要的。

对空间法一些方面进行不同解释的可能性，使得商业和民间太空活动者——制造商、运营商、服务提供商、承销商或提供经济支持的金融家承担了风险和不确定性，从而成为进步的障碍。

为了国家和其他民事或商业太空活动者，英国支持一切加强空间环境安全的努力。

机遇

卫星和发射技术的进步大大降低了进入太空的成本。商业公司和公共研究机构正在识别有前途的经营理念。大胆的新方法提供更便宜的、更快的、更好的公共服务以及发展数据和机会来提高我们的国防和安全。政府认为，太空研究、技术和服务对英国经济的增长一样重要，国家太空安全政策旨在通过识别国家繁荣和空间安全利益是如何协调一致的以及它们是如何相辅相成的来支持这一目标。

依赖

随着上述这些机遇而来的是一个明显的趋势——从更大程度上依赖太空能力转向依赖政府基础设施以及公共和商业的太空活动者所收集和传播的信息。

使用全球定位系统（GPS）是如此普遍，一些用户甚至已不再熟悉传统方法。公用事业、公共服务、高效的商业分销系统控制中心，均需广泛利用卫星跟踪和通信。地球观测数据对于满足从支援洪水等灾害的紧急应对到监测农业土地利用和渔业等一系列不同需求具有至关重要的意义。在某些情况下，它还被用于履行国家或国际法定义务，如国际宪章：空间和重大灾害。国防部门严重依赖通信、导航和时间安排、卫星所提供的情报监视和侦察功能，没有这些将会很难实现必要水平的态势感知、及时性和精确操作。政府、军队、安全与应急服务、关键基础设施和卫星运营商对这种空间依赖性进行了详细的分析，从而衍生出包括替代技术，额外的冗余系统和其他备用计划在内的一系列弹性措施。即便如此，空间服务的缺失仍将引起混乱。

风险

日益增长的经济和军事意义空间意味着我们必须意识到相关的风险。这些风险采取开展空间反击技术和无恶意的危害以造成恶意威胁的形式。评估相对风险的可能性和对空间服务的影响，将在国家风险评估和国家安全风险评估不断进行审查下进行。

针对商业企业，旨在窃取技术专长和其他专有信息的网络攻击，对于我们在太空把握机会的能力是一个日益增长的风险；为了减缓这一风险，我们的政策符合政府更广泛的网络安全策略。包括卫星、地面段和通信链接在内的空间系统是复杂的且易受到网络攻击的。

通过干扰或欺骗的信号干扰越来越普遍，同时也很难认定。一些国家已经展示他们可以在卫星通信信号冲突时拒绝接收信号。广播公司也抱怨越来越频繁的卫星上行干扰；英国广播公司（BBC）伊朗广播就经常受到这种类型的信号干扰。另一个同等的问题是包括全球定位系统在内的全球导航卫星系统发射的相对宽松的信号也可以被干扰。接收到的全球定位系统信号由于其本身微弱而极易成为犯罪分子的目标。干扰信号也可以是任意的，企图干扰或破坏一个全球定位系统也可以同时破坏无关的系统。

直接攻击卫星是具有风险的和充满技术性挑战的，只有少数几个国家有能力做到。反卫星导弹成功地通过了在低地球轨道的反卫星测试，但它们可能通过造成空间碎片而产生意想不到的和任意性的后果。从另一颗卫星的直接干扰所导致的损害很可能不亚于一颗导弹造成的破坏，同时可能更难将其与自然事件相区分。地球静止轨道（GEO）距离地球约 36000 公里，包含数个相对接近的高价值卫星，特别是通讯卫星。在地球静止轨道追踪物体是十分困难的，因此，减轻对这些卫星的风险格外具有挑战性。

空间气候效应主要是太阳喷发的结果。它们可以破坏和渗透卫星系统或与地球磁场产生交互作用。空间气候事件可以有不可预知的和广泛的影响，包括卫星和地面基础设施的二次影响。

我们近年来加深了对某一个极端空间气候事件的理解，如 1859 年的“卡林顿事件”。今天，这种类型的事件可能会暂时性地或是在极端情况下永久性地干扰卫星信号和操作，这取决于卫星是否被暴露在高浓度的辐射和高能粒子效果中。极端空间天气也可能破坏地面为空间活动提供的支持以及电网、通讯和航空。

这种对经济和社会造成的即刻干扰很可能会由于局部电力削减的影响和潜在基础设施的缓慢复苏造成的影响而不容小觑。例如，电力变压器如果严重受损可能需要几个月才能被替换。不太严重的空间气候事件也可以构成风险。2003 年发生的一个磁暴使得飞机使用的全球定位系统导航制导系统退化了 30 个小时。政府的国家风险评估和公开的国家风险登记分类中包括对“卡林顿事件”级别的事件发生的可能性和影响的评估。

绕地球轨道运行物体的数量正在快速增长。目前跟踪到有 22000 个物体在地球轨道，但其中只有 5% 是正在运作的卫星。其余的都是空间碎片。该区域内的空间碎片的总量据估计应当达到数百万，其中大部分的空间碎片由于太小而无法被检测到。今天在轨道的空间碎片的数量是 1990 年的 2 倍，自 2007 年以来增长了 30% 。

大多数空间碎片的产生是由于空间物体在再次进入大气层之前意外碰撞其他空间物体或是被卫星蓄意破坏而破碎产生的。空间碎片数量的增长进一步增加了碰撞的概率，从而对空间活动造成了风险。卫星为避免碎片而进行的更频繁操作的相关成本，包括增加燃料使用和缩短运行寿命，都增加了太空活动者的经济负担。

第四部分　政策效果

我们将通过实现四个目标来解决国家因对空间的依赖而产生的风险。这种方法需要增强政府间一致性以及与伙伴和盟友的相互合作。

目标 1：使英国更有弹性地应对包括因太空气候而对空间服务和功能产生的各类风险

这一目标将通过增加空间服务减少因恶意破坏（如干扰）或自然（如空间气候）造成的破坏时的弹性，通过减少必要的基础设施（如交通和通讯）

在面对空间服务中断或空间气候造成的直接破坏时的脆弱性。在这两种情况下我们需要一个适当的方法投资弹性的、平衡的保护措施，如加密、硬化和抵抗干扰以及如改进的预测、替代或回退功能以促进弹性。责任将很大程度上由空间服务的业主和运营商或基础设施所有者和经营者承担，并且接受政府部门提供的监督。

公众和商业部门对于空间安全风险和依赖关系的改进的理解，将使得英国得以建立正确的空间能力和服务的弹性水平。它还将使企业、基础设施领域以及其他公共和私营部门机构履行其责任，确保空间弹性和空间安全注意事项纳入韧性的、业务连续性的和安全的计划。这将使我们为在空间数据的访问和能力被削弱的环境下进行操作做好更充足的准备。

弹性可以通过良好的合作和信息共享增强，不需要政府直接干预那些属于基础设施所有者和经营者责任的领域。弹性往往要经历冗余和其他措施混合后的平衡。例如，它可能需要更好地保护一些关键设备以应对空间气候的潜在影响，同时也要考察替代功能不会受到太空衍生服务和数据损失的影响。进一步鼓励私营部门对于空间安全和弹性技术的参与和合作，可以利用更多的商业投资和收获效率。更好的协调合作将增强政府在识别常见空间安全和弹性措施方面采取一致做法的能力，从而使多个行业受益。

虽然空间气候效应可能是不可避免的，并且在某种程度上是不可预测的，但是在一定范围内是可以为防止产生更大的影响和实施应急计划做好准备的。政府与专家小组和研究委员会，正在为更好地理解空间气候及其影响和如何减轻这些影响采取行动。通过与外部专家、当地紧急救援人员和国际合作伙伴合作建立英国的弹性机制以应对极端空间气候事件的跨政府工作，已经到位。同时，为改进英国的国家弹性能力，政府也在进行全球化的努力。

英国气象办公室通过与美国国家海洋和大气管理局的合作，得以在英国建立一个永久性的空间气候预报能力和持续的采取何种空间天气模型的协作，提高预测何时、何地、何种气候及影响可能持续多久的准确度。除了与美国在弹性能力方面的合作，英国与欧洲伙伴积极合作，保持和提高自己的观测能力，增加我们对空间气候及其影响的理解，开发改进的预测模型。英国已投资欧洲太空总署的太空天气要素的空间态势感知能力计划，继续支持欧洲太空总署太空天气的任务。英国研究人员现在也在欧盟研究项目中担任领导角色。

通过欧洲航天局和会员国根据《里斯本条约》将空间识别为共享的区域，欧盟享有重要的空间利益。

英国与欧盟委员会、欧洲航天局和会员国确保尽可能发展空间的弹性、安全系统，他们的技术、知识产权和对的英国和欧洲公众用户的潜在完整服务是符合国家安全利益的。我们欢迎这些领域的最新进展，包括对抗政府支持的数据盗窃、危害和网络攻击。因此，英国与欧盟成员国、欧盟委员会和欧洲航天局合作伙伴将密切合作，以加强和发展包括基础设施弹性和安全性在内的一个综合方法、建立更广泛的太空政策。我们将在欧洲太空项目中，继续寻求在适当和识别可用国家专业知识加强弹性和安全的地方扮演领导角色。

目标2：提高英国空间的国家安全利益

空间能力大大增强我们开展军事行动的能力，增进我们的国际安全政策利益和监控，发展和世界各地的救灾活动。我们将继续确保我们有最有效的、可靠的和有效的方法实现这些功能。

英国与美国之间杰出的安全关系，仍然是我们在国内、欧洲和世界各地的国防和安全的基础。我们与美国在安全、国防和情报方面的合作非常密切，我们在空间内的合作更是其中一个重要组成部分。这种合作有助于传递警告新兴威胁的至关重要的能力，有助于提升我们防止或阻止它们的能力，增强我们直接应对它们的行动能力，并提供对条约和其他国际协定的监控和验证。它主要使用的数据集成于太空勘探、导航系统，通过卫星通信系统传送。

英国将延续与美国的这种合作，并将其视为国家空间安全的优先任务。通过我们的研究和技术投资、优秀的专业知识和在我们负有连带责任的英国领土上的设施（如英国 Fylingdales 皇家空军基地），保持能力和资产带来互利。

我们确保我们的安全和国防方法会将外国日益增强空间反击能力的项目纳入考虑之中。我们应对任何空间威胁的方式将与应对其他威胁的方法保持一致。我们将与我们的盟友密切协作，遵守国际法义务，继续为政府提供更多的选择。

英国需要保护我们的最敏感的国家信息和资产，我们也倾向于尽可能与盟友和伙伴合作。纯粹的国家解决方案可能存在于必要的少数情况下，更通常的情况是通过行业和盟友的保障措施以确保我们的国家安全利益的完整性。在这种方法下，英国需要平衡主权控制和合作提供的机遇和优势之间的关系。

欧盟空间规划仍处于雏形阶段，但在实践中具有军事和民事的双重应用，正如欧盟的伽利略全球导航系统更安全的监管“公共服务”的发展所展示的那样。

在承认维持欧盟空间计划的民事性质的重要性的同时，英国将继续密切关注新兴的系统和技术，使用最合适的、安全的和成本有效的解决方案，这在未来可能包括全球导航卫星系统双信号接收器。

英国认为，良好的安全是欧洲太空项目治理所不可或缺的，并且不应被视为可自由支配的。英国将继续就有关欧洲太空项目安全问题与法国及其他关键的欧洲合作伙伴紧密合作。

我们还将继续探索与亲密的盟友和合作伙伴在太空安全领域更广泛的合作，包括继续遵守《弗兰科英国防务与安全合作条约》。

北大西洋公约组织在构建联盟范围内识别空间安全风险和机遇以及在确保盟友的计划、培训、要求和原则相一致方面，起到了重要的作用。北大西洋公约组织的战略概念是对会阻碍进入太空、并因此影响北大西洋公约组织军事计划和行动的趋势提出警告。英国出于保障弹性联盟在退化的空间环境中仍能有效工作的能力的利益考虑，将支持北大西洋公约组织在确定和减轻与空间相关的漏洞和风险的相关工作。

故意的射频干扰（包括全球导航卫星系统的干扰或欺骗信号），通常具有次级的和意想不到的影响，我们需要确保足够的措施和防范加以对抗。我们将确保有关当局有足够的权力来阻止干扰器，并对决定如何或是否行使这些权力提供统一的建议和指导。

目标3：促进一个可靠的和安全的空间环境

英国在外层空间条约和原则下的义务由外层空间法确定。英国也欢迎自由进入太空的国家遵守国际法。英国继续发挥核心作用促进可持续的、安全的与和平的空间环境。例如，通过领先的英国专家积极参与联合国和平利用外层空间委员会（COPUOS）。所有国家从中获利，从而加强国际体系的完整性，促进可持续发展和全球公共利益。英国因此支持所有主要空间国家就确定空间战略意义问题展开对话，并最终在商议联合国政府专家组时发挥关键作用。

承认在现有的空间条约方面达成国际共识的困难，赞成在没有法律约束力的原则下为外空活动行为负责。其中最引人注目的是欧盟倡议的《外空活动国际行为准则》。

该行为准则通过形成广泛的国际协议的原则指导外空行为，从而加强太空活动的透明度和可预见性。例如，这将通过使空间碎片带来的风险最小化而有利于所有外空活动者。不可否认的是，在推进这一行为准则时，大多数活动空间都具有军事和民用的双重功能，但并不在裁军谈判会议之前寻求定义为民事或军事应用及预先判断问题。英国将继续通过与欧盟其他成员国和尽可能广泛范围内的合作伙伴的协作，最早和尽最大可能达成国际协议，建立一组指导空间行为的原则，我们认为该行为准则是实现这一点的最好方法。我们也认识到，该行为准则需要对这样一个动态的空间环境等即将出现的新挑战保持敏感度。

空间活动运作的跨国性质使所有权、控制权、责任、权力和赔偿等问题变得难以确定。国际监管制度为处理这些问题的发展和阐释，仍然是英国的一个重要目标。英国法律和航天专家正为致力于解决这些法律上的挑战发挥着重要的作用。

随着空间越来越拥挤，就越来越需要英国和其他国家在进行更全面的空间态势感知图像和预测方面的能力。这涉及空间的监测以及分析和评估空间活动的潜在威胁和危害。虽然移除碎片在技术上是可行的，但是减缓碎片是一个由成本、法律和政治共同构成的复杂问题。空间态势感知提供了能够迅速而及时地预期和应对这些威胁和危害的能力，包括空间气候和越来越多的空间碎片，从而增强弹性以及国家和国际安全。通过监控英国授权发射的物体，空间态势感知是我们履行我们在 1986 年太空法案下的义务的手段之一。它还使得我们能够应用最佳实践和警告潜在的碰撞或无线电频率干扰。英国同时也在促进制造、部署和操作卫星的标准。

美国通过其空间监测网络保持着最强的国家空间态势感知能力，而英国通过 Fylingdales 空军基地对空间监测网络作出贡献，并通过 High Wycombe 空军基地的国家协调中心进行国家间协调。

这种安排使英国获得比单独实现更好的空间态势感知能力，但它仍然没有满足所有的国家需求或基于英国的商业或民事运营商的需求。

我们认识到，生成空间态势感知能力来支持一个更安全的空间环境最好是以集体方式实现，英国欢迎美国发起的拓展空间安全与国际商业航天伙伴合作，包括这一关键领域在内的国家安全空间战略。

英国需要在这个集体努力提高共享空间态势感知能力以发挥自己的作用，同时考虑可以使美国、欧洲和其他发起国受益的举措。这将需要英国在国防和民用领域集中更多的方法。为了满足这种需求，英国将开发一个连贯的国家空间态势感知方法，作为英国贡献于国际和商业合作的基础。

卫星服务依赖于无线电频谱来分配上行线路服务与下行通信服务。尽管确保频谱不受干扰是国家管理机构的责任，但轨道的配置由国际电信联盟进行。

英国将继续致力于与国际电信联盟合作，保护任何卫星服务于英国的国家安全和弹性的任务安全。

目标4：促使工业和学术界利用科学和把握商业机会以支持国家空间安全利益

随着全球空间市场的快速扩张和竞争白热化，英国科学和商业空间领域显示了其伟大的创新，并且预示着进一步增长。它面向全世界开放，更少地依赖政府支持，并且不仅限于与大型经济体订立契约。英国的大学、研究机构和行业领先公司，从小型卫星到空间应用都有所涉及。英国公司、学术和研究机构也因此持续性地需要很好地理解潜在威胁和一个明确的监管框架，使之能够抓住国际机遇来支持——或者至少不会有害于——我们的国家安全利益。

为了在充分考虑安全利益的同时使出口机会最大化，我们应确保出口控制策略考虑到服务条款协议和数据和图像传输相关的复杂问题。但是，在这个框架中，个人许可的决定将基于个案并且在符合英国对欧盟的和更广泛的国际义务和承诺的政策的基础上做出。民事和军事所使用的空间技术往往具有共同点，这使得大多数技术具有“双用途”。这在发展空间安全应用程序时可以创建一个更广泛的市场和降低成本，同时可以使技术扩散变得难以控制。因此，必须达成一种平衡，我们将鼓励符合我们太空安全目标的技术的发展与广泛应用。

英国通过大量资助欧盟委员会和由欧洲太空总署管理的项目而为欧洲的空间努力贡献力量。这些项目通过识别英国产业的商业机会，产生了较高的产业回报。我们抓住这些机会的潜能将因一个增强空间安全的可靠方法而增强。具体地说，一个保障欧洲空间安全政策和规划的强大的综合方法，可以给商业空间领域带来有价值的回报，同时确保欧洲空间安全信用的公信力。

美国也是一个重要的工业、科研和收购伙伴。我们将继续努力改善与美国的合作和互操作性，包括可以使我们共同空间安全利益受益的新技术和应用程序。然而，美国《国际武器贸易条例》（ITAR）有时会使空间组件和系统的贸易以及更大的工业和研究合作复杂化。

我们将继续与美国合作，以尽量减少对美英以及更广泛联盟的互操作性造成的影响和对空间领域经济增长的影响。

并不是所有世界各地的市场都对英国工业一视同仁。我们将与产业界以及其他国家的政府持续合作，以确保英国公司在可靠的空间安全感知力方面的高声誉，并尽可能地确保没有不正当的壁垒阻碍英国公司在空间安全领域与外国公司竞争或合作。英国应被视为获得和操作充分适应空间威胁和危害的系统的安全地方。

英国公司和研究机构在与空间相关的生产、研究和技术重要领域的前沿。他们的专业技能可以加强空间安全功能的基础，在技术变革和安全风险的演变之间建立密切的联系。

为了保持这种领先优势，我们将促进商业、民用和国防领域专家之间更广泛的联系，来维持、构建和共享空间安全的专业知识。

第五部分　实现

国家空间安全政策的目的是制定一个连贯的国家的方法，来实现英国的太空安全利益，巩固我们的繁荣、幸福和安全。我们通过四个目标来实现这一目的，方法则是通过通知动态的机遇和风险。

成功实施这一政策将取决于我们落实一个真正的在政府间一致的方法的能力，并且通过呈现服务于多个空间安全利益并使之相辅相成的方案而加以证明。我们的国际合作伙伴以及相关的科学和工业，都将成为至关重要的资源以帮助实现这一目的。

英国 2014—2030 年航天创新与发展战略行动计划

张可佳[*]译

概述和建议

（一）引言

航天创新与发展战略是在 2012 年 2 月被提出的，掀起了该领域的轩然大波。它将工业界、学界和政府集中起来，共同为促进经济增长和为英国航天领域完成由小企业向高新技术的主流工业和科技的转变奠定基础。这份文件和它后续的执行，改变了英国航天领域的情形。此外，在经济紧缩时期它扮演了让政府在该领域增加承诺和投资的重要角色。这一工业现在已经由投资向经济和就业增长转变。需要强调的是，自航天创新与发展战略发布以来，它已经维持了长达十年的增长趋势，每年的实际增长平均值达到 9% 。

这份文件重申了我们谋求增长的雄心，也确定了这些新的行动需要带来进一步的增长。行动巩固了在 2010 年设定的目标：在 2030 年前将英国航天经济在世界的市场份额从 6.5% 提升至 10% 。从当前的情况来看，这会使英国政府部门在航天技术上每年获得 400 亿英镑营业额和 10 万个新的工作机会。这个航天增长行动计划同时也设立了一个过渡性的目标——市场份额在 2020 年之前达到 8% ，这将保证航天技术营业额在当前的条件下达到 190 亿英镑。

---

* 北京理工大学法学院国际法专业硕士研究生。

（二）2014 年的航天领域情形已经不同于2010 年

航天创新与发展战略的公布导致英国航天领域的结构和管理发生了根本性的变化。最有代表性的发展包括：

·建立英国航天领导委员会，将政府、工业界和学界联合起来构成最具权威性的小组，为英国的航天政策提供建议；

·建立英国航天局，尝试倡导业界在维护该领域、政策咨询、制定战略和协调资金等方面形成统一的声音，每年的预算大概为2. 5 亿英镑；

·欧洲航天局自由融资在2012 年实现了在欧洲航天局部长级理事会会议33% 的增长，增强了英国在卫星通信和地球观测等重要领域的影响力；

·国家航空技术战略在工业界的基础上产生和更新，政府斥资35 万英镑建立了国家航天技术项目；

·在哈韦尔和牛津的卫星应用弹射中心，是英国仅有的九个弹射中心之一，其使用技术战略委员会的资金；

·欧洲航天局在哈韦尔设立的欧洲空间应用和通信中心，被认为是英国改革创新的一个途径。

（三）空间增长行动计划适合新的局面

原有报告中的提议已被建立起一个新的制度。英国航天局在2012 年公布的2012—2016 年民用航天战略，在《航天创新与发展战略报告》中被广泛提及。该战略具有跨政府的支持。卫星应用弹射中心已经和工业界合作，激励和支持全新的英国航天商业、空间应用和服务。

有 项涉及航天工业的未来安全和国防计划的建议，其和2010 年提出的安全和国防评论一同促使国家航天安全政策将在未来的三个月内公布。对巩固国家航天安全政策的分析，强调了英国的安全和增长目标是如何紧密相连、并驾齐驱的，同时也强调了应变能力的重要性。至关重要的是，未来的增长计划规定了如何使安全、经济增长和新的工业能力以协调的方式向前发展。在公布的同时，这项政策也将经过政府的批准。此外，应当看到的是，航天创新与发展战略行动组与国防增长战略伙伴将紧密结合，首相在2012 年开启的论坛上也提到，政府、英国高级国防企业、贸易合作部门和中小企业在通力合作，共同在国防增长战略伙伴的战略视野下为经济增长奋斗。

发布国家航天政策，这仍然是政府的航天创新与发展战略雄心的表现，2010年航天创新与发展战略的原有建议，成为2012—2016年民用航天战略中国家航天安全政策和经济增长行动的基础。

2014—2030年航天创新与发展战略行动计划支持民用航天战略、国家航天安全政策和卫星应用弹射的目标。其通过明确的所有权和时间表，为工业界和政府部门在必需的途径上协同促增长提供了更为想尽的行动方案。这使得整个英国航天部门共同为国家经济增长目标而努力。

（四）成功的势头已经超过2012年

在该领域对加速增长起重要作用的关键成就已经就绪，包括：

·自2011年起，政府向该领域投入超过140万英镑，以对基本工程项目提供支持，如萨里卫星技术有限公司的NovaSAR低成本空间雷达卫星、喷气发动机公司的SABRE航天飞机发动机；

·技术战略委员会和英国工业界共同研发在轨技术演示验证卫星（TechDemoSat），该卫星在2014年被发射，将在轨道上演示30项英国的新技术；

·政府部门和阿斯特里姆公司为科学、技术、工程和数学教育项目（STEM）提供重要的支持，2013年有超过60名STEM代表访问了300所学校；

·2010年建立的国家航天大学使航天工业领域出现了一种新的、更高阶的学历资格。该计划将于2014年着手实施，已有超过300名申请人对此课程表示关注；

·工业主导的卫星金融网络已有超过150名工作者，并已有融资和监管会议在运行。这使政府部门和金融实体之间得以沟通联系，实现将2000万英镑用于对中小企业发展航天业务的支持；

·由于英国参与了欧洲航天局的载人航天计划，使得在2015年顺利实现了将英国第一位欧洲航天局宇航员提姆·皮克（Tim Peake）送入太空。

（五）工业开发是一次严峻的考验

以上因素增大了经济增长目标的势头和紧迫性。英国作为航天国家逐渐享誉全球，越来越多的航天相关业务选择在英国开展。在过去的18个月里，该领域已经获得了许多成就。然而，对于这些新机会的工业开发对经济增长起着重要的作用。为解决该问题，自2011年起，英国工业界在欧洲航天局创造的新机会和国家财政的基础上，首次建立了一个覆盖面很广、具有相应价值的商业行动清单。

这些增值活动超过了30亿英镑。这很可能有所低估，因为很难将“超出”核心业务事件的服务和应用都计算在内。关键案例如下：

·AlphaSat卫星——欧洲最大的通信卫星，有史以来规模最大的公私合营项目，由运营商国际海事通讯卫星和欧洲航天局联合开展；

·继为发射第一颗卫星在欧洲航天局获得最初的2500万英镑的研发资助后，Avanti在伦敦和纽约募集了8亿美元为其舰队提供经费。2012年和欧洲航天局合作的“EDRS-C PPP”项目以及在2013年赢得了获得Artemis卫星的权利，这都显示出英国在参与欧洲航天局的过程中获得了很大的益处；

·下一代欧洲通信卫星Neosat——英国工业界的重要角色，将其定位在至少占未来通信平台全球市场份额的25万亿英镑；

·GNSS/EGNOS——得到了民用航空管理局的认可，可以精确地接近奥尔德尼岛，允许在一定条件下提供服务，否则将废除此项批准，将其转给其他地区的机场；

·伽利略卫星紧邻着四颗运行中的试验卫星，而且第一颗8个完全载荷的卫星于2014年由英属装备发射，并使用英属地面控制系统；

·英国工业被选中进行“虹膜”卫星前体研究，这是欧洲卫星航空运输管理未来潜在的前景；

·英国工业因航天科学项目的关键技术而受到嘉奖，同时也开拓了其陆地市场。其中包括欧洲航天局太阳人造卫星、火星探测计划和美国太空总署的猎户座计划；

·萨里卫星技术有限公司继续主导英国的出口，一个是通过3颗卫星实现的米级分辨率的图片为中国提供新的地球监管服务，另一个是将12颗卫星供中国台湾的全球天气预报系统使用。

（六）2014—2030年航天创新和发展战略分析

一支由工业界、政府和学界组成的队伍，于2013年共同就空间商业市场进行分析，并提出行动建议，以巩固和提高英国的经济增长目标。对2010年航天创新和发展战略中的建议的执行，已经证明了其在建立基本结构和投资方面的成功；2014年航天创新和发展战略的重点在于提高英国在提供服务和应用方面占全球市场的份额，工业上的行动将对此进行支持。未来20年增长最多的空间市场将是在空间数据、服务和基础设施方面的天基服务和应用。

（七）存在的挑战

目前来看，最大的挑战是使航天工业更加外向型发展。这需要向英国和全球金融的其他领域“延伸”，从而可以从空间应用、数据和服务中收益。其目标应该是建立空间联动经济，让空间的组成部分提供新的益处，以带动经济增长、就业机会增长和市场份额增长，而不是仅仅局限于传统空间。

为了实现这一点，我们必须共同努力，以创造有力的商业实例，从而证明这个空间联动经济如何能够带动现有和新的商业的增长。

为在2030年前实现全球航天经济10%的增长，必须在支持现有和鼓励新用户需求的同时，增强供应能力，以满足这一要求。

新的项目计划需要抓住国内和海外的用户，以实现这一时期内国内市场由7万亿英镑到15万亿英镑的增长，并且将出口市场由2万亿英镑提升至25万亿英镑。因此，特别行动计划用于增长天基产品和服务出口的比例由现在的22%提升至60%，特别要侧重于应用和服务领域。

40万亿英镑的目标将通过多元的空间结构和空间联动的服务实现，同时也要实现下游产业（用户设备、空间联动应用和服务）收入由8万亿英镑到37万亿英镑的提升，上游产业（卫星和地面支持设施）由1万亿英镑到3万亿英镑的提升。然而，空间数据、服务和应用的增长将需要一个全新的、先进的航天设施。

本分析强调一个由用户需求带动技术增长和设施更新的“良性循环”。有证据证明，许多行动可以是由航天部门领导，协同其他部门，以获得具有更高的可靠性、更低的成本和更好的能力的空间服务和应用。

（八）实现方式

航天创新与发展战略的分析工作被分为两大部分：

·认识和分析高速增长的市场；

·对联动干预进行研究，需要形成一个有一定支持的生态系统，相关的公司应当利用好这些增长机会。

市场分析由专家组承担，并且他们的研究成果已经经过空间和非空间领域专家的验证。高速增长的市场已经在地图上得到显示。在市场区域图中，我们已经可以看到 15 个重点的市场，而且英国在这些地方有优势的机会进军该市场，并有一定增长。在未来的 20 年中，每个市场区域每年都会为英国供应商带来 1 万亿英镑的价值。

这份详尽的市场分析和生态系统分析相结合，为未来的行动奠定了基础。通过网络问卷和英国范围内的路演，初步的调查结果和行动逐渐被发展成一份咨询文件和公共协商程序。

随后，这些最初的建议根据得到的反馈渐渐被改进，以形成包含这些新内容的文件。这一过程更加详细的细节在主体报告和咨询报告中可以看到。

这样做的目的在于，能将这些行动变成英国航天领导委员会未来的日程。航天领导委员会对该报告的发展有了全局的掌握，并将会同其他政府部门对一些具体的建议作出回应。

建议

（一）建议1：发展高价值的重点市场，即那些已被证明能通过提高商业和政府航天利益以及鼓励服务的提供者，每年为全新的空间应用提供30万亿英镑的市场

市场分析已经发现了属于英国商业发展空间应用的活跃的、高速的增长机会，并能在全球竞争中有一定竞争力。该报告提出一项挑战——英国空间部门在国内外和更加外向的、有吸引力的其他工业部门或政府部门合作，共同抓住新的机遇。巩固对市场的洞察是非常重要的第一步，同时要与潜在的客户展开对话，并通过为英国工业界提供平台来对其进行鼓励。

卫星应用弹射中心和英国空间贸易协会（UKspace）紧密合作，将在英国航天局和技术战略委员会的支持下主导大部分该领域的行动。

我们鼓励并支持未来的工作能够实现跨部门的合作。欧洲航天局在哈韦尔的综合应用推广（AIP）团队已经开展了一部分研究项目。卫星应用弹射中心已经制定了一个计划，以通过其他的弹射器提高其空间能力。

主体报告提出了一项讨论：利用各个机构提供的数据，通过应用和服务带来商业遥感服务未来的增长。这是一个将英国遥感分析能力资本化的巨大的机会。

我们也打算根据2013年发布的报告《气候技术和服务领导地位》，给出2010年航天创新与发展战略的建议，以确保在和气候变化相关的技术和服务方面的世界领导地位。

英国气候数据办公室将通过网络进行组织，并计划为满足公共机构数据通道的要求，加强开发工业。该办公室将以对地观测数据为基础，发展英国气候服务的概念，这是气候服务中心的先行者，这也将证明英国“第一个进入市场”的方针，同时也是在国际上表明“领地”的第一步。

对公司来说，在核心机构对地观测数据方面有一个重要的机会，使其能提供优质的数据服务或者通过遥感卫星为客户提供更加可控、更加灵活、覆

盖范围更广、分辨率更高的图像或者增加再次访问的次数。现在对英国来说，主动加入商业星座的开发是一个紧急的、时间有限的机会。这将需要行业卫星的互补发展，并且工业界可能必须要考虑提供服务的全新商业模式。

2010 年航天创新和发展战略建议政府部门应当对潜在的跨政府对地观测数据服务应用进行整理，以评估英国自主的对地观测数据的可行性。作为应对，英国航天局已经开启了一个国家空间应用项目计划，旨在提高政府中使用的空间数据、服务和空间联动应用。

2014 年航天创新和发展战略高度认可了这一途径，但是希望看到这项服务的运行和资金，更快地让企业和政府联手，为潜在的英国及海外客户提供产品和服务。资金可以从很多渠道获得，比如英国航天局、技术战略委员会、小型企业研究计划和地平线 2020 计划，以英国能够做到的展示服务、发展能力和降低产品风险为目标。鉴于此，倾向于建议 2015 年的预算大于 300 万英镑。

（二）建议 2：使英国成为一个提升现有的和新的空间商业的最佳地点，并通过规定一个监管环境来吸引对内投资，从而促进英国的企业和投资

为了促进高新技术企业的发展，英国已经作出了许多努力，例如充分参与空间领域。有竞争力的企业增值税、“专利盒”制度和企业投资计划，所有这些都为航天的发展提供了非常有帮助的大背景。政府在 2011 年 3 月发布了经济增长回顾，部分内容如下：

· 在《外层空间法案》（OSA）的规定下，实行英国卫星运营商无限制的第三人责任；

· 与国际监管机构合作，为能够低成本进入太空的新型空间飞行器制定相应规则；

· 继续与英国通讯管理局合作，以保证英国工业企业有完全的、公平的机会进入有限的卫星轨道。

英国为监管原则制定了一个强大的、国际上备受好评的框架。我们十分欢迎英国航天工业通过对新成员的对内投资而不断发展壮大，因为这些行动

的增加可以带动整个经济增长。然而，允许新的企业在英国发展小型业务，或者仅因为在领土之内就申请获得无线频谱或者《外层空间法案》许可，无形中对现有的英国企业造成威胁，同时对英国的经济仅能作出微薄的贡献，这是不符合英国利益的。

调控是一个世界竞争力的领域，其他诸如美国、法国和卢森堡都在不断减少对工业的监管责任，以促进空间领域的经济增长。我们已经找到了很多可以快速改善商业环境的领域。至关重要的是，英国的监管、财政、法律和保险的框架要定期检测，以评估其竞争力，对潜在的问题及早预警并对利益问题进行研究。

在巩固这些行动的过程中，有三个重要原则：

· 为实现经济增长目标，我们应当将英国发展成一个适合空间商业运行和保证监管环境具有竞争力的地方；

· 稀缺的国家资源（例如频谱和轨道，政府保证限制第三人责任，英国处理许可的能力）应当全部用来在投资、竞争和就业方面最大化英国的经济和社会效益；避免无英国属性的企业将英国用作“铜板”；

· 对小型企业和新兴企业的监管责任，应当尽可能地减少。

英国航天局、英国通讯管理局和工业界需要紧密合作，并且本着诚实信用的态度平衡这些原则。我们由此十分支持英国航天局建立一个工作组的决议，该工作组包括工业界的参与者，以对改革许可标准和革新涉及的利益和花费进行具体的确认。同时，工业界将获得献身英国航天局主导的研究的机会，以评估英国国内工业和科学界的用户未来的频谱需求。这将评估出经济、社会利益和相应期待，鼓励运营商能够充分利用分配的频谱，并确保使用英国服务的公司能显著助力英国经济的增长。

第一步是要知悉，和其他国家相比英国的财政、法律、保险和监管框架的竞争力如何。政府和工业界将需要对这些结果作出回应。

英国工业界需要一个在国际监管会议上强有力的拥护者，以确保卫星频谱和轨道的分配和保护。我们将英国通讯管理局作为英国的国家监管机构，这些约束会有所改善，但是我们需要向其他为实现工业目标提供更多支持的国家看齐。

这需要英国航天局、媒体、文化和体育部（DCMS）和英国通讯管理局共同努力，以对提升英国航天工业的竞争力提供支持。

正如上文所述，英国应优先考虑为已对英国经济增长作出突出贡献的公司或有意愿在英国持续发展的公司，尽量在可行范围内争取稀缺的频谱。英国通讯管理局由此应当要求英国卫星网络申请人向国际电信联盟（ITU）和英国航天许可提出申请，提供相应证据证明现有和未来的计划在使用英国的支持和服务的基础上将带动英国的就业和基础设施提升。

如果一家拥有英国空间资产的公司失败，那么第三人责任和运营商的航天器责任将归于英国航天局。这是一个很大的风险，也会造成很大的开销。因此，英国航天局应当同时为公司申请《外空法案》许可设立一个增长标准。同时，英国应当确认公司在英国海外领土的登记注册是如何为英国空间经济增长作贡献（包括投资和就业的增长）。

需要意识到的是，经济增长和监管在该原则上存在一定的紧张关系，我们建议英国航天局的监管回顾报告应当反映英国小公司和新型企业的目标和雄心，使他们可以有更简单的、符合他们的商业模式的获取许可的程序。尽管监管程序较为繁琐，但是公司取得英国《外空法案》许可的可信性能在国际层面取得平衡。

准入外空

英国航天局、民用航空局、商务部和交通部在为了在英国安全的商业航天器运行寻求一个框架。该项研究会在 2014 年 7 月公布。针对这些结果，政府将决定允许商业航天飞机或者其他商业航天飞行器在英国运行的进一步发展规划。为实现商业航天器竞争的和宽容的监管环境，也许需要对《外空法案》进行修改，特别是如果美国的监管环境包含更多有利于运营商的规定。

对英国企业和商业机会来说，准入太空是经济增长的一个障碍。英国企业保证及时发射的能力在下降，而成本正在提高，特别是对卫星发射到近地轨道（大约80%的卫星）来说。这很可能是因为低成本运载火箭在东欧的供应正在减少，而且可能伤害低成本卫星制造商的增长前景。

为解决这一问题，英国必须思考一系列短到中期和长期解决办法，这将是迈向低成本准入太空的路线图。但是，如果英国希望在空间商业上“当家做主”，就必须从现在开始采取行动。

（三）建议3：通过继续增加对欧洲航天局项目的支持以及把握在大型欧洲资助项目上有一定影响力，来增加英国来自欧洲的收益回报

对欧洲航天局来说，欧洲市场和英国是实现本报告中的目标的核心力量。2010年航天创新与发展战略建议，在欧洲航天局的空间项目方面，英国应该更早地、更坚持地、更大规模地进行投资，从而通过这些项目实现英国经济和社会利益的最大化。

2012年的欧洲航天局部长会议显示，英国的贡献已有25%的增加。就像英国承诺的那样，继续向着原定的航天创新与发展战略目标前进，同时应该保留英国空间政策的基础。英国在全球航天界的地位已经有了一定的提升，这归功于我们积极的态度以及从自选项目的增加开支、对内投资和更好的影响力中有所获益。该报告高度认可英国企业加入欧洲航天局公私联营合作项目的行为，认为这是一个开拓欧洲航天局技术的很好的机会，同时也能增大影响力。

欧洲的局面变得越来越复杂，很多机构都在提供着潜在的赢得工作和抓住投资的机会，比如欧洲航天局、欧盟（在产品、服务、监管和投资方面扮演牵线人的角色）、欧洲气象卫星组织和国防和安全机构。在航天创新与发展战略之下运行的工作组已经着手分析和布局这些不同的机构，

虽然欧洲航天局持续地在欧洲范围内为英国提供投资和项目的机会，但是欧盟现在渐渐在空间项目上活跃起来，预计在未来的7年内为导航（伽利略和欧洲地球同步导航）、遥感（哥白尼计划）和地平线2020研究计划投资超过120亿欧元。

非常清楚的是，欧盟其他的主要成员国用一种强有力的方式实现政府和工业之间的合作，以促进欧盟的工业利益和其他更加广泛的欧洲项目的发展，由有力的、稳固的国家代表在布鲁塞尔提供支持。

非常重要的是，英国在发展一个清晰的计划，以实现欧洲投资和项目的利益最大化。对英国工业或者机构来说，现在还没有充足的精力和资源来有效影响欧盟项目如何建立和运作。相关的欧洲机构加大力度建立政府间的联系，以支持工业或者工业实体提出的目标。

特别需要提到，英国航天局需要增加他们部署的资源，以对欧盟空间政策和机会产生一定影响，加大自己的努力，以适应欧盟增大的空间投入。同时，工业之间有更有效的合作对欧洲境内的利益也是非常重要的。

英国空间贸易协会（UKspace）将建立欧洲事务小组以处理协调工业政策利益，并对欧洲太空计划作出贡献。

英国可以在欧洲扮演一个更加有影响力的角色，并为欧盟机构贡献自己的知识技能。

欧洲航天局已经率先在通信卫星领域采用公私合作伙伴关系（PPP）模式。维持好这一模式是非常重要的。

我们同时也鼓励欧洲航天局继续其在哈韦尔和牛津的长期能力积累。

（四）建议4：在2030年前通过开发国家空间增长项目实现英国空间出口由每年20亿英镑提升到250亿英镑，同时通过国际政策的明确来提高世界范围内的国际合作增强英国在出口市场的竞争力，在尖端技术方面实现定向的和市场主导的投资。

在空间技术、空间应用和服务方面的强劲出口增长是本报告的基础。其中一个核心点在于，随着对欧洲航天局的贡献实现国家航天增长计划的发展。对于该计划很多条件已经成熟，因此它的发展不需要政府另行特别的大笔投资。然而，它需要国家航天政策的战略支持和多年计划。

在过去的三年里，英国已经采用了一种成功的、大规模的特别方式为国家研究开发或者商业航天任务奠定基础。同时，鉴于部门（个人项目很可能带来高经济回报）几乎不可能的战略规划，英国提高了其所需的灵活性，从而得以与其他高花费的空间国家竞争。

英国目前并没有为潜在的高价值的双边或多边项目或任务设立资金，尽管这些活动有可能产生丰厚的回报，开拓未来的商业机会，并为英国带来的“软实力”项目的机会。同样的原因，目前也不能在高价值或多边任务中利用主权，或者拓宽英国的政策目标。这和许多竞争的航天国家的相反的。

自2011年，每年在全国范围内对和航天相关的科学技术项目平均投入6000万英镑。国家航天增长计划可以通过在多年周期中提供确定的支持建立。这将实现一个更加强大的战略途径，以对技术、科学、商业项目和设施进行投资，实现其增长。它将通过提供英国航天局计划和实现多年投资的能力，为英国最重要的项目的新技术、基础设施和服务等方面确保更具经济价值的政府投资。同时，它也具有一定的灵活性，在遇到高价值的市场或者意外出现的机会时可以很快抓住。

国家航天增长计划应当包括偿还投资条款。这在已经确定的优先市场尤其应该明确。其目标在于支持计划外的和市场紧密联系的高价值项目，并巩固英国的服务输出。

工业界很清楚地认识到了继续对欧洲航天局和国家航天增长计划投资的良好经济效益的重要性。

正如在民用航天战略中提到的，航天科技可以通过如下几点为英国空间领域带来直接的贡献：

·努力为英国和其他国家之间的合作奠定基础，共同建立信心，为未来的商业合作关系铺平道路；

·开拓和发展前沿“改变游戏规则”的技术或者是因为所涉及的高风险，不能做商业化使用的材料；

·催化在今天无法预测的，来自发展中国家的技术使用的效益；

·增加和经济增长日程相关的，在空间工业具有较高技术水平的工作人员。

鉴于这些利益，有通过国家航天增长计划建立低成本双向横向科学项目的资金。

决定英国出口取得成功的关键因素在于技术和成本效益。工业和政府自2010年航天创新与发展战略已经制定了强大的技术发展规划。工业界在2011年发布了国家航天技术战略，相应的也提出了一些技术发展设想。该战略在2012年得到了更新。政府在2011年耗资1000万英镑建立了国家航天技术项目，并且在2013年1月又宣布追加了2500万英镑。开始的1000万英镑已经为英国经济获得了5000万—7500万英镑的收益。

作为2014年航天创新与发展战略的一部分，工业界开始更新技术发展规划。然而，关键的区别是方法的改变，使该领域能做到：

· 为英国提供一个完全以市场为导向的技术规划；

· 在高增长市场优先考虑那些有利的技术，提高英国的竞争力和出口机会；

· 配合技术基础需要，从工业界、国家项目或者欧洲航天局和欧盟获取资金资源；

· 首次支持利用交叉技术在供应链中从各个领域和层面获取利益；

· 提供有关英国供应链缺口的信息（上游产业和下游产业）；

· 明确和运行示范项目，以证明全新的、高风险的技术；

· 发展能“改变游戏规则”的技术，使英国可以在所有新的空间活动中确立领导地位。

国家航天技术战略将在适当的时候发布。

除了这些方案措施，企业需要对其出口进行努力。企业和英国航天局和英国贸易投资部门分享他们各自的出口计划。这些计划通常是商业秘密，因此应当对其进行保密。然而，需要合作的行为以发展和增加机遇，而后保证框架结构来支持商业的发展。

这将包括优先的国家和最重要的客户空间的出口，为英国提供出口融资工具，出口许可证和政府对任务和投资的支持。

（五）建议5：通过提高财政供给、商业支持、信息、技能和工业支持鼓励一个充满活力的地区空间中小企业

如果英国达到经济增长目标，那么它需要发展现在的中小企业，吸引和抓住对内投资或者新兴商业。为了做到这些，英国境内的所有中小企业将需要一个能得到支持的商业环境。大多数公司将分散在英国的各地，有必要和现有的空间机构协调统筹，地区的空间领军人物和当地的经济合作伙伴共同为实现经济增长作出贡献。

支持中小企业

在本领域，对广义的“一站式”支持中小企业的服务的理解是非常重要的，实现经济增长目标需要许多中小企业在英国落户和发展。同时，一个能够提供支持的商业环境也需要抓住他们在英国的高价值行动，就像他们商业的发展。

因此，除了基于网络获取的核心服务，卫星应用弹射中心、英国航天局、英国贸易和投资总署、技术战略委员会、知识转移网络部门和英国出口财政部门将共同发展如下增值服务：

·一个商业性的基础设施，以帮助中小型企业进行监管许可程序；

·服务于海外机会的，在英国贸易和投资总署公告和欧盟期刊的基础上的潜在的商业机会；

·发挥引导作用的，关于政府一般的和航天财政对中小企业承诺的计划信息和线路图。

英国各地区的航天事业发展

卫星应用和弹射中心和欧洲航天局以哈韦尔和牛津为主要所在地，是英国航天行动的中心枢纽，但至关重要的是，这里过去是英国用来支持航天收益和能力增长的地方。95%的新工作机会和行动更倾向于在远离哈韦尔的地方进行。地区的领军人物是一个很好的完善地区计划的好方式。

技能和教育

所有高科技领域都存在高技能毕业生短缺的问题，航天在这个方面有特

殊的作用，利用它激动人心的科技和工程鼓励年轻人在大学选择科学、技术、工程和数学等专业。例如火星计划这样的行动和提姆·皮克这样的紧迫的航天飞行行动，很多都在鼓励着年轻人选择科学、技术、工程和数学等专业，吸引他们投身到航天事业。

拉夫伯勒的航天学院将在2014年建立高级训练计划，并且在第二年将在班伯里建立航天工作室计划。

空间领域的国家技能学院的想法正在评估当中。目前的看法是，这样一所学院将有益于航天领域，但是它目前太小，无法提供完整的、该领域需要的课程。这应当在2—3年内随着雇员的水平提高而重新列入日程。同时非常重要的是，考虑空间相关的下游企业所需要的技能训练，这里的工作人员的成长速度要快于上游企业的雇员们。

对所有的航天企业尤其是中小企业非常重要的是，技术基础要与快速发展的空间领域相适应。

为了让英国更多地参与欧洲航天局的宇航员项目，工业界应当鼓励年轻人在特定的学校接受一定的锻炼。

付诸现实

作为英国最资深的航天部门咨询小组，空间领导委员会将全权负责2014—2030年航天创新与发展战略空间增长行动计划的监管和实施。他们将扮演保证各项行动有效贯彻执行的角色，并将过程情况及时报送给部长和工业界。

英国航天局将建立一个高级别执行小组，以管理行动的实施，并提供必要的资源。这个小组将由英国航天局、英国空间贸易协会（UKspace，和工业团队协同）、卫星应用弹射中心、技术战略委员会和英国贸易投资总署共同组成。这个团队将每年在SLC会议之前召开四次会议，以对增长行动的执行情况进行回顾。该发展情况将向SLC进行汇报。

在本报告中，这两个领导小组的负责人在不同的行动中分别设立；频谱和监管组以及出口战略组也将被邀请参加SLC会议。

英国空间贸易协会（UKspace）、英国航天局、卫星应用弹射中心和技术战略委员会，将在和高级别执行小组商议后，分别为形成执行团队和工作预算提供资源。该工作组的职责在于提供每周的执行行动，并和该行动的负责人协同，以支持和保证各项行动的顺利执行。这个团队将向高级别执行小组进行汇报。

我们欢迎技术战略委员会的决定——在新的 KTN 结构之下，提升航天特别利益小组为一个完整的航天团体。这一做法将加强英国进行技术创新、实现区域增长和支持新企业的能力，从而成为一个独特的、出色的航天参与者。

最后，我们将需要对成功进行权衡。虽然成功在很大程度上将取决于对各项行动的有力执行，但从英国航天局的报告《英国航天工业的规模与效益》来看，最高级别的指标将随着英国的收入水平而增长。依托服务和航天应用实现经济增长，这是本报告的一项重点，而这可能需要我们对如何提供相应服务的模式进行修改。然而，任何对该领域的修改都应当是谨慎的，以保证这些分析是合理的、可靠的。未来的报告将结合现有数据进行对等比较，以实现对经济增长历史角度的分析。对于如何开展新的分析，执行团队将和经济合作发展组织这样的专业机构紧密合作。

结论

空间在我们的日常生活中扮演着日益重要的角色。该领域在为英国经济增长提供绝佳的机会，并且为更加紧密联系的、安全的世界提供新的服务和应用。

政府、工业界和学界应当为 2010 年航天创新与发展战略报告以来的发展感到骄傲。通过共同努力他们渐渐巩固了英国在世界航天团体中的地位。

在这些基础之上，我们现在有更多的机会向更广泛的商业领域和政府展示空间可以为我们带来经济效益和社会效益。英国拥有绝佳的发展企业、出口产品和服务、吸引世界上最好的公司进驻英国的机会。

我们相信，完成这些任务将让英国居于空间商业的主导地位，而且能为英国的就业和经济带来重大的增长。

中国空间立法与政策性文件

中国驻维也纳联合国和其他国际组织常驻代表成竞业大使在联合国外空委第57届会议上的一般性发言

（2014年6月11日，维也纳）

主席先生：

首先，请允许我代表中国代表团，祝贺您及新一届主席团当选。相信在您和主席团其他成员的卓越领导下，本次会议将取得圆满成功。同时，我们也感谢上任主席堀川康先生过去两年的辛勤工作。

借此机会，我对外空司新任司长迪皮蓬女士表示祝贺。迪皮蓬女士是外空领域杰出的女科学家，不仅有丰富的从业经历，在学术上也颇有建树。我们衷心希望她领导外空司为和平利用外空事业作出更大贡献。

主席先生，

探索外层空间是人类的不懈追求。2013年12月，中国成功发射“嫦娥三号”，顺利实现月球表面软着陆，完成预设的各项科学探测任务。这标志着中国航天事业取得重大进展，是中国对月球探索和利用活动的重要贡献，更是中国迈向深空探测的重要一步。在此，我也很荣幸告知大家，中国政府将向外空司捐赠“玉兔”号月球车原比例模型，成为在联合国展出的首个月球车模型。捐赠仪式定于13日中午举行，欢迎各位届时参加。

主席先生，

过去一年来，中国在卫星应用、载人航天、北斗系统建设等领域取得诸多进步，空间技术广泛应用于气象、海洋、减灾防灾、环境监测等各领域。

2013年至今，中国共进行16次航天发射，将22个航天器送入太空，包括成功发射高分辨率对地观测系统的首颗卫星“高分一号”。2013年6月，中国顺利实施“神舟十号”载人航天飞行任务，目前载人航天工程已转入空间站研制建设阶段，未来将利用中国空间站平台与各国开展广泛合作。关于“北斗”导航系统，自2012年12月提供区域服务以来，“北斗”系统已在交通旅游、教育培训、系统监测评估等领域开展广泛合作。2015年，中国将发射新一代导航卫星，“开始”北斗系统“第三步”组网建设。

主席先生，

中国政府一直秉持为全人类谋福利的宗旨，在发展本国航天事业的同时，积极开展国际合作，共享外空探索与利用的惠益。2013年9月，中国成功举办第64届国际宇航联大会，国家副主席李源潮出席会议并致辞，74个国家的3700多名代表参加会议，参会人数和与会航天局长人数均为历届之最。此后，中国还先后举行载人航天技术倡议研讨会、第二届亚洲－大洋洲空间天气联盟研讨会、第31届空间与重大灾害国际宪章理事及执行秘书会议、第32届机构间空间碎片协调委员会会议、全球深空探测协调组会议等重要活动，邀请外空领域专家学者共聚北京，交流航天技术经验，探讨航天事业未来发展，共同应对外空探索面临的新挑战。

此外，今年11月，中国政府还将同联合国外空司、亚太空间合作组织共同在北京举办空间法研讨会，诚挚邀请各位届时参加。关于在北航设立联合国空间科技教育亚太区域中心，中方正积极推进筹备工作，争取尽快成立运作，欢迎感兴趣的国家积极参与中心的管理和培训。

主席先生，

中国政府高度重视减灾防灾工作。2013年，中国同亚太空间合作组织签署《关于中国遥感卫星数据合作的协定》，承诺在亚太空间合作组织成员国发生重大自然灾害时免费提供中国遥感卫星数据。我们也积极支持联合国灾害管理与应急反应天基信息平台（UN－SPIDER）北京办公室的工作，通过共同开展人员培训、能力建设、数据分享和技术服务，努力提高区域内国家空间技术减灾应用能力。

主席先生，

外空活动长期可持续性是当前外空领域焦点问题，中方一直积极参与相关工作。我们认为，有关指南文件的制订应以平等参与为原则，以外空法基本原则为指导，以和平利用为基础，以合作共赢为目标，统筹不同国家关切，推动空间科技和应用能力的持续发展。

主席先生，

人类开展外空活动迄今已60余年，外空安全所面临的挑战续有上升。中方一贯反对外空武器化和军备竞赛。我们主张在外空领域建立信任措施，增进互信，减少误判。同时，我们致力于同各方谈判达成防止外空武器化和军备竞赛的国际条约，从根本上消除外空安全威胁。昨天，中国和俄罗斯在日内瓦共同向裁谈会提交了有关条约（PPWT）的更新草案。中方愿与各方加强合作，为实现外空的和平、安全和发展而努力。

主席先生，

外层空间是全人类的共同财富。中国愿同各方携手努力，积极开展空间科学研究，全面推广空间技术应用，推动外空事业更好服务于社会经济发展，为人类文明进步作出更大贡献。

谢谢主席先生。

中国代表团团长吴海涛大使在日内瓦外空安全会议上的发言

（2014 年 3 月 19 日，日内瓦）

各位同事，

女士们、先生们，

很高兴再次参加日内瓦外空安全会议。多年来，日内瓦安全会议作为外空安全问题的重要论坛，为各国政府官员、专家学者提供了有益的交流平台。希望各方充分利用这一平台，就外空安全领域的传统议题和新议题进行深入讨论。

人类和平利用外空 60 年有余，空间技术发展的红利已经惠及经济、社会等各个领域。外空安全与发展面临的挑战同步上升。确保外空安全、深化务实合作，谋求互利共赢，既符合各国共同利益，也是各国担负的共同责任。

首先，确保外空的和平性质，是全球共享外空探索与开发红利的基本保障。

早在上世纪中叶，就有人认识到外空的军事价值，提出“谁控制了外空，谁就能控制整个地球”。近年来，随着空间技术不断进步，外空武器化的风险也不断增加。

无限放大外空的军事安全价值，甚至谋求在外空部署武器，无益于增进自身和世界的安全。各国的外空资产安全遭遇威胁，和平利用外空活动面临障碍，安全互信受到削弱，全球战略平衡与稳定难以为继。

要防止外空武器化，国际社会必须防范于未然。联合国大会 30 多年来连续以压倒性多数通过《防止外空军备竞赛决议》，要求谈判外空军控条约。各国应顺应这一时代要求。

2008 年，中国与俄罗斯在裁谈会多年讨论基础上，提出了“防止在外空放置武器、对外空物体使用或威胁使用武力条约”草案（PPWT）。为适应外空安全领域新形势，反映一些合理建议，并努力照顾各方关切，中俄正积极筹备在裁谈会提出新一稿案文。这一草案是开放的，我们愿通过谈判、正式或非正式讨论等形式，进一步吸纳各方的合理意见，不断改进和完善案文。中方希望裁谈会能早日以该草案为基础启动实质性谈判。

第二，营造稳定的、可持续发展的外空发展环境，是各国义不容辞的共同责任。

去年，联合国外空“透明与建立信任措施”（TCBM）政府专家组协商一致达成了全面、平衡的工作报告，提出了包括加强空间政策交流、空间活动信息交换、紧急情况通报、航天设施互访等许多切实可行的透明与建立信任措施。我们期待各国在自愿基础上积极落实报告中的建议。

各国正在联合国外空委框架下，致力于解决外空长期可持续利用问题。空间碎片问题是人类探索外空 60 年积累形成的历史问题。解决这一问题，需要各方共同行动。相互指责无助于问题的解决，也不利于开展相关国际合作。

欧盟正推动达成“外空活动国际行为准则”，中方建设性参与了讨论进程。我们认为，该准则进程应有国际社会明确授权，确保国际社会普遍参与，不应预设时限和成果形式。

第三，务实推动互利共赢外空国际合作，是各国发展的重要依托。

外空是全人类的共同财富，外空发展成果理应由全人类共享。当前，各国空间开发能力参差不齐，发展中国家在享用外空技术进步的成果时存在障碍。主要空间大国有责任在此方面作出更多贡献，包括提供空间公共产品。

仅凭一国之力探索与利用外空有其局限性，各国应加大国际合作力度与广度。有关国家应停止采取单边技术封锁、干预第三国之间外空合作的做法。

中国积极致力于和平探索和利用外空。去年，“神舟十号”飞船与“天宫一号”成功交会对接，“嫦娥三号”成功落月，“北斗二号”导航系统日臻成熟和完善。中国开展上述活动，既是自身社会经济发展的需要，也是对世界共同繁荣发展的贡献。

中国期待通过国际合作与交流，共同开展空间活动，提升空间能力。中国已与30个国家签署了80项双边航天合作协议，为10余个国家发射了卫星，并努力推动“北斗”导航系统在亚太地区的应用。中国还在“亚太空间合作组织”框架下，积极开展区域空间合作。

各位同事，

我们愿与各方携手努力，为缔造一个和平的外空，实现外空的开放、合作、互利、共赢作出贡献。

谢谢大家。

中国裁军大使吴海涛在裁谈会非正式会议上关于“防止外空军备竞赛”问题的发言

协调员先生，

祝贺您担任“防止外空军备竞赛”（PAROS）议题非正式会议协调员。昨天，中国和俄罗斯代表团共同向裁谈会提交了《防止在外空放置武器、对外空物体使用或威胁使用武力条约》（PPWT）草案新案文，我也简要介绍了上述案文以及中方关于防止外空军备竞赛问题的立场。我愿借此机会进一步阐述中方的观点。

当前外空安全形势

外空是全人类的共有财富，外空的持久和平与世界各国的安全、发展和繁荣密切相关。当前，外空安全和外空发展都面临挑战。但中方认为，外空武器化和外空军备竞赛是外空安全面临的最主要威胁。外空武器化趋势明显增强，包括“太空战”概念在内的军事理论相继出现，对外空安全和国际战略格局的影响日益显现。这将阻碍和平利用外空、破坏各国在外空的安全互信，打破全球战略平衡与稳定。确保外空的和平性质，是全球共享外空探索与开发红利的基本保障。

外空国际法律体系现状

20 世纪 60 年代以来，国际社会制定了一系列与外空相关的法律文书，包括 1963 年的《部分核禁试条约》、1967 年的《外空条约》、1979 年的《月球协定》。这些国际法律文书为促进外空的和平利用、规范外空行为发挥了积极作用。但这些国际法律文书仍不能防止在外空部署除大规模杀伤性武器之外的其他武器系统，也不能有效防止对外空物体使用或威胁使用武力。

随着科技的进步，特别是用于外空战武器的研究和发展，国际社会有必要采取预防性措施，弥补现有外空国际法律体系的不足与漏洞，就防止外空武器化和外空军备竞赛谈判新的国际法律文书，从源头和法律机制上防止外空武器化。

谈判缔结 PPWT 具备扎实基础

首先，绝大多数国家支持就防止外空军备竞赛谈判缔结国际法律文书。1978 年第一届裁军特别联大最后文件指出，应就防止外空军备竞赛开展国际谈判。自 1982 年以来，联合国大会连续 30 多年以压倒性多数通过《防止外空军备竞赛》决议，要求谈判缔结相关国际法律文书。

其次，1985 年至 1994 年，裁谈会连续 10 年成立外空特设委员会，就相关问题进行了深入探讨，积累了丰富经验。

第三，2002 年，中、俄等国共同向裁谈会提交了“关于未来防止在外空部署武器、对外空物体使用或威胁使用武力国际法律文书要点”（PPWT，CD/1679）。2008 年，中、俄共同提交了 PPWT 草案（CD/1839）。2009 年，中、俄共同提交了“PPWT 草案主要问题和评论”（CD/1872）。这些都为在裁谈会谈判缔结防止外空军备竞赛国际法律文书奠定了基础。

中俄提出 PPWT 新草案的考虑和主要情况

近年来，各方对中、俄提出的有关草案和文件开展了多轮讨论，提出不少意见和建议。中、俄认为，在平衡考虑各方评论和建议，并反映外空安全领域最新形势的基础上，提出 PPWT 新草案的时机已经成熟。提出新草案的目的是弥合各方分歧，同时删除第一稿案文中含义不清之处。

新草案继续明确禁止以任何方式在外空部署武器、对外空物体使用或威胁使用武力，并确保缔约国和平利用外空、正当合法行使自卫权的权利。同时，新草案删除了一些国家认为含义不清或有关切的规定，并对条约的定义与范围、组织机构、争端解决机制等条款进行了补充、修订和细化，以确保条约得到有效执行，更符合其具有法律约束力的性质。新草案还在遵约问题上增加了外空“透明与建立信任措施”（TCBMs）相关规定。

外空条约同透明与建立信任措施的关系

中方一贯认为，谈判具有法律约束力的外空条约，是维护外空安全的根本途径。透明与建立信任措施（TCBMs）对增进互信、减少误判、规范外空活动具有积极意义，可作为外空条约的补充。正如去年联合国外空透明与建立信任措施问题政府专家组报告指出的，外空透明与建立信任措施应补充而非替代外空军控协定的核查措施，并应有助于推动谈判具有法律约束力的国际文书。

关于“外空活动国际行为准则”（ICOC）问题，中方一直积极参与“外空活动国际行为准则”的讨论。今年 3 月，中俄提出了共同修改建议。我们认为，有关进程应在联合国框架内授权开展真正的多边谈判，确保各国的广泛平等参与，同时不应人为设定时限。中方愿与各方一道，继续建设性参与准则进程，努力达成一个为各方普遍接受的、合法有效的准则。

关于下步工作的看法

中、俄此次提出 PPWT 草案新案文，是为了进一步寻求各方共识、解决各方关切，为在裁谈会谈判缔结相关国际法律文书奠定更好的基础。

我们注意到，一些同事就新案文提出了关切，就一些问题表达了不同看法。正是因为如此，我们更需要坐在一起交换意见，深入谈判，加强了解，增进共识。我愿强调，新案文是开放的。我们欢迎各方本着维护外空安全的共同目标，在裁谈会框架内就此展开深入、实质性讨论，进一步提出建设性的意见和建议，共同推动裁谈会以此为基础尽早谈判相关国际法律文书。

谢谢协调员先生。

中国代表马新民在联合国外空委第57届会议上关于“法律小组委员会报告”议题的发言

（2014年6月16日）

主席先生：

今年3月24日至4月4日举行的法律小组委员会第53届会议取得圆满成功。中国代表团愿借此机会，对会议新任主席恺伍先生及会议秘书处的辛勤工作表示感谢。

主席先生，

中方一贯重视法律小组委员会在促进外空法治建设方面的重要作用，我们认为法治是确保外空用于和平目的及实现长期可持续发展的根本保障，我们主张任何国家的外空活动都应坚持以外空条约、原则和宣言为指导，依法进行。

主席先生，

关于“审查和平探索及利用外空国际合作机制”议题，在法律小组委员会第53届会议上，中国代表团介绍了中方在载人航天、空间站建设、卫星导航等重点领域的国际合作机制。我们认为，国际合作是探索和利用外空的一项重要原则，也是各国成功开展空间活动的一项重要机制。通过探讨和交流外空国际合作的做法和经验，有利于推广最佳实践，改进合作机制和模式。在此方面，法律小组委员会应继续发挥积极作用，加强制度设计，全面总结行之有效的合作机制，为推进外空国际合作作出贡献。

主席先生，

关于“不具约束力的联合国外空法律文书”议题，中方认为，联合国框架下达成的不具法律约束力的外空文书，是对现有外空法律制度体系的有益补充，体现了国际社会在规范外空行为、促进外空法治建设方面的努力。同时，中方认为，制订和执行不具法律约束力的外空文书，应以联合国现行外空法律框架为依据，应照顾发展中国家的需求和利益，不应超越各国现有空间技术发展能力和空间活动管理水平，不应片面追求不切实际的标准。

中国代表团积极参加了法律小组委员会对本议题的首次审议，我们同意在维持原有授权和工作方法基础上，将本议题延续一年。同时，认为本议题讨论应立足于就外空“软法”规则进行信息和经验交流，应避免对各方达成和执行“软法”规则的意愿产生不利影响。

主席先生，

关于改革法律小组委员会的议程和工作方式，我们赞赏德国代表团所做的努力。中方支持旨在提升小组委员会工作效率、有利于推动外空法治的具体举措。我们认为，法律小组委员会的工作应以强化现有外空条约体系的有效性为核心，重点从三个方面予以推进：一是努力推动外空条约的普遍接受；二是强化外空条约的实施；三是加强各国空间法能力建设。在此基础上，中方支持各国通过协商一致确定共同接受的议程，我们也愿同各国代表团就此深入交流看法，推动法律小组委员会工作取得进展。

主席先生，

我愿再次重申，中国政府将一如既往地积极参与法律小组委员会的工作，同各方一道，共同推进外空法治建设，维护一个和平、安全、合作、法治的外空。

谢谢主席先生。

中国代表马新民在第57届联合国外空委会议上关于“外空委未来作用”议题的发言

（2014年6月19日）

主席先生：

近年来，随着空间科技及其应用快速发展，外空活动的主体日益多元化，商业化和私营化趋势明显，对外空委工作提出诸多挑战。为顺应新形势发展，中方支持外空委围绕未来作用进行探讨，以维护外空委在规范空间活动、维护空间秩序、促进空间合作等方面的重要作用。

主席先生，

中国代表团认为，法治建设和国际合作是外空委工作的重要基石，是促进和平利用外空的重要保障。展望未来，外空委应围绕外空法与外空国际合作，采取更加积极务实措施，维护外空事业可持续发展。

首先，强化外空委在外空法领域的核心作用。中方认为，外空委是外空法律体系的推动者，是外空立法最权威的和最重要的平台。我们应维护外空委在外空规则的制定、解释和修订等方面的核心地位，推动各方就新的法律问题逐步达成共识，不断补充和完善外空法律制度。

其次，提升外空委在外空事务中的协调作用。近年来，涉外空事务的国际组织和机制不断增加，外空委应在外空事务方面发挥协调作用，使各种组织和机制形成合力。这主要包括三方面工作：一是协调好外空委内部的外空委会议、科技小组委员会、法律小组委员会三者间关系，合理设计议题和分工，避免重复工作和资源浪费。二是协调好联合国框架下各种机制和进程，形成相互合作、相互补充的建设性关系。三是协调好联合国框架内及框架外不同机制和进程间关系。建议酌情建立信息通报机制，形成互联互通、合作共赢的工作关系。通过上述协调措施，逐步建立以“信息沟通、成果共享、协同配合”为目标的合作平台，更加有效规范外空活动。

再次，加强外空委在能力建设中的引领作用。外空委应更加务实地推进外空国际合作，在技术交流、应用推广、教育普及等方面发挥积极作用，推动信息交流和技术转让，为发展中国家提供更多参与机会，使空间技术惠及更多国家和人民。

主席先生，

中方愿与各方一道，共同推动外空委在和平利用外空领域发挥更大作用。

谢谢主席先生。

中国代表田玉龙在联合国外空委第57届会议上关于“科技小组委员会报告”议题的发言

（2014年6月19日）

主席先生：

今年2月份举行的科技小组委员会第51届会议取得了丰硕成果，中方愿借此次机会，对小组委员会会议主席博斯（Both）先生和会议秘书处全体成员的杰出工作表示感谢和赞赏。

主席先生，中方高度评价科技小组委员会第51届会议成果，欣见各议题都取得了积极进展。科技小组委员会是各成员国在空间天气、空间技术减灾、空间碎片、外空核动力源、外空活动长期可持续性、联合国空间应用项目、借助空间技术的灾害管理支助、卫星导航与遥感、近地天体减缓等全球性问题下寻求合作与对话的最佳平台。

外空活动长期可持续性工作组（LTS）相关指南和报告，是外空委近年来主要的工作成果之一。中方认为，只有可持续性地利用外空才能保障人类长期的发展利益，发展中的问题也应通过发展来解决。中方欣见外空活动长期可持续性工作组在科技小组委员会第51届会议上取得了阶段性的成果，经过工作组主席与各成员国的共同努力，新指南案文充分吸纳了专家组的工作成果，表达方式更为简洁条理。

中国航天在不断发展的同时，也在不断研究如何避免航天活动对外空环境产生负面影响，如何减轻外空环境对航天活动的制约和危害，并发展相关的技术手段与管理方法。中国愿意与各国分享相关的实践经验。

主席先生，

在空间碎片领域，中国一贯重视空间碎片的研究与管理，稳步推进空间碎片的减缓与防护工作，多次实施“长征”系列运载火箭末级钝化和废弃卫星离轨处置，对重要航天器进行了全面防护设计，开展了空间碎片碰撞预警和陨落预报研究与服务，为航天器在轨运行安全和空间环境清洁作出了努力。同时，中方也积极参与空间碎片领域的国际交流与合作。2014 年 5 月 12 日至 15 日，第 32 届机构间空间碎片协调委员会（IADC）会议在北京召开，来自 14 个国家及组织的代表参加了会议。中国国家航天局局长许达哲出席开幕式并致辞。会议交流了空间碎片研究最新进展，通过了第 32 届 IADC 指导组会议纪要及有关文件，明确了下一届由美国国家航空航天局担任 IADC 轮值主席机构。

在空间天气领域，中国建立了专业的空间环境监测网和空间天气预报系统，对灾害性空间天气事件进行预警，为中国的重大航天任务和空间资产安全提供服务。在中国“神舟十号与天宫一号交会对接”和“嫦娥三号”发射两次航天任务中，中国开展了系统的空间天气预报和空间环境保障服务。针对交会对接任务高精度轨道预报的需求，提供了相关空间天气指数和空间环境参数的中短期预报，提高了轨道预测的精度，有力地支持了重大航天任务的顺利实施和安全运行。

主席先生，

在 2 月科技小组会议期间，鉴于《外空核动力源应用安全框架》还存在多项需讨论和完善的问题，小组委员会同意将外空核动力源工作组延期到 2017 年反映了各成员国对这一问题的高度重视。中国愿意在这一问题上与各国交流技术与管理经验，并探讨发展方向。

主席先生，

2014 年 4 月，中国国家航天局在北京召开了第 31 届“空间与重大灾害国际宪章”理事与执行秘书会议，来自中国国家航天局、欧洲空间局、法国国家空间研究中心、俄罗斯联邦航天局、美国国家海洋与大气管理局、巴西国家太空研究院等 15 个正式成员机构 80 余人参加了此次会议，签署了第 30 届宪章理事会会议纪要，俄罗斯联邦航天局作为正式成员加入宪章，中国国家航天局并承诺将“高分一号”和“风云三号C星”增加为宪章的值班卫星。

我们愿意通过空间与重大灾害国际宪章、联合国灾害管理与应急反应天基信息平台（UN－SPIDER）北京办公室等重要国际空间减灾平台，进一步发挥中国的对地观测系统的作用，让更多的国家特别是发展中国家能够享受到航天技术的发展带来的惠益。

谢谢主席先生。

中国代表团团长李国平在联合国外空委科技小组委员会第51届会议上的一般性发言

（2014年2月10日）

尊敬的主席先生：

首先祝贺您担任本届会议主席，并预祝本届会议取得圆满成功。中国代表团向已经退休的奥斯曼女士致以敬意，对秘书处各位同事为筹备本届会议付出的努力表示赞赏。

主席先生，

2013年，中国进行了15次航天发射，成功将21个航天器送往太空。目前，中国在轨运行卫星已超过百颗，空间技术整体水平大幅提升，空间应用的经济与社会效益显著提高，空间科学取得创新性成果。

6月11日，中国“神舟十号”飞船成功发射，13日与“天宫一号”实现自动交会对接，随后开展了大量的空间对地遥感、空间生命科学、材料科学、环境探测这些科学实验和技术试验，还进行了飞船绕飞、在轨维修、再生性生命保障系统（再生生保）等一系列技术试验，特别是中国女航天员王亚平在“天宫一号”飞行器上为全国6000多万中小学生进行了太空授课，进行了天地互动交流，在青少年心中播下了探索外空的梦想。

12月2日，“嫦娥三号”成功发射。“嫦娥三号”实现了月面软着陆及探测器和巡视器的分离和互拍成像，获取了着陆区的月表光学图像、着陆器降落过程中各个高度降落区域的月貌影像、月表三维图像，对月表元素成分进行探测，开展了观天探测和等离子体层观测等科学活动。目前，“嫦娥三号”正按计划开展后续科学探测活动。

中国成功发射中国高分辨率对地观测系统首颗卫星“高分一号”卫星。截至12月底，“高分一号”卫星已提供了2米/8米影像247731景，16米影像75766景。

中国“北斗”系统已成功发射16颗导航卫星。自2012年12月27日中国“北斗”卫星导航系统正式提供区域服务以来，中国已经与部分亚太地区国家建立了卫星导航领域合作机制，在精细农业、防灾减灾、交通旅游和教育培训、系统监测评估等方面开展广泛合作。

主席先生，

中国空间技术广泛应用于气象、海洋、减灾防灾、环境监测与导航等领域。9月，中国“风云三号C星”成功发射，与“风云三号B星”共同组网，构成了极轨气象卫星上、下午星组网观测的业务布局，可以为天气预报特别是为全球中期数值天气预报提供参量，提高预报精度。

在减灾防灾领域，通过综合利用环境减灾卫星星座等国内外遥感卫星资源，成功应对了中国西南旱灾、辽宁洪涝、黑龙江洪涝等10余场新发重大自然灾害事件，持续开展全国范围洪涝、干旱、雪灾等灾害风险监测工作，为中国重大自然灾害应急响应提供了及时的、有效的应急决策信息支持。

在空间环境方面，中国建成了空间碎片预警演示平台，可以自动收集最新空间碎片数据，对有威胁的碎片接近进行预警。在“天宫一号”与“神舟十号”载人交会对接中准确预报了全部空间天气状态和关键天气过程。中国多次实施“长征”系列运载火箭末级钝化和废弃卫星离轨处置，对重要航天器进行了全面防护设计，开展了空间碎片碰撞预警和陨落预报研究与服务，为航天器在轨运行安全和空间环境清洁作出了努力。

主席先生，

中国成功举办了第64届国际宇航联大会（IAC），共有来自74个国家的3727名代表参加了会议，参会人数和与会航天局长人数均为历届之最，中国国家副主席李源潮出席会议开幕式并致辞，世界航天领域的专家、学者和政府官员对航天技术、应用及合作进行了广泛的交流。积极参加机构间空间碎片协调委员会（IADC）组织的各项国际联测活动。中国正式确认“实践九号A星”加入空间与重大灾害国际宪章，为国际社会提供防灾减灾服务。根据澳大利亚、委内瑞拉等国家需求，及时提供了有关灾害的卫星数据。

2月，中国在科技小组委员会上提出在北京航空航天大学（北航）设立联合国空间科技与应用教育亚太区域中心的倡议，得到广泛支持，并经第56届联合国外空委大会确认。9月，北航以指标全优的成绩通过联合国外空司组织专家评估。中国政府欢迎各国参与该区域中心的建设，参加后续有关培训活动。

2013年，中国正式与亚太空间合作组织签署了《中国国家航天局与亚太空间合作组织关于中国遥感卫星数据合作的协定》，承诺在亚太空间合作组织成员国发生重大自然灾害时免费提供中国遥感卫星数据。9月，已通过亚太空间合作组织为巴基斯坦提供了地震灾区的卫星影像数据。

主席先生，

后续，中国代表还将在“联合国空间应用项目”、“空间灾害管理”、“空间碎片”、“空间遥感”、“空间天气”、“全球卫星导航系统”等六个议题下详细阐述中国的有关航天活动。中国愿与各国一道，积极研究和推广空间技术应用，推动外空事业造福各国经济发展和社会进步，促进人类外空事业的包容性发展，共同为建设和平、和谐、法治的外空而不懈努力。

谢谢。

图书在版编目(CIP)数据

中国空间法年刊. 2014 / 李寿平主编. —北京:

世界知识出版社,2016.1

ISBN 978-7-5012-5132-2

Ⅰ.①中… Ⅱ.①李… Ⅲ.①空间法—中国—2014—年刊

Ⅳ.①D999.1-54

中国版本图书馆 CIP 数据核字(2016)第 012887 号

书　　名	中国空间法年刊.2014 Zhongguo Kongjianfa Niankan. 2014
主　　编	李寿平
责任编辑	柏　英
责任出版	王勇刚
出版发行	世界知识出版社
地址邮编	北京市东城区干面胡同 51 号(100010)
投稿信箱	xueshuchuban@126.com
网　　址	www.ishizhi.cn
电　　话	010－65265923(发行)　010－85119023(邮购)
经　　销	新华书店
印　　刷	北京京华虎彩印刷有限公司
开本印张	720×1020 毫米　1/16　25½印张
字　　数	364 千字
版次印次	2016 年 1 月第一版　2016 年 1 月第一次印刷
标准书号	ISBN 978-7-5012-5132-2
定　　价	38.00 元